ŒUVRES COMPLÈTES

DE

MARIA DERAISMES

ÈVE DANS L'HUMANITÉ

LES DROITS DE L'ENFANT

(8)

PARIS

ANCIENNE LIBRAIRIE GERMER-BAILLIÈRE ET Cie

FÉLIX ALCAN, ÉDITEUR

108, BOULEVARD SAINT-GERMAIN, 108

1895

Les Œuvres complètes de Maria Deraismes formeront de 6 à 7 volumes. Bon nombre de pages inédites seront jointes aux ouvrages déjà publiés une première fois.

Elles comprendront :

Des œuvres de philosophie sociale : *France et Progrès*, *Nos Principes et Nos Mœurs*, *l'Ancien devant le Nouveau*, *Ève dans l'Humanité*, *Les Droits de l'Enfant*, *Aux Femmes Riches*, *Thérèsa et son Époque*, etc. ;

Des œuvres de polémique politique :

Des œuvres de Polémique religieuse : *Contre le Cléricalisme*, *Discours aux Cléricaux* ;

Des œuvres littéraires et de critique littéraire : *le Théâtre chez soi*, *le Théâtre de M. Sardou*, *le Théâtre de M. Dumas fils*, *Émile Augier*, etc.

Le premier Volume : *France et Progrès*, *Conférence sur la Noblesse*, a paru en Octobre 1895.

ÈVE DANS L'HUMANITÉ

LES DROITS DE L'ENFANT

ŒUVRES COMPLÈTES

DE

MARIA DERAISMES

ÈVE DANS L'HUMANITÉ

LES DROITS DE L'ENFANT

PARIS

ANCIENNE LIBRAIRIE GERMER BAILLIÈRE ET Cᴵᴱ

FÉLIX ALCAN, ÉDITEUR

108, BOULEVARD SAINT-GERMAIN, 108

—

1895

PRÉFACE

DE LA PREMIÈRE ÉDITION (1891)

~~~~~~~~~~~~~~

Il y a plus de vingt ans que les cinq premiers discours renfermés dans ce volume ont été prononcés à la salle des Capucines. Cette série, je le regrette, est loin d'être complète, des notes et des sténographies ayant été égarées pendant la période néfaste de 1870-1871 [1].

Chacun se souvient qu'avant cet effondrement inoubliable, où la France faillit sombrer, l'empire, à son déclin, se sentant menacé, avait, par mesure politique et pour reconquérir une apparence de popularité, détendu quelque chose de la rigueur de son régime.

Alors, le pays, depuis longtemps bâillonné, était assoiffé de paroles sincères et dépourvues de de toute estampille officielle. Aussi répondit-il avec empressement et enthousiasme à cette tentative de tribune libre. Ce fut vraiment le beau temps des conférences ; elles répondaient à un besoin général. C'est à cette époque que je fis mes débuts oratoires.

---

[1] Deux Conférences inédites ont été retrouvées et sont publiées dans ce volume.

1

Au préalable, et pour m'assurer de l'état d'esprit du moment, je traitai des sujets de philosophie, de morale, d'histoire, de littérature. Une fois le terrain bien sondé, je pris la résolution de consacrer deux saisons à la question de l'affranchissement de la femme qui, depuis le mouvement socialiste de 1848, aussitôt étouffé, était tombé en oubli.

Le succès dépassa toute prévision.

L'affluence énorme du public, son assiduité, ses applaudissements, le retentissement qu'eurent ces entretiens, m'autorisèrent à croire que la réalisation des réformes législatives que je réclamais pouvait être relativement prochaine.

J'avais compté sans la guerre qui vint retarder indéfiniment une infinité de projets.

Après cet effroyable désastre, tous les cerveaux ne furent plus absorbés que par une seule et unique pensée : relever la patrie par la libération du territoire, l'extension de l'instruction, l'organisation de l'armée et la consolidation de la République. C'est à cette dernière œuvre que je travaillai, ajournant à des temps meilleurs la publication que je fais paraître aujourd'hui.

J'entrepris donc une campagne de propagande en faveur des principes de la démocratie, persuadée, du reste, que de leur complète application dépend la disparition de toute injustice légiférée.

Aujourd'hui que le gouvernement républicain s'est affermi et qu'il est l'expression de l'opinion publique, nous devons revenir, à nouveau, sur la condition légale de la femme, condition représentant un contraste choquant avec la devise : Liberté, Égalité, Fraternité, inscrite à la tête de notre Constitution.

Le moment est donc opportun pour mettre au jour des études qui restent aussi actuelles qu'à l'heure où elles ont été produites en public.

La loi est encore la même ; le Code a gardé son immutabilité. Mais heureusement, si la lettre a été respectée, par un scrupule que nous ne saurions louer, l'esprit a subi d'importantes modifications.

C'est ainsi que se dresse une sorte d'antagonisme entre la loi qui décrète l'infériorité définitive du sexe féminin, et les faits qui rétablissent sa complète égalité.

Cette contradiction, en matière fondamentale, n'est qu'une aberration cérébrale qui ne saurait durer, et c'est pour la faire cesser qu'un groupe parlementaire, qui ne compte pas moins de soixante députés, a rédigé deux projets : l'un conférant aux femmes commerçantes le droit d'élire, tout comme les commerçants, leurs juges consulaires ; l'autre réclamant pour la totalité des femmes l'exercice de leurs droits civils.

Le premier a été voté par la Chambre dans la session de 1889 et a été repoussé par le Sénat ; le second n'a pas encore été mis en délibération. Ces deux projets, ayant été déposés dans la dernière législature, devront être présentés à nouveau au Parlement actuel ; et le plus curieux, cette fois, c'est que c'est le Sénat qui prendra l'initiative de la proposition des droits civils.

Peut-être est-ce une façon d'atténuer ce qu'il y a d'arriéré dans son rejet de l'électorat des commerçantes.

Comment admettre, en effet, que la femme qui passe de niveau avec l'homme sous la toise intellectuelle, à qui l'on confère depuis une vingtaine d'années tous les grades universitaires et les diplômes de doctorat en droit, en médecine, ainsi que l'internat dans les hôpitaux, soit déclarée incapable pour les actes les plus ordinaires de la vie civile et sociale ?

Il faut absolument mettre fin à cette situation contradictoire qui, logiquement, a ses contre-coups partout.

Et nous nous étonnons encore des lenteurs que met la République à s'organiser ! Fondée sur le droit, elle a à sa base la violation du droit.

Aussi que se passe-t-il ?

Malgré la science acquise et ses merveilleuses applications, malgré les connaissances de plus en plus approfondies de l'histoire et la vulgarisation de la pensée par la presse, les livres, la parole, les mêmes fautes se répètent. Les caractères restent au-dessous des idées, les actes au-dessous des théories. On prône la solidarité et on professe l'individualisme le plus impitoyable ; on exalte la morale et on plonge dans la corruption la plus éhontée.

En un mot, loin de s'améliorer, de se perfectionner, les consciences se dégradent.

On s'aperçoit avec stupeur que, parvenue à un

point élevé d'éclosion, l'œuvre sociale s'arrête court. Elle paraît ne pouvoir pousser plus loin son évolution. C'est à se demander si l'humanité est indéfiniment progressive ou bien si le progrès n'est seulement réalisable que dans les choses.

Mais une observation impartiale et profonde triomphe du doute. En étudiant sérieusement l'histoire, nous constatons que toutes les crises que traversent les nations, sont toujours suscitées par des dénis de justice et par une mauvaise répartition des droits et des devoirs.

Toute notre civilisation n'est qu'en surface et en placage ; le fond fait défaut.

Pour remédier au mal, nécessité est de le prendre à sa racine ; il suffit d'une révision du Code dans le sens intégral du droit pour en triompher. Le droit est indivisible, les intérêts étant à la fois individuels et collectifs. Le droit est aussi bien politique que civil ; car ne l'exercer que sous ce dernier rapport, c'est lui ôter toute garantie.

La refonte de la loi est donc imminente, elle seule peut rétablir l'ordre et remettre tout à sa place.

MARIA DERAISMES.

LA FEMME ET LE DROIT

Cette année, je me propose de traiter de la femme, de sa condition subalterne en humanité, de la nécessité de son affranchissement et de la reconnaissance de son droit. Ce soir, j'attirerai particulièrement votre attention sur les origines de cette situation inférieure et les raisons qu'on a pu faire valoir pour la maintenir; et je me ferai un devoir de répondre à toutes les objections susceptibles d'être produites.

Le premier argument qui se présente est celui-ci: Pourquoi l'infériorité des femmes s'est-elle maintenue dans les lois et les usages depuis le commencement du monde et la formation des sociétés? Pourquoi, si la femme est égale à l'homme, n'a-t-elle pas partagé, dès l'abord, l'autorité avec lui? Par quelle inexplicable complaisance a-t-elle fait l'abandon de ses droits, ou par quel étrange aveuglement les lui a-t-on perpétuellement constestés? Pourquoi n'a-t-elle pas profité des réformes, des révolutions, faites au nom de la liberté et de la justice, pour revendiquer et reconquérir ses droits?

Ce fait de durée et de persistance ne prouve-t-il pas que son état subalterne, sous toutes les zones et à toutes les époques, correspond à une grande loi naturelle?

Nous allons répondre à ce premier argument. Mais pour aborder une question aussi sérieuse, il est nécessaire de remonter très haut.

Nous serons alors amené à reconnaître que la subalternisation de la femme, dans les législations, est la conséquence de la dépréciation du principe féminin en cosmogonie et en théogonie ; le principe mâle étant considéré comme essentiellement et exclusivement créateur.

Pour nous rendre compte de la valeur de ce jugement nous poserons la question de la façon suivante :

1° Le principe féminin est-il créé ou incréé ? En un mot, était-il au commencement, est-il de toute éternité ?

2° Si la cause primordiale, cause universelle dite force auto-créatrice, n'a ni genre, ni sexe, pourquoi n'a-t-elle rien pu produire ni rien perpétuer sans l'aide de deux agents sexuels ?

Si, au contraire, la substance autonome, puissance créatrice ou organisatrice, suivant qu'il plaît de la concevoir, est exclusivement mâle et, partant de là, douée des facultés fécondantes, comment a-t-elle dû recourir à l'élément femelle pour opérer l'œuvre du monde ?

Que n'a-t-elle transmis quelque chose de ses propres facultés génératrices aux êtres mâles des différentes espèces sans l'auxiliaire féminin ? Si elle y a été réduite, c'est qu'elle n'était qu'à demi virtuelle et qu'elle ne pouvait se passer de l'apport d'une autre virtualité.

La logique nous oblige, en effet, à conclure que le principe primordial, qui est par lui-même et n'a besoin de rien pour exister, comprenait implicitement, à l'origine, les deux genres ; que ces deux genres sont coexistants et nécessaires à la procréation ; donc ils sont égaux

Cette égalité s'est si bien imposée à l'esprit religieux, que l'élément féminin a été représenté dans les conceptions théologiques et qu'il a été l'objet d'un culte.

Je sais bien que les rédacteurs des théogonies et des cosmogonies ont prétendu que l'élément féminin n'y jouait qu'un rôle inférieur, ne figurant que la matière première dont les attributs ne sont que la passivité et la réceptivité.

Il est certain que la déification d'un principe dénué de conscience, de volonté et d'action, ne pouvait être longtemps admise ; aussi, peu à peu, les divinités féminines s'élevèrent et prirent, de plus en plus, un caractère animique. C'est sous l'influence grecque que cette transformation s'accentua davantage.

La femme, maltraitée par les codes, est déifiée au Panthéon ; elle fait partie de l'être nécessaire, absolu, divin ; elle est de même essence que le *spiritus* des Genèses.

Ce n'est plus la divinité tellurique aux multiples mamelles, spécifiant la réceptivité ; ce n'est plus la passive Vesta et l'insignifiante Démèter, mais Athéné, la personnification de la pensée. Rien de plus glorieux que sa naissance : elle jaillit du cerveau de Zeus-Jupiter, elle émerge de la substance grise, comme dirait un physiologiste de nos jours.

C'est la première fois que dans les théogonies l'élément spiritualiste est représenté, et c'est sous la forme d'une femme qu'il apparaît !

Athéné a sous sa juridiction toutes les circonscriptions de l'intelligence ; les œuvres de génie, les œuvres d'art se placent sous son invocation ; elle inspire l'Aréopage, elle est l'Éponyme d'Athènes ; elle est la déesse ; le maître des dieux conçoit de l'orgueil en regardant sa fille. Tout le monde sait quelle valeur on attachait à la possession de son image appelée *Palladium*. Athéné est rangée au nombre des douze grands dieux.

En Égypte, sous les Ptolémée, Isis atteint un caractère idéal presque semblable. Elle personnifie la sagesse, c'est la *Sophia*. Elle joue dans la théogonie égyptienne le rôle que tient le Saint-Esprit dans la doctrine chrétienne.

En outre, comme les doctrines du polythéisme étaient essentiellement représentatives, qu'elles consistaient bien plus en cérémonies qu'en dogmes et que la femme était appelée à la dignité du sacerdoce, il arrivait que, par l'apparat religieux, elle se trouvait constamment en évidence et en relief.

Thucydide rapporte qu'à Argos, la grande prêtresse d'Héra exerçait les fonctions de grand pontife — hiérophante — et donnait son nom à l'année.

Tous les ans, montée sur un char traîné par quatre taureaux blancs, la grande prêtresse, escortée par une foule de jeunes Argiens vêtus d'armes éclatantes, se rendait processionnellement au temple de la déesse.

Mais le triomphe des femmes était les Thesmophories. Dans ces fêtes, les femmes avaient le pas sur les hommes. Tous les maris étaient forcés de fournir à leurs épouses les fonds nécessaires à la dépense des cérémonies. L'entrée du Thesmophorion était interdite aux hommes, et l'infraction à cette loi punie de mort.

Sous le nom de Thesmophore, Cérès était honorée et adorée comme législatrice, ayant droit à l'hommage et à la reconnaissance des mortels auxquels elle avait donné des lois et des institutions les plus sages. Il ne s'agissait plus seulement, ici, de fertilité et d'abondance matérielle, dont la déesse était l'emblème, mais de tout un ordre d'idées supérieures, appartenant aux hautes sphères de l'intellect.

L'histoire nous a fait la description de la magnificence du temple d'Ephèse, dédié à Diane, et de l'éclat des solennités données en son honneur. Du reste, le culte des divinités féminines n'était pas exclusivement célébré par des femmes, mais encore par des hommes qui recherchaient, comme la plus grande distinction, le titre et les fonctions d'hiérophante. Nous savons, par Démosthène, que la femme de l'archonte faisait des sacrifices publics au nom de la ville; de plus, elle jouissait de la prérogative d'assister à la célébration des mystères.

Déesses, prêtresses étaient autant de qualités et de fonctions élevées propres à rendre au sexe féminin tout son prestige, et à lui faire conquérir la place que lui a assignée la nature, et que l'injustice masculine lui a refusée.

Il n'en fut rien cependant; elles continuèrent d'être asservies, à des degrés différents, dans l'ordre politique et social, dans la vie publique comme dans la vie privée.

Jamais les sociétés ne montrèrent plus d'inconséquence et ne furent plus en contradiction avec elles-mêmes !

L'encens qu'on prodiguait au principe féminin sur les autels consacrés aux déesses, avait, comme contre-poids, dans la vie réelle, les rigueurs de la loi envers les femmes.

C'est qu'en dépit de cet empiètement du principe féminin sur le terrain divin et hiératique, le préjugé de l'inégalité des deux genres résistait quand même et était la source de la légende du péché originel.

Mais voici, justement, où les difficultés commencent, et le récit des Genèses, loin de les résoudre, les complique. En cosmogonie religieuse, rien n'est plus clair. Deux éléments, de valeur différente, sont en présence ; l'esprit et la matière, c'est-à-dire le conscient et l'inconscient. Le premier fait la loi au second, ce qui est juste. Mais en androgénie, la contradiction est manifeste.

Nous voyons dans l'homme et la femme identité de composition. Pétris du même limon, de la même argile, animés du même souffle, il y a équivalence dans les deux.

Chez les Indous, Manou se dédouble ; et cette moitié séparée n'est autre que la femme, et rien ne nous indique que cette moitié soit inférieure à l'autre. Suivant Moïse, la formation d'Ève donne lieu à deux versions qui se démentent. Chez les Celtes, l'Edda nous raconte que les fils de Bore, agents de la divinité, autrement dit *démiurges*, façonnent l'homme et la femme de deux morceaux de bois qu'ils ont aperçus flottant sur les eaux. Un morceau de bois en vaut un autre ; pourtant le chêne est plus estimé que le sapin ; mais l'Edda ne fait ici aucune distinction et ne mentionne aucune différence. Chez les Grecs, d'après Hésiode, Pandore, la première femme, sort de la main des dieux ; elle est comblée de leurs dons. Si elle ouvre la fatale boîte renfermant tous les maux, la responsabilité en revient à Jupiter, qui, pour se venger de Prométhée, lui en a fait présent.

Jusqu'à présent il m'est impossible de saisir les motifs de subordination. Alors je poursuis mes investigations ; et bientôt, en avançant dans les vieux récits, je découvre une faute, une transgression à la loi éternelle, dont la femme se serait rendue coupable. L'Inde ne confirme pas cette donnée. Dans la tradition, Brahma est seul l'auteur de l'infraction. Ève, chez les Hébreux, et Pandore, chez les Grecs, perdent l'humanité par leur curiosité fatale. Chez les Celtes, les filles des Géants surviennent et corrompent les fils des hommes. La Glose chinoise prétend qu'il faut se défier des paroles de la femme, sans s'expliquer davantage.

Enfin, après mes consciencieuses recherches dans les anciens documents, j'infère que la femme a été coupable, mais non incapable, la culpabilité n'impliquant pas nécessairement l'infériorité intellectuelle. Transgresser une loi, c'est manifester une force, déviée peut être, mais cette force n'en existe pas moins ; elle peut se redresser et agir dans un sens favorable ; tandis que l'incapacité, qui est une privation, est dans tous les temps un mal incurable.

Avant d'accepter comme véridique cette donnée de la culpabilité primordiale de la femme, il est sage d'examiner les bases sur lesquelles elle est établie. Nous constatons d'abord qu'il n'existe rien de précis, qu'il n'y a point unanimité, que les avis sont partagés.

C'est la Genèse hébraïque qui est, sur ce point, la plus explicite et la plus affirmative. Il s'agit de savoir si elle est logique et vraisemblable.

Au chapitre premier, versets 26, 27, 28, Jéhovah dit : « Faisons l'homme à notre image... » Il les créa à son image et les fit mâle et femelle. Il était donc lui-même des deux genres. Et il leur dit : « Croissez et multipliez. »

Au chapitre second, le narrateur ou rédacteur du récit, à propos du repos que prend le Seigneur le septième jour, énumère tous les faits de la création et arrive à la confection de l'homme ; il modifie singulièrement sa première narration. Suivant cette dernière donnée, l'homme est façonné d'abord et déposé dans un jardin appelé Éden.

Au verset 18, Dieu s'aperçoit qu'il manque quelque chose à l'homme ; et il dit : « Il n'est pas bon que l'homme soit seul ; faisons-lui une aide semblable à lui. »

D'après cette seconde version, Dieu n'avait donc pas fait l'homme mâle et femelle simultanément ? Ce n'est donc qu'après expérience faite qu'il modifie son premier projet. Si, dans le dessein primitif de Dieu, l'homme devait être seul, il ne devait pas avoir de sexe ; car l'existence d'un sexe implique forcément celle d'un autre sexe. Était-il donc doué de la faculté de se reproduire ? Était-il androgyne ? Enfin, qu'était son état anatomique et physiologique avant l'apparition de la femme ? S'il était mâle, sa femelle devait de toute nécessité exister.

Il y a là contradiction. Le conte bleu qui tire la femme d'une côte de l'homme ne résout pas la difficulté. Dès que Dieu rectifie son plan et revient sur son œuvre, Adam a dû subir d'importantes retouches ; car il lui manquait certaines conditions organiques indispensables à l'union corporelle de deux êtres. Cette seconde donnée doit être repoussée, Dieu ne pouvant se déjuger en manquant de prévision, conséquemment de sagesse. Dans tous les cas, il n'est question entre eux que d'une différence formelle et non essentielle.

Puisqu'ils sont sortis des mains du Créateur, il n'y a pas à invoquer les phénomènes de l'atavisme, du croisement de races et de sang, des différents milieux et des transmissions de caractères par l'hérédité et les diversités de l'éducation. Tout est uniforme, tout est semblable, tout est neuf, sans tradition, sans passé.

Pourquoi l'un de ces deux facteurs de l'humanité, créés pour s'associer, se pénétrer, en vue de la perpétuité de l'espèce, serait-il plus défectueusement organisé que l'autre ? Et d'ailleurs, si l'on veut bien se donner la peine d'étudier les circonstances dans lesquelles le premier délit se perpètre, on se demandera à quel propros la femme est-elle considérée plus fautive que l'homme ?

Par quel vice d'organisation a-t-elle été encline à désobéir la première ? Si elle a été constituée défectueusement, son auteur en est seul responsable.

Si, d'autre part, Dieu avait la pensée secrète, je dis secrète, Jehovah ne l'ayant exprimée nulle part, de conférer la supériorité à l'homme plutôt qu'à la femme, il faut reconnaître qu'il a été singulièrement déçu, car l'homme, dans cette première incartade, accuse autant de bêtise que de lâcheté. Sans opposition raisonnée, sans résistance, il devient complice enfantin de sa compagne Ève qui, dans sa faute, se montre infiniment supérieure, cédant à un besoin de connaître et de savoir. Mais comment nous attacher à une légende qui ne se forme que de racontars accumulés et falsifiés d'âge en âge et de siècle en siècle ? Examinons les faits capables de rectifier toutes ces erreurs du passé, sanctifiées par le respect superstitieux de l'ancienneté.

Ces cosmogonies, ces genèses, d'où nous tirons toutes ces données, n'appartiendraient-elles pas à des époques ultérieures ?

Lorsque l'humanité est tourmentée du désir de connaître ses origines et ses destinées, n'a-t-elle pas déjà atteint un certain degré de culture ? Ces essais d'exégèses, plus ou moins synthétiques, sur la formation de l'univers, n'exigent-ils pas une pensée quelque peu exercée ? A l'époque où Moïse naît, l'Egypte est en pleine effervescence, et c'est alors que se rédige le *Pentateuque*. Si nous remontons à la formation et à la confection de tous les livres sacrés : *Veda*, *Zend-Avesta*, *Kings*, nous verrons qu'ils sont œuvres faites après coup. Il en est de même aussi du *Nouveau Testament*.

Ces œuvres reflètent donc des usages reçus, des

habitudes, des partis pris. Elles ne sont ni primitives, ni spontanées.

La géologie a mis fin à ces doutes ; elle nous a révélé, par ses découvertes, des âges antérieurs appelés âge de pierre, âge de fer, âge primitif, où la force musculaire prévaut sur toutes les autres qui, il faut le dire, n'ont pas reçu encore leur développement, car l'intelligence et le sentiment n'y sont encore qu'à l'état de germe, germe bourgeonnant à peine. Mais, remarquons-le bien, le lien qui unit le sentiment à la raison est plus intime qu'on ne le suppose. J'oserai dire plus : le sentiment et la raison sont dans un rapport constant.

Pendant les époques primitives, les occupations les plus nobles et en même temps les plus utiles de l'homme sont la chasse et la guerre : la chasse, pour le nourrir et pour détruire les animaux nuisibles; et la guerre, pour se défendre et repousser les invasions ennemies, souvent aussi pour s'approprier de nouvelles terres.

Vous vous l'imaginez bien, ce règne n'est pas celui de la femme, dont l'infériorité musculaire est incontestable.

Ce sont des phases de concurrence vitale où l'existence ne s'achète qu'au prix de la lutte, de la bataille, du combat.

L'homme accorde à la femme une sorte de protectorat qui ressemble très fort à une oppression. Du reste, il est certain que, lorsqu'on a besoin d'un protecteur, on ne lui fait pas de conditions, au contraire, on subit les siennes.

On a prétendu aussi que les premières civilisations sont orientales, circonstance très désavantageuse pour la femme. La femme asiatique ayant une précocité physique qui lui est, certes, défavorable, est déjà femme par le corps, tandis qu'elle est encore enfant par l'esprit. Nous ferons, ici, une simple réflexion. Si la puberté de la femme est précoce, ou, pour mieux m'exprimer, sa nubilité, ces deux termes ne devant pas être confondus, l'homme asiatique se trouve certainement dans un état correspondant, c'est-à-dire qu'il est prolifique avant d'être producteur par la pensée.

Disons tout simplement que l'homme a cherché *per fas et nefas* à rester maître. A partir de la période musculaire, il s'est emparé brutalement du pouvoir, s'est efforcé d'abaisser la femme et n'a réussi qu'à s'abaisser lui-même.

Et cependant, dans cet Orient où les femmes en troupeaux peuplent des harems, de temps en temps scintille, comme un rayon solitaire, un nom féminin. Comment ce nom a-t-il traversé les siècles? Comment est-il parvenu jusqu'à nous malgré le despotisme masculin? Nul ne saurait le dire; mais à ce nom sorti de l'obscurité est attaché le prestige de l'autorité, du génie et de la gloire. C'est Sémiramis, c'est Balkis, plus connue sous le nom de reine de Saba, c'est Deborah, juge dans Israël. Par quelle inadvertance a-t-on conféré, à ces époques de prédominance mâle, les premières fonctions politiques à une femme?

C'est qu'en vérité, lorsqu'une loi naturelle est transgressée, elle a quand même ses reprises; l'inconséquence même des légistes les lui offre. La femme, abaissée dans les codes, se trouve tout à coup portée, par les nécessités de la filiation et de la dynastie, à la suprême puissance. C'est ainsi que l'Égypte ancienne donna une haute situation à la femme. Dans plus d'un cas, elle parvint au pouvoir. En Chine, plusieurs impératrices célèbres tinrent les rênes d'un gouvernement absolu. Nul n'ignore que la politique des harems, dirigée par les sultanes favorites et les sultanes validé — en d'autres termes sultanes-mères — n'ait prévalu en Orient.

En ce qui concerne la femme, n'allez chercher dans
l'ensemble des institutions ni logique, ni justice ;
rien ne se lie, rien ne s'enchaîne, tout est arbitraire,
tout est contradictoire. A côté d'une loi oppressive,
vexatoire, existe une disposition favorable qui détonne
sur ce qui précède. En même temps qu'on la dégrade,
on l'exalte et on l'encense. L'antiquité, la barbarie, le
moyen âge sont remplis de ces anomalies. Là où la
femme ne pouvait être citoyenne, elle était, à l'occasion,
suzeraine et reine. Il est de convention de répéter, à
satiété, que le christianisme a retiré la femme de son
abjection en la réhabilitant. Cette assertion est plus
qu'une exagération, c'est une erreur. D'abord le
christianisme, procédant du récit mosaïque, fait peser
sur la femme la plus grande part de responsabilité dans
la faute originelle.

Sa réintégration dans l'ordre supérieur est si peu
indiquée dans l'Évangile et dans les Actes des Apôtres,
que les Pères de l'Église n'ont pas même l'air de se
douter du caractère régénérateur et libérateur de Marie.
Sa maternité n'est pas prise en considération. Et c'est
à qui déblatérera sur *l'engeance féminine*. On croirait
encore entendre l'Étéocle d'Eschyle et l'Hippolytos
d'Euripide, déplorant tous les deux la présence des
femmes en humanité. Leurs plaintes et leurs récriminations sont grotesques. La venue de Marie n'a rien
changé à l'opinion. Saint Paul, saint Augustin, leurs
collègues et leurs succédanés, chantèrent la même
antienne. Le concile de Mâcon poussa le mépris pour
elles jusqu'à leur refuser une âme. C'est qu'en vérité,
Marie, de son vivant, est absolument mise à l'ombre.
Son fils, en diverses circonstances, lui adresse inten-
tionnellement des paroles dures pour mieux faire sentir
l'immense distance qui se tient entre lui et elle ;
durant sa vie et après sa mort, il ne laisse aucune

disposition capable de modifier cette première attitude : pas un mot à ses apôtres n'est de nature à faire considérer à ceux-ci que le Christ a chargé sa mère d'une mission.

Comment Marie n'est-elle pas tombée complètement en oubli ; comment, au contraire, a-t-elle rayonné après coup avec tant d'éclat ? C'est que le féminin est éternel et que toute conception de l'esprit, soit religieuse, soit philosophique, qui tentera de l'exclure ou de le diminuer, sera frappée de stérilité.

Le christianisme dut donc recourir à la femme sous peine de périr. Il ressuscita Marie oubliée et dédaignée par les compagnons disciples de Jésus et les Pères de l'Église. Elle allait brillamment réapparaître de façon à éclipser la trinité elle-même. Mais cette transformation des déesses païennes en une vierge chrétienne, marque-t-elle un progrès pour le genre féminin ? Non certes, nous sommes loin des Athéné, des Diane, des Déméter éclairant l'humanité et donnant des lois. Marie, désormais] l'idéal de la femme dans le christianisme, est l'incarnation de la nullité, de l'effacement ; elle est la négation de tout ce qui constitue l'individualité supérieure : la volonté, la liberté, le caractère.

Aussi à ce triomphe féminin dans l'ordre supra-terrestre, les hommes, pour établir une compensation, ont-ils maintenu les rigueurs de la loi positive. Toujours dans la crainte de tomber sous le joug féminin, subissant une attraction irrésistible, ils s'efforcent de mettre entre eux et la femme un privilège qui les protège contre leurs propres entraînements. Et plus ils croient se garer du danger par d'iniques mesures, plus ils sont en péril.

Il y a là une confusion singulière dont toutes les sociétés, sans exception, ont ressenti et ressentent les funestes effets.

Les révolutions libérales se sont succédé ; l'égalité

devant la loi a été proclamée pour tous; mais la femme n'a pas eu sa part intégrale. Sans doute, elle a bénéficié, dans une certaine proportion, de quelques grandes mesures générales. Cependant, comme fille majeure, elle ne jouit point de ses droits civils, et, comme épouse, elle est en tutelle.

Notre affranchissement est encore à faire; et tant qu'il ne se fera pas, le progrès sera enrayé.

Si cet affranchissement ne s'est pas accompli, nous objecte-t-on en manière de second argument, la faute n'en revient-elle pas à la femme?

Après les périodes de pierre et de fer, lorsque la force intellectuelle commença à exercer sa suprématie sur la force musculaire, dans les climats tempérés où le développement physique de la femme est conforme à son développement moral, comment ne reprit-elle pas le niveau?

Aucune loi, aucun décret, à nos époques modernes, n'a interdit à la femme de lire, d'étudier, de retenir ce qu'elle a lu; d'observer, de noter ses observations, de déduire, d'induire et de généraliser. Pourquoi la somme de ses œuvres est-elle inférieure à celle des œuvres de l'homme?

Pour répondre victorieusement à cette objection, nous rappellerons que, pendant les âges de fer, où règne la force musculaire, l'homme s'empare du pouvoir et que dans la suite il ne se décide pas à le partager. Il continue donc à s'arroger les plus hautes fonctions. Par conséquent, il met exclusivement à sa disposition tous les moyens imaginables, toutes les ressources possibles pour fortifier son caractère, augmenter son savoir et agrandir son génie: université, écoles spéciales, cours, académie, sont fondés par lui et pour lui.

En matière d'instruction, les femmes sont constamment mises à l'écart; les hommes éloignent d'elles, avec une sollicitude sans pareille, tout ce qui pourrait nourrir et émanciper leur raison. Au contraire, ils font tout au monde pour maintenir et pour prolonger cette légèreté, cette frivolité féminine dont ils font l'objet de leurs critiques constantes. Dans mille occasions, ils la favorisent et l'encouragent ; ils livrent enfin les femmes sans défense à l'autorité des préjugés, des superstitions et de la routine. Ils imposent à la femme des règlements, des prescriptions, des usages, sans daigner expliquer les motifs qui les leur ont fait adopter.

Et lorsqu'un homme vient dire à une femme : « Vous voulez parler affaire, madame, retournez donc à vos chiffons, votre cerveau n'est pas taillé pour ces choses. » La femme est en droit de répondre : « Qu'en savez-vous ? avez vous jamais expérimenté ce cerveau, en connaissez-vous la mesure, l'étendue ? Avez-vous jamais permis qu'une femme allât jusqu'au bout de sa raison ? Ah ! aucune loi n'interdit aux femmes d'apprendre, mais vous leur en avez ôté tous les moyens. A cet égard, toute issue est fermée pour elles. »

Quand pendant des siècles l'ignorance et l'oisiveté du cerveau se transmettent et s'additionnent de génération en génération, les facultés s'étiolent ; le désir d'apprendre s'éteint, sauf exception. Heureusement qu'il y a pour correctif le savoir des pères, car les filles, habituellement, reproduisent les caractères paternels, et les fils, ceux de la mère. Ce qui justifierait les assertions du Talmud, à savoir : que chaque sexe porte en lui les principes contraires. De façon que, malgré tous ces *impedimenta* forgés par le mauvais vouloir masculin, le cerveau de la femme s'est développé quand même. Il a fait preuve de génie en tout genre, en dépit des sourdines que mettent les hommes chaque fois qu'un esprit appartenant au sexe qui n'est pas

le leur, émerge vaillamment à la surface. Et, du reste,
que. d'œuvres faites par des femmes et signées par des
hommes! La femme a fait des découvertes, a inspiré
des systèmes ; et l'homme s'est parfaitement approprié
le fruit de ses labeurs.

Ce qui n'empêche pas des physiologistes modernes,
qui se donnent comme des expérimentateurs et qui ne
sont que des subjectifs, ne reflétant dans leur esprit
que ce que leurs ascendants y ont déposé, de ne
chercher, par leurs études, qu'à corroborer plutôt les
affirmations *à priori* des penseurs primitifs qu'à
découvrir la vérité.

Lorsqu'on a des idées préconçues et un parti pris, les
observations et les expériences auxquelles on se livre
s'en ressentent. Désireux de justifier ce qu'on pense,
on déduit ou on induit arbitrairement et on établit des
hypothèses et des conclusions en l'air. Et, alors, dès
qu'une théorie, qui se dit scientifique, affirme la légitimité des privilèges, ceux qui en profitent comme
ceux qui la représentent — et dans le cas qui nous
occupe, c'est la moitié de l'humanité — y applaudissent
et l'acceptent comme pure vérité.

C'est ainsi qu'il a été considéré longtemps comme
indiscutable, que la femme ne possédait pas le germe
de l'être, mais qu'elle ne faisait que le nourrir, le développer, comme la terre à l'égard du grain.

D'après cette donnée, l'homme fournit le système
nerveux, la moelle épinière, le cerveau, enfin tout l'organisme intelligent ; la femme, l'élément corporel ou
mécanique. Que la femme donc renonce à aborder les
hautes régions transcendantes et métaphysiques et les
idées de généralisation et de synthèse. Sa structure
cérébrale s'y refuse.

La science impartiale, par la bouche et la plume de

Linné, de Buffon, et de tant d'autres, est venue démentir cette assertion fallacieuse.

Linné prête à l'élément féminin la formation du principe médullaire et du système nerveux, enfin les organes des facultés mentales.

Pour être francs, nous devons tous reconnaître que, depuis cent cinquante ans, la physiologie nous promène de conjecture en conjecture ; elle promet ce qu'elle ne tient pas ; elle affirme ce qu'elle ne sait pas. Nous sommes fatigués de ce voyage à travers le cerveau. Tantôt elle invoque le poids, tantôt elle invoque le volume, tantôt les circonvolutions et la substance grise. L'engouement se porte aujourd'hui vers les circonvolutions et la substance grise.

Rien ne nous prouve qu'on ne changera pas encore. Si les physiologistes étudiaient le mécanisme cérébral dans son activité, il serait possible d'ajouter foi à leurs opinions, mais ce mode d'investigation est impraticable ; et comme, au repos, chaque lobe, chaque cellule n'a point d'étiquette qui en désigne la fonction, comment apprécier les ressorts qui sont en jeu ? A vrai dire, les conditions de la pensée nous sont inconnues ; nous ignorons, comme par le passé, les causes déterminantes et modificatrices de l'acte cérébral. J'engage fortement les physiologistes à persister dans leurs études, ils y ont encore tout à apprendre.

Enfin voici venir les gens quasi-judicieux. Suivant eux, la physiologie, en effet, n'est pas assez sûre d'elle-même pour se prononcer : mais à première vue et à la simple observation des constitutions et des caractères des deux sexes, la différence qu'on en fait est immédiatement justifiée. La taille de l'homme est plus élevée que celle de la femme ; son appareil musculaire jouit d'une plus grande vigueur ; cette supériorité s'étend sur tout l'organisme. L'homme est apte à concevoir et

à accomplir ce que la femme ne peut exécuter ;
l'homme représente la raison, la femme le sentiment ;
l'homme étonne par son génie, par la hardiesse de ses
entreprises : la femme séduit, touche, émeut par sa
beauté, sa grâce, sa charité exquise.

De la femme sensible, sentimentale, à la femme ange,
il n'y a qu'un pas : les femmes sont des anges.

Je ne connais pas les anges, je soupçonne assez volontiers qu'il existe quelque part des êtres mieux doués
que nous, des êtres qui ont beaucoup plus de facultés
et beaucoup moins de besoins. Seulement ces êtres
ont des conditions d'existence différentes des nôtres : ils
ont placés dans d'autres milieux. Ce que je sais, c'est
que toutes les fois qu'un ange nous tombe ici, il est
assez malmené.

Or, de tous les ennemis de la femme, je vous le
déclare, les plus grands sont ceux qui prétendent que la
femme est un ange : dire que la femme est un ange,
c'est l'obliger, d'une façon sentimentale et admirative, à
tous les devoirs, et se réserver, à soi, tous les droits ;
c'est sous-entendre que sa spécialité est l'effacement,
la résignation, le sacrifice ; c'est lui insinuer que la
plus grande gloire, que le plus grand bonheur de la
femme, c'est de s'immoler pour ceux qu'elle aime ;
c'est lui faire comprendre qu'on lui fournira *généreu-
sement* toutes les occasions d'exercer ses aptitudes.
C'est-à-dire qu'à l'absolutisme elle répondra par la
soumission, à la brutalité par la douceur, à l'indifférence par la tendresse, à l'inconstance par la fidélité,
à l'égoïsme par le dévouement.

Devant cette longue énumération, je décline l'honneur d'être un ange. Je ne reconnais à personne le droit
de me forcer à être dupe et victime. Le sacrifice de soi-
même n'est pas une habitude, un usage, c'est un *extra* :
il ne fait pas partie du programme des devoirs. Aucun

souvoir n'a le droit de me l'imposer. De tous les actes, le sacrifice est le plus libre, et c'est parce qu'il est libre qu'il est d'autant admirable. Il peut arriver que je me dévoue pour un être que j'aime ; cet être est malheureux, souffrant, je cherche à adoucir son infortune en la partageant : je fais plus, s'il m'est possible, j'attire la calamité sur moi pour l'en préserver ; mais je n'ignore pas que cette personne qui m'est chère ne s'est point placée dans cette situation lamentable pour m'exploiter ; elle est elle-même victime involontaire ; tandis que moi, j'accomplis le sacrifice volontairement ; rien ne m'y oblige. Mais si, de parti pris, de sang-froid, après délibération, vous m'exploitez à votre profit ; si vous me dites, en m'indiquant deux places : en voici une bonne, elle est pour moi : celle-là est mauvaise, elle est pour vous, prenez-là donc. — Grand merci ! Je refuse. — Comment ! vous refusez ? mais pourtant vous êtes un ange ! — *Ange* vous-même !

On a cru se mettre d'accord avec l'équité en disant que l'homme a, en société, de plus grands devoirs à remplir que la femme, et qu'il était juste qu'il eût plus de droits ; qu'il ne fallait pas oublier que c'est lui qui soutient la famille et qui défend la patrie.

Dans le premier cas, on pourrait conclure que, par son travail, l'homme pourvoit entièrement aux besoins de sa femme et de ses enfants. Nous démontrerons que cette affirmation est absolument fausse.

La femme dans le prolétariat travaille autant que l'homme. Comme lui, elle lutte pour l'existence et avec tous les désavantages, puisque, à labeur égal et à égal mérite, elle reçoit un salaire infime ; ce qui la met le plus souvent dans la cruelle nécessité de se prostituer pour vivre.

Les travaux les plus dangereux ne lui sont pas épargnés. Nous la voyons dans les fabriques de produits chimiques où elle gagne la nécrose ; dans les cartoucheries, les capsuleries, dans les mines risquant le grisou, les explosions. A la campagne, elle cultive la terre, la bine et souvent même fait marcher la charrue.

A la ville, elle passe des nuits, use ses yeux sur des objets de couture dérisoirement payés. De plus, elle raccommode la famille, fait le ménage, va au lavoir. Là où l'homme trouve quelque temps de repos, la femme ne s'arrête pas.

Et, dans les classes plus élevées, si la femme n'apporte pas sa collaboration active, elle achète à l'homme son droit à l'oisiveté par une forte dot et la perspective d'un brillant héritage. Elle est donc, au contraire, la victime de l'exploitation masculine.

Dans le second cas qui a trait à la défense de la patrie, je ferai observer que, jusqu'ici, ceux qui ont défendu la patrie sont en nombre absolument restreint, relativement à ceux qui restent dans leurs foyers. Nous ajouterons aussi que la condition de défendre la patrie n'est pas la condition *sine qua non* de l'obtention du droit, puisque tous les individus dont la santé est débile et qui sont, par ce fait, exemptés du service militaire, n'en jouissent pas moins de l'intégrité de leurs droits. Ensuite, ne sommes-nous pas autorisées à opposer au service militaire la fonction maternelle, où la femme, pour transmettre la vie, risque de perdre la sienne ? Et qu'on réfléchisse qu'il y a plus de femmes mères qu'il n'y a d'hommes soldats. La maternité offre donc pour la femme plus d'occasions de mort que la guerre n'en offre pour l'homme.

Mais les intéressés se gardent bien de s'arrêter à ces raisons plausibles, ils font semblant de ne pas entendre et continuent à dessein de déplacer la question. C'est ainsi qu'ils objectent insidieusement que l'union de l'homme et de la femme se base sur des différences. Chaque sexe recherche l'autre pour y trouver les qualités qui lui manquent ; faire disparaître ces différences, c'est substituer le trouble à l'harmonie ; dès qu'il y aura mêmes prétentions, il y aura compétition, c'est-à-dire rivalité, antagonisme.

Je réponds à cela : l'harmonie morale du couple gît tout entière dans des similitudes d'esprit et d'éducation, et non dans des différences. Toute affection ne se forme, ne se développe, ne se maintient que par la communion des sentiments, des opinions, du savoir. Si les différences physiques sont indispensables pour l'union matérielle, les différences intellectuelles sont pernicieuses pour le lien moral. Aussi, les différences qu'offrent les deux sexes sont-elles, en réalité, plus formelles qu'essentielles.

L'infériorité des femmes n'est pas un fait de la nature, nous le répétons, c'est une invention humaine, c'est une fiction sociale.

Nos adversaires ajoutent encore ceci à ce quatrième argument :

« En empiétant, disent-ils, sur les attributs de l'homme, en s'appropriant une éducation forte, la femme fausse sa nature, elle se virilise ; partant de là, elle perd de ses charmes et de son attrait. » — Quoi ! une intelligence cultivée ; quoi ! une certaine somme de connaissances acquises ; quoi ! une haute raison se reflétant sur la physionomie enlaidiront un charmant visage ! Jusqu'à présent on avait cru le contraire. Comment ! la raison, la science, diminueraient la beauté !

Ce qui fait illusion à la femme, c'est l'hommage extérieur souvent servile rendu à sa jeunesse et à sa beauté.

La beauté ne semble-t-elle pas être l'enveloppe, la

manifestation, le rayonnement extérieur du génie ? Le jour où un grand esprit ne reçoit en partage qu'un physique défectueux, chacun ne voit dans ce contraste qu'une contradiction et qu'une parcimonie de la nature.

Parvenue à ce point, il nous reste à réfuter un' dernier argument ; le voici : Ce n'est qu'une minime fraction des femmes qui réclament et qui se révoltent contre l'ordre établi, alors que la généralité, moins turbulente et plus sensée, l'accepte, le trouve conforme à la justice et condamne toute tentative de changement à cet égard.

Cet argument est complètement faux. Jamais la femme ne s'est résignée à subir le joug, elle a constamment protesté. Sous ces dehors de grâce, d'affabilité, de douceur, de politesse échangée, de coquetterie, de courtoisie, se cache un antagonisme profond, réel. Depuis le commencement du monde et la formation des sociétés, la femme joue le rôle d'insurgée ; rien de plus logique. Lorsqu'on viole la justice et le droit, le droit et la justice ne sont pas anéantis pour cela, ils reparaissent sous la forme insurrectionnelle et révolutionnaire. L'ambition de la femme est de tourner, d'annuler la loi qui est contre elle ; l'œuvre de sa vie, c'est la conquête de l'homme ; elle y emploie sa jeunesse, sa beauté, toute la finesse de son esprit ; ce qu'elle convoite, c'est de métamorphoser ce maître en esclave. La voyez-vous, cette jeune fiancée, si douce, si naïve, si touchante sous son voile blanc ? Eh bien ! pendant qu'elle fait son serment d'obéissance devant M. le maire ou M. le curé, intérieurement elle se promet bien de n'en point tenir compte et de le violer au premier jour. Le grand triomphe de la femme, c'est de mener un homme. Son orgueil est satisfait quand elle peut dire : « Voyez ce tyran, ce despote, ce dominateur, il obéit à mes ordres, à mes moindres caprices. »

Ah ! la chose est moins plaisante que vous ne le pensez ; il est parfois de cruelles représailles. C'est qu'en vérité il existe une loi naturelle, immuable, qu'il n'est donné à personne de changer ; loi par laquelle chaque être recherche les conditions favorables à son développement ; loi en vertu de laquelle il tend par toutes ses forces à exercer ses facultés et à épuiser sa sève, physiquement et moralement. Il est contre nature qu'un individu se diminue sciemment, s'amoindrisse volontairement ; ses prétentions, au contraire, sont plutôt au-dessus de ses moyens. Il est contre nature qu'un être raisonnable abdique les plus nobles attributs de l'humanité ; il est contre nature qu'il abandonne ce qui constitue sa dignité, sa supériorité sur toutes les autres espèces, en un mot, son autonomie. Dans l'économie physique de l'univers, aucun élément n'est sans emploi, aucune force n'est perdue. Dans l'univers moral, l'économie doit être la même : aucune force ne doit être sans emploi, aucune faculté ne doit être perdue.

Eh bien ! dans notre ordre social, la femme est une force perdue ; elle n'a point donné tout ce qu'elle peut ; elle n'est point allée, comme nous l'avons fait observer tout à l'heure, jusqu'au bout de sa raison.

Sans doute, les ennemis de ce mouvement ne manquent pas de donner une définition fallacieuse des mots liberté et émancipation. Ils s'efforcent de les rendre synonymes de licence, de désordre, de dévergondage. Heureusement que cette mauvaise foi ne peut nous faire illusion ; on n'a rien à nous apprendre sur le sens du mot liberté. La liberté n'est pas le droit de faire tout ce qu'on veut et tout ce qu'on peut ; elle donne la possibilité d'exercer ses facultés sans nuire à l'essor des facultés du prochain.

Quant à cette émancipation qui n'est que la licence et le désordre, nous l'avons depuis longtemps. La société nous fournit, à profusion, tous les moyens de nous perdre. Si nous ne sommes point en puissance de maris, nous pouvons nous livrer à toutes les folies ; nous pouvons donner le spectacle de tous les scandales ; nous sommes autorisées même à rouler jusqu'au dernier degré de l'abjection, le trafic de la personne humaine.

Notre société est si sagement organisée qu'elle laisse toute l'action et l'influence à la femme de mauvaises mœurs, et aucune à la femme de bien.

Qu'une femme monte sur des tréteaux, qu'elle démoralise, qu'elle déprave, qu'elle corrompe le public par sa tenue, ses gestes, ses propos, elle recueille des encouragements, des applaudissements ; on lui fera des ovations de tous les coins de l'univers ; on viendra pour l'entendre ; on la déclarera même une grande *artiste*, une *diva*.

Mais qu'une femme monte sur une estrade pour parler morale et vertu, toutes les railleries se tournent contre elle. Je me demande si l'on ne serait pas moins insensé à Charenton. Quand il me tombe sous les yeux ces critiques, ces persiflages, ces épigrammes, lancés à l'adresse des femmes, je m'étonne que des gens qui se piquent de bon sens et qui ont la prétention d'éclairer les autres, se complaisent à soutenir ces idées vieillottes et à se ranger dans le camp des caducs et des surannés ; je m'en afflige pour eux, je les trouve au moins très imprudents. Je leur demanderais très volontiers : « Mais vous êtes donc des générations spontanées ? vous êtes donc nés à la façon des rotifères et des infusoires ? vous êtes donc venus au monde sans mère ? » Car il me semble maladroit, absurde, de parler avec tant de mépris d'un sexe qui entre pour la moitié dans votre façon.

Tant qu'un seul intérêt sera lésé, il n'y aura pas de droit, le régime du privilège ne cessera d'être en vigueur, et le perfectionnement social sera indéfiniment retardé.

LA FEMME ET LES MŒURS

MESSIEURS, MESDAMES,

Notre premier entretien n'a été qu'un exposé synthétique des motifs qui ont déterminé la subordination de la femme dans l'humanité.

Ces motifs, d'essence égoïste et brutale, se sont déguisés sous l'apparence du dogmatisme religieux, de la philosophie, voire même de la science ; car, pour être savant, on n'en est pas moins homme. Donc, ceux qui veulent pénétrer les lois de la nature, étant imbus de préjugés séculaires, préjugés qui flattent leur vanité, ont bien plutôt cherché, dans l'étude des organismes humains, à les légitimer qu'à les détruire.

C'est ainsi qu'ils ont décrété, *à priori*, la supériorité du principe mâle dans l'acte générateur, supériorité comprenant toutes les créations d'ordre moral et intellectuel. Cette conclusion hâtive et inexacte, faite par des esprits prévenus, a établi et consacré la hiérarchie dans les rapports des deux sexes. Or, de la nature hiérarchique ou égalitaire des rapports établis entre l'homme et la femme, dépend l'état des mœurs de l'individu, de la famille et de la société.

Les nécessités génésiques déterminent l'union des sexes, qui est elle-même la première manifestation

2

de l'association sans laquelle rien ne se reproduit et rien ne dure.

C'est le groupe initial et le prototype irréductible de toute collectivité organisée ; mais s'il n'y a pas entre les deux facteurs de l'humanité parité de droits, de devoirs, réciprocité d'obligations ; si leur attitude respective n'est pas conforme à la justice ; si l'un des deux empiète sur l'autre et impose sa suprématie, le privilège s'installe dès l'origine et se reproduit à tous les degrés de la mécanique sociale.

Qu'est ce qu'un privilège ?

La dispense d'un devoir ; en conséquence, une atteinte portée au droit d'autrui. Cet abaissement anormal et systématique de l'un des deux éléments constitutifs de l'humanité engendre deux morales qui se neutralisent l'une par l'autre.

L'homme s'étant attribué exclusivement le rôle de générateur et de créateur, s'est arrogé le droit de donner des lois, de rédiger des codes, des statuts, des règlements et de pratiquer, en raison de sa puissance prolifique, incessamment active et dont il dit être seul possesseur, les amours libres. De toutes les prérogatives qu'il s'est octroyées, celle-là lui est peut-être le plus chère. Mais comme l'homme, guidé par l'arbitraire de la passion et de la domination, est absolument illogique, il refuse la réciproque à la femme qu'il contraint à rester vierge dans le célibat et chaste dans le mariage, sous peine d'être l'objet de la déconsidération, du mépris public et de la sévérité des lois ; l'homme, sans scrupule, laissant à la femme, en cas d'infraction commise de compte à demi avec lui, toute la responsabilité de la faute.

Les hommes se font même gloire d'afficher, à cet égard, jusqu'à l'intempérance. Il leur semble que la réserve dans la conduite n'est qu'une preuve de

pauvreté du sang et de débilité constitutionnelle.
Comment alors l'homme professera-t-il des mœurs
libres, si elles sont interdites aux femmes ?

Les mœurs libres n'existant que par le consentement mutuel des deux sexes et la concordance de
leurs attractions, la chasteté des femmes ne pourra
avoir pour garantie que la retenue des hommes. Il
s'ensuit que si les hommes, vu l'ardeur de leur tempérament, se croient autorisés à satisfaire leur passion
et à céder à l'entraînement de leurs sens, sans avoir
cure des prescriptions de la loi, les femmes devront
agir de même.

Si, au contraire, les femmes prennent en souci ce
que le monde légal exige d'elles, et qu'elles restent
pures étant jeunes filles et fidèles étant épouses, voici
que les hommes seront réduits, bon gré, mal gré, à
pratiquer la vertu.

Mais, réplique-t-on, la chasteté est impossible aux
hommes : la plupart seraient poussés à la folie, même
au crime.

Ainsi, dans cette singulière organisation, quelque
parti que l'on prenne, l'un des deux sexes se trouve
toujours frustré.

Tel est le dernier mot de notre société.

Peut-être pourrait-on éviter ces terribles extrémités
en hâtant l'époque du mariage.

Non, répond-on, l'arrangement de notre société est
contraire à cette mesure. D'autres ont l'aplomb d'affirmer
que la monogamie est insuffisante pour l'homme.

En ce cas, il ne resterait plus qu'à proclamer l'amour
libre en même temps que l'égalité des deux sexes, et
la responsabilité des individus.

L'Orient s'est efforcé, à son détriment, de résoudre le
problème en instituant la polygamie, autrement dit la
pluralité des femmes, qu'il serait plus exact d'appeler

polygynie, puisque celles-ci ne jouissent pas de l'avantage polygame. Cette polygynie s'obtient au moyen de la séquestration des femmes, regardées comme têtes de bétail, et de la mutilation de leurs gardiens. Ces procédés inouïs et sauvages sont autant de violations de la personne humaine.

Il résulte de cette promiscuité féminine, constamment exaspérée par une vaine attente, et de la compagnie de ces êtres dépouillés de leur caractère sexuel, des actes contre nature bien capables de soulever le dégoût, et des haines terribles engendrées par la rivalité.

Comme justification de cette législation barbare, on arguë que les femmes étant en plus grand nombre que les hommes, il est nécessaire que ceux-ci fassent multiple emploi. Cette assertion est absurde. S'il naît plus de femmes, c'est qu'il en meurt davantage, les fonctions de leur organisme étant plus compliquées et provoquant des accidents morbides dont l'autre sexe est indemne. Du reste, cette natalité plus considérable soi-disant dans certaines contrées, a pour contre-poids le contraire ailleurs ; de telle sorte que, s'il y a surabondance d'un côté, il y a chômage de l'autre. Dans quelques parties de l'Amérique, l'élément féminin fait défaut ; de sorte qu'on recourt à l'importation. Il arrive aussi que, pour les motifs les plus honteux, on organise la traite des blanches, et que de nombreux établissements, lèpre de notre civilisation et son éternel opprobre, cherchent, à des sources exotiques, des *sujets* variés, susceptibles de raviver les désirs et les *possibilités* de leur clientèle réduite au dernier degré de l'exténuation.

L'Occident, tout en pratiquant légalement et officiellement la monogamie, autorise néanmoins tout homme à user de la polygamie occulte et même ostensible, tout en méprisant les femmes qui s'y prêtent. Ainsi donc, depuis des temps immémoriaux, la société pivote sur deux règles qui s'excluent et deux codes qui s'annulent. La moitié de l'humanité condamne d'une part ce qu'elle provoque de l'autre.

L'homme a établi une loi et il passe sa vie à la transgresser. Il impose aux femmes une vertu rigide, et, par mille moyens, il essaye de la leur faire perdre.

A cet effet, il organise tout un système de corruption et il y associe la loi et la police pour sa sécurité personnelle. De cette sorte, la prostitution est instituée autrement dit, la femme au service de tout homme, à toute heure.

La prostitution une fois admise et approuvée comme établissement d'utilité publique, force est bien d'accepter tout le personnel qu'elle comporte.

L'Orient a ses eunuques, l'Occident ses souteneurs, deux spécimens dégradés, l'un physiquement, l'autre moralement, et qui se confondent dans la même indignité. Quel est donc l'état des mœurs? En réalité, il n'y a pas de mœurs; il y a confusion, incohérence, contradiction.

Que doit-on entendre par mœurs? L'usage de la vie, manière normale d'être envers les personnes et les choses, conformément aux lois de la nature et à certains principes supérieurs de justice. Malheureusement, ces principes supérieurs sont absolument noyés dans des préjugés transmis d'âge en âge, de génération en génération; préjugés invétérés que la science n'a pas encore fait disparaître, puisqu'elle a même essayé de les légitimer. La méthode expérimentale l'a empêchée de continuer dans cette voie.

La société contient donc, sous une surface brillante, tous les germes de désordre et de décomposition.

Cette distribution anormale des rôles, cette réparti-

tion inique des fonctions et des responsabilités ne peut
amener que le gâchis.

En résumé, la société n'a pas d'assise : rien ne peut
s'édifier sur la contradiction. Et il se trouve que là
règle n'est qu'un dérèglement.

Ce qu'il y a de curieux, c'est que, tout en ne cessant
de répéter que la femme est un être faible en volonté,
en caractère, en raison, qu'elle est toute de sensibilité,
d'impressionnabilité et d'imagination, on lui impose
l'exercice d'une vertu qui doit être le plus contraire à
la nature qu'on lui prête. Cette vertu ayant pour objet
de combattre les attractions les plus irrésistibles,
exige, à l'inverse, une force militante des plus déve-
loppées. C'est une contradiction de plus à enregistrer
avec les autres.

Tel est donc le dilemme : ou les femmes déchues ou
les hommes criminels. Pour en sortir, on s'est arrêté à
une sorte de compromis.

On a imaginé que sur la totalité des femmes, une
notable partie, faute de surveillance, de protection dans
l'enfance et dans la jeunesse, et faute de moyens d'existence, car la prétendue infériorité physique et morale
de la femme ne lui vaut que des travaux subalternes
et mal rétribués, cette notable partie, répétons-nous,
abandonnée et poussée à bout par la misère, finirait
par fournir un personnel suffisant à la dépravation
masculine, de façon que l'autre partie serait exclusivement réservée à la vertu.

Voici donc une société si sagement et si savamment
organisée que l'honneur des unes est fondé sur le
déshonneur des autres !

D'après cet arrangement, la pureté des mœurs chez
la femme est de toutes les vertus celle qu'on ne peut
généraliser ; elle n'est que l'attribut d'une certaine
classe ; elle est circonscrite et ne doit pas sortir de son

cercle; car si elle s'étendait de plus en plus, que deviendraient les hommes ? Qu'est-ce donc qu'une vertu qu'il est imprudent de généraliser ?

Nous ne doutons pas une minute qu'il n'y ait nécessité d'augmenter le chiffre des gens probes, loyaux, dévoués ; nous certifions même qu'il y aurait là des garanties de progrès. A l'encontre, quand il s'agit d'augmenter indéfiniment le nombre des femmes vertueuses, on entrevoit tout de suite une perturbation et un trouble dans l'économie générale.

Il résulte de cet état de choses, scandaleusement contradictoire, que la généralité des femmes appartenant au prolétariat — cette classe étant la plus nombreuse — offre des proies faciles à saisir au vice éhonté. Qui osera soutenir, en effet, que des enfants, des fillettes, opprimées et déprimées par l'ignorance, la misère, les mauvais exemples et exposées à toute heure aux contacts de la rue, puissent opposer une résistance aux sollicitations de la dépravation expérimentée et professionnelle ?

Ces victimes, fatalement vouées à l'ignominie, se recrutent parmi les ouvrières des campagnes et surtout parmi celles des villes, employées dans les fabriques, les usines, les mines, les ateliers, parmi les domestiques, les employées de commerce, les demoiselles de magasin, les artistes musiciennes, peintres, chanteuses, actrices, les professeurs, les institutrices privées.

Toutes, isolées, sans défense, elles sont livrées aux illusions du cœur, de l'imagination et tentées aussi par l'appât des plaisirs ; le spectacle d'un cynique dévergondage les rend, au fur et à mesure, sceptiques sur les mérites de la vertu. Peu, relativement, ne cèdent pas à l'entraînement, la loi naturelle les y poussant et bien souvent aussi leur intérêt ; car elles

n'arrivent à rien sans concession de pudeur. Quand
un chef d'atelier, un patron, un administrateur, un
directeur de théâtre se sont mis en tête de posséder
une femme, ils ne lui accorderont rien, l'évinceront
même, si elle repousse leurs vœux. Si, dans ces conditions, une femme s'obstine à ne point quitter la ligne
droite, si elle ne transige pas, elle peut se persuader, à
l'avance, que, quels que soient son talent, son mérite,
elle n'obtiendra que la dernière place, et encore si
elle y arrive.

L'homme s'étant approprié les hautes positions, est
maître ; et toute femme qui veut parvenir doit lui
céder ou renoncer. J'aurais des milliers d'exemples à
citer.

La femme qui doit vivre de son travail en est réduite
à cette dure extrémité. Dans ce singulier milieu, les
quatre cinquièmes ont forcément des irrégularités de
conduite ; et, quand quelques-unes arrivent au
mariage, elles l'ont presque toujours devancé. Dans
tous les pays occidentaux les choses se passent ainsi.

C'est alors à la classe bourgeoise qu'est réservé
l'insigne honneur de compter le plus de femmes honnêtes ; seulement, c'est celle qui contient le moins
d'individus. Dans cette catégorie, les filles étant dotées
et comptant sur un héritage, ont un avenir assuré et
sont dispensées de pourvoir à leur existence en exerçant un état. Elles restent au foyer, sont gardées à vue
et ne sortent qu'escortées. Celles-ci, évidemment, peuvent, sans grands efforts, se présenter immaculées
devant M. le maire, en attendant qu'un peu plus tard
le délaissement marital, le dégoût du ménage ou
l'ambition, les fasse sortir de la norme. Ce partage
de la société en régulières et irrégulières est naturellement factice ; et les limites qui doivent séparer les
deux camps sont plus d'une fois franchies. L'immora-

lité se fait jour par mille issues et donne tous ses phénomènes malfaisants ; les drames de la jalousie, de l'abandon, de l'avortement, de l infanticide, du suicide avec accompagnement de vitriol, de revolver et de poignard, pullulent dans les feuilles publiques. Ces cas deviennent si fréquents qu'ils épouvantent les esprits.

S'il entrait un peu plus de logique dans la cervelle humaine, on ne verrait dans tous ces faits criminels que les conséquences fatales de la distribution inique des droits et des devoirs.

Et cependant, comment expliquer sur ce point l'aveuglement de tant de grands penseurs ?

Montesquieu affirme : « qu'il y a tant d'imperfections attachées à la perte de la vertu des femmes, que toute leur âme en est dégradée. Ce point principal ôté en fait tomber tant d'autres, que l'on peut regarder dans un Etat l'incontinence publique comme le dernier des malheurs et la certitude d'un changement dans la constitution ».

Pourquoi Montesquieu n'a-t-il parlé que de la vertu des femmes ? Par quelle étrange omission a-t il passé sous silence celle des hommes ?

L'incontinence publique ne peut exister que par la dépravation des deux sexes ; une faible minorité de femmes échappera seule à la contagion générale, à moins que ces messieurs, ne pouvant régler leurs mœurs, ne se *plaisent* entre eux !

De la licence des hommes résulte le trouble dans l'individu, dans la famille et dans la société, et, par suite, la stérilité physique, intellectuelle et morale, éléments de dégénérescence.

Qui s'insurgera contre cet ordre de choses ?

Qui se portera défenseur de la vertu et de la justice ?

Quels seront les organes éloquents et convaincus de la nécessité de la règle dans les mœurs ?

A coup sûr, ce seront les femmes honnêtes, les femmes vertueuses.

N'est-ce pas à elles de soutenir et de propager les principes qu'elles professent ?

Que font-elles ? Rien.

Pourquoi ?

Nous allons le dire.

Nous avons démontré que la hiérarchie établie entre les deux sexes avait produit deux morales. Nous allons voir que les deux morales impliquent forcément deux éducations.

L'homme s'étant déclaré supérieur, physiquement et moralement, en a déduit que son cerveau pouvait seul aborder les hautes études et résoudre les grands problèmes ; tandis que la femme, dont l'appareil cérébral est défectueux, doit accepter, sans examen, les jugements portés par le sexe mieux doué que le sien.

Il a donc soigneusement banni de l'enseignement féminin la philosophie et la science, et n'est même pas allé aussi loin que Clitandre.

« Je consens qu'une femme ait des clartés de tout. »

En fait d'idées générales et surtout de notions élevées, la femme en est restée à la religion rabaissée par les sacerdoces, à la superstition, aux préjugés, à l'erreur. Ses facultés mentales ne s'exerçant que dans un cycle restreint et faux, la femme accepte, sans s'y appesantir, les contradictions les plus flagrantes et les iniquités les plus formidables.

Elle peut pratiquer l'honnêteté sous le rapport des mœurs sans en avoir la théorie supérieure. Grâce à cette instruction superficielle et erronée qu'elle reçoit, elle continue les traditions, les habitudes qu'on lui a transmises sans avoir souci de les reviser par une saine critique. De sorte que, loin de protester, de se révolter contre ce compromis odieux, aussi humiliant pour elle que pour les autres, elle le sanctionne et base la condition de sa bonne réputation sur l'abjection de ses semblables.

Il n'est pas de jeunes filles qui, en se mariant, ne sachent que les époux qu'elles agréent aient connu plusieurs femmes avant elles. Loin de s'indigner, elles trouvent cela tout naturel ; elles y voient, pour elles-mêmes, une condition de sécurité.

Ainsi donc, nous ne saurions trop appuyer, les femmes font plus que tolérer la prostitution, elles l'approuvent. Elles voient de sang-froid leurs pareilles condamnées à la plus inqualifiable dégradation : l'esclavage de la chair, et elles estiment, quand même, ceux en faveur desquels cette dégradation est instituée.

Quoi de plus simple, à leurs yeux, qu'il se rencontre, dans des classes inférieures à la leur, des filles de bonne volonté pour faire patienter leurs fiancés ?

Les jeunes filles élevées dans ce milieu dont l'éthique est équivoque sont excusables. Mais que des mères, expérimentées et honnêtes pour elles-mêmes, applaudissent aux exploits érotiques de messieurs leurs fils, afin qu'ils aient tout le temps de se faire une position et d'épouser, plus tard, une riche héritière, c'est ce qui ne peut s'admettre en morale. Lorsque les mères ont de si lâches complaisances pour leurs rejetons mâles, comment ne se sont elles pas demandé, en voyant défiler devant elles le triste cortège des enfants trouvés, s'il n'y aurait pas, par hasard, parmi ces petits abandonnés, quelques petits-fils reniés à dessein, la recherche de la paternité étant interdite ?

En conséquence, elles jugent très sage de prendre

de préférence un gendre ayant largement vécu. Elles
se persuadent que cet homme, qui a usé et abusé de
sa jeunesse et de celle des autres, est revenu de toutes
ses folies et qu'il demeurera désormais acquis à la vie
régulière ; elles se félicitent par ce choix *heureux*
d'avoir assuré l'avenir de leurs filles.

Ainsi, quand elles rencontrent des malheureuses
descendues au dernier degré de l'abjection, elles se
disent, intérieurement, satisfaites de leur conscience :
« Il faut qu'il y en ait comme cela ! »

Si tel est le langage des femmes vertueuses, que
penser de la vertu ? La vertu, *virtus*, loin d'être
passive, est une force qui, ainsi que tout autre force,
doit agir ; la force morale comme la force physique est
active et détermine l'acte.

Il ne s'agit pas seulement, quand on se dit vertueuse,
de n'appliquer la vertu que pour soi ; il faut encore,
dans la mesure de ses moyens, empêcher qu'un acte
d'immoralité ne s'accomplisse. Il y a loin de là à
l'encourager. Toute femme doit se dire : « Puisque la
vertu est nécessaire à la femme, elle doit être nécessaire à toutes. » Car s'il arrivait qu'une femme pût se
passer de vertu, toutes les autres pourraient s'en
passer aussi.

La pureté des mœurs ne peut être envisagée comme
un état spécial propre seulement à un nombre restreint
d'individus, mais bien comme une règle que tous
doivent observer. La science entame tous les jours, par
ses incessantes découvertes, les préjugés, les idées préconçues. Elle replace les choses sous le jour de la raison
et de l'expérience, et en détermine la valeur. Il se
dégage de ce travail une morale unique, basée sur la
connaissance de soi-même et de l'univers, favorable à
notre développement, à notre progrès, à notre conser-

vation, et qui est la juste expression des rapports
établis entre les êtres.

Mais cette conception haute, faute d'une vulgarisation
étendue, n'a pas encore pénétré dans tous les esprits,
les hommes étant convaincus qu'ils n'ont aucun intérêt
à la répandre. Le plus étonnant, c'est que la femme,
qui a tout avantage à bien l'accueillir, fasse partie de
ceux qui y résistent.

L'exiguïté de son savoir a produit l'étroitesse de ses
vues.

Victime d'une crédulité notoire qui lui a été imposée par ses éducateurs, elle a fini par se figurer que
l'ordre social était ainsi préparé pour sa plus grande
gloire.

Élevée avec réserve dans la famille, soustraite à tous
les périls qu'encourt toujours la jeunesse quand elle est
sans mentor, elle s'est imaginé que les respects, les
égards, le mariage, en d'autres termes les liens indis-
solubles, les affections solides étaient exclusivement son
partage, et elle ne s'est nullement scandalisée de cette
répartition arbitraire.

Avant de se conférer le mérite qui n'est pas dû à
elle, mais à sa situation, elle ferait bien d'établir une
comparaison entre sa vie paisible, protégée, garantie,
et celle de ses pareilles aux prises avec tous les besoins
et les hasards de l'existence.

Mais les choses sur lesquelles on compte le plus
n'arrivent pas toujours, surtout lorsqu'on ne base pas
ses calculs sur la justice.

La majorité des femmes n'a point consenti à cet
arrangement. Elle ne s'est point résignée à être souillée,
méprisée, abandonnée, pour complaire à cette fraction
privilégiée.

Quelle est donc la créature assez abaissée, assez
ennemie d'elle-même pour consentir à servir de jouet

à une autre ? Si elle y acquiesce jamais, c'est qu'elle a en perspective une satisfaction ou un gain.

A leur grand étonnement, les femmes honnêtes voient, depuis des siècles, s'accomplir le contraire de ce qu'elles attendaient. Elles ont pensé, en vain, qu'en raison de leur conduite irréprochable, elles seraient l'objet des préférences.

Elles n'ont pas douté que, mises en parallèle avec les femmes légères, tout l'avantage ne leur revînt. Malheureusement, les faits ont démenti leurs prévisions.

Tant qu'il ne s'agit que de ces pauvres filles sans garde, sans soutien, séduites de bonne heure, délaissées et placées dans cette alternative du suicide ou de l'avortement et de l'emprisonnement à Saint-Lazare, les femmes honnêtes se rassurent et demeurent parfaitement tranquilles, tout étant pour le mieux dans le meilleur des mondes possibles. Mais elles en jugent tout autrement quand il est question de la courtisane. C'est qu'en vérité la courtisane leur fait une redoutable concurrence. Celle-ci, soit par des circonstances fortuites, soit par son habileté personnelle, s'introduit dans les milieux les plus favorables à une exhibition tapageuse, susceptible de lui attirer l'attention publique, le succès et la renommée. Il suffit que son ignorance ne soit pas crasse, que son intelligence soit vive, pour qu'elle s'assimile quelque chose de son entourage littéraire, artistique, voire même politique, et sache avoir, à l'occasion, la riposte et l'à-propos aidés par une grande liberté de langage. Tout comme il y a des hommes qui naissent jouisseurs, agioteurs, intrigants, il est des femmes qui naissent courtisanes : d'autres le deviennent.

On se tromperait grossièrement si l'on pensait que les premières ne se trouvent que dans une certaine classe de la société. On en rencontre dans toutes. Ce sont celles-ci qui, bien que légalement posées dans le monde, n'emploient pas moins *incognito* la méthode *hétaïrique* à leur profit et à celui des leurs.

La courtisane fait autour de la femme honnête le vide et l'isolement. C'est ainsi qu'elle prend sa revanche. Ce que la société lui préparait de déboires, elle le retourne contre la société. Elle capte les fiancés, les maris, les fils, les pères. Elle s'empare des fortunes, gaspille, ruine et fait disparaître ce qui devait constituer la dot et l'héritage des enfants légitimes. L'industrie, l'art, ne travaillent, en grande partie, que pour elle.

Et ce qui est pis, elle sait donner à tous ceux qui la fréquentent le dégoût des salons orthodoxes. C'est à peine si les hommes distingués, cédant aux nécessités de leur position et aux convenances du monde, font une apparition dans ceux-là ; les formalités de bienséance une fois remplies, ils retournent aux autres.

La courtisane, comme aux temps de la Grèce et de Rome, exerce encore toutes les influences ; car aujourd'hui comme à Athènes, c'est elle qui prépare l'avenir : ne dispose t-elle pas de la jeunesse ?

La presse ne s'occupe que d'elle ; la chronique entretient le public de ses moindres particularités. Le roman, le théâtre, cette puissance exorbitante, qui va se développant sans cesse, n'a rien de rassurant pour la vie légale et régulière : l'hétaïre y tient toute la place ou du moins obtient la prépondérance. Mais le comble de l'humiliation pour la femme honnête, est de voir la fille réputée perdue se faire épouser et richement encore ; tandis que la fille honnête, née d'une mère honnête, ne trouve aucun établissement si elle n'est pourvue d'une grosse dot. En réalité, les femmes honnêtes s'aperçoivent, non sans dépit, qu'on ne lès recherche que le jour où l'on a besoin d'argent pour payer une charge, une étude, un cautionnement, un fonds de commerce, ou bien encore pour se procurer de grandes relations, ou remettre une santé délabrée à la suite d'excès.

Qu'on ne croie pas que ces pauvres femmes s'accommodent du rôle qui leur échoit. Elles s'irritent sans se rendre compte de ce qui produit leur défaveur et le peu d'action qu'elles ont sur le monde.

Ne poursuivant pas assez profondément un raisonnement faute d'une préparation antérieure et du mécanisme de la logique, elles se trompent sur les causes qui déterminent cet état moral. Parfois elles accusent la vertu d'impuissance.

Elles essaient alors de reconstituer leur empire. Elles engagent la lutte, et c'est sur le terrain de leurs rivales qu'elles se placent. Tout en tenant encore à la vertu par le fond, elles travaillent à en rejeter la forme. Par cette tactique, elles se figurent triompher de leurs adversaires en empruntant leurs propres armes, et c'est le contraire qui se produit. Elles deviennent imitatrices, en conséquence inférieures, ayant toujours quelque chose à ménager dont n'ont cure celles qu'elles copient.

La femme honnête a laissé tomber de sa mémoire les enseignements de l'histoire, sans quoi elle serait moins surprise de ce qui lui advient. Elle se souviendrait que Périclès quitta sa femme vertueuse pour s'attacher à Aspasie ; qu'Antoine délaissa l'estimable Octavie pour courir après Cléopâtre ; que Galswinthe fut étranglée par les ordres de Frédégonde, maîtresse du roi, son mari ; que dans des temps beaucoup plus voisins, Louis XIV et Louis XV ruinaient la France pour fêter leurs maîtresses ; et que madame de Pompadour recevait l'hommage de toutes les puissances, tandis que la reine Marie Leczinska pleurait isolée à Trianon. Et si elle observait autour d'elle, elle constaterait des faits identiques.

Rien n'est donc changé en cette matière. Elle n'aurait qu'à protester et réagir. Mais, toujours en tutelle, mineure à perpétuité, elle a fait de la vertu une négation et une résignation. Devant une pareille vertu, le vice, qui ne devrait être qu'une difformité, devient une énergie, une puissance. Il a le champ libre. La nullité, l'effacement de son antagoniste lui permet de se rendre maître de la situation ; il ne rencontre pas d'opposition sérieuse.

Le théâtre vient corroborer ce jugement ; observateur attentif de la vie réelle, voyant dans les actes individuels et dans les faits un élément scénique, il nous représente les personnages chargés de figurer la vertu ; et tous, sans exception, sont plus sots les uns que les autres.

Sans perspicacité, sans vigueur, sans dignité, ils ne voient rien, ne soupçonnent rien, n'empêchent rien et acceptent tout.

Prenez les succès contemporains : *Les Filles de Marbre*, *Dalila*, et tout récemment *Le Supplice d'une Femme*, et *Paul Forestier*, et vous pourrez vérifier l'exactitude de mon dire.

Dans le *Supplice d'une Femme*, comme nouveauté, c'est le mari qui représente la vertu et la fidélité au devoir. Quant à l'héroïne, rien de plus méprisable. Infidèle à son mari, infidèle à son amant, on se demande en quoi elle peut intéresser le public. Mais heureusement pour la pièce et pour l'auteur, le public est si bien dressé par les deux morales, que c'est justement ce personnage qui captive le plus son attention ; il partage ses émotions, ses angoisses, et lui accorde toutes ses sympathies. C'est que cette femme, aimée

simultanément par deux hommes, à un tel degré d'intensité, surexcite son imagination et stimule ses désirs.
Que revient-il au mari trompé de ses belles qualités,
de sa noblesse de caractère, de son dévouement, très
mal placé, il faut en convenir? le déshonneur dans sa
maison et la ruine. Le procédé qu'il emploie pour se
venger est, en vérité, des plus ingénieux ; il condamne
les coupables à l'ingratitude. Il me semble qu'ils
n'avaient pas attendu son verdict, qu'ils avaient pris
les devants, et l'avaient largement pratiquée.

Dans cette pièce, le seul condamné est celui qui condamne.

Quant à *Paul Forestier*, tous les rôles à prétentions
morales y sont absolument naïfs. Nous y rencontrons
un père tirade, sentencieux, prudhommesque, dénué
de toute sagacité et qui, par sa soi-disant prudence, va
tout gâter. A côté de lui, la plus stupide des ingénues ;
il est vrai qu'elle sort du couvent, ce qui peut lui servir d'excuse. Si Mᵐᵉ de Clers, la femme fautive,
n'avait pas, au bon moment, une éclaircie de conscience, c'en était fait de la femme légitime; le mari,
une espèce de drôle, fuyait avec sa maîtresse. C'est
grâce à cette dernière, qui finit par rougir d'enlever le
mari de son amie, que le dénouement s'accomplit à la
grande satisfaction du public.

De tout ceci il suit que le vice dispose seul du
charme, de la séduction et de la puissance ; et que la
vertu dévirilisée ne peut être que sa proie et sa
victime.

De cette interversion des rôles ne peuvent sortir que
le désordre et la dissolution des mœurs. Désordre
dans les idées, désordre dans les actes, dissolution
générale, et, qui plus est, universelle.

Déjà au commencement du siècle, les écoles socialistes, basant l'ordre des collectivités humaines sur la

légitime satisfaction des besoins individue's, cherchèrent à faire disparaître cette cacophonie sociale. Elles proclamèrent l'amour libre par l'égalité absolue des deux sexes.

Dans l'espèce, elles supprimaient l'immoralité, ne la considérant, dans notre monde, que comme la résultante d'une interprétation fausse de la morale, la morale devant être en conformité avec la loi naturelle.

Ces déclarations, revêtues d'un caractère doctrinal, scandalisèrent le public, peu scrupuleux pourtant. Elles furent taxées d'être paradoxales et monstrueuses. Pourtant on acceptait bien pis ; quelques-unes avaient commis le crime de mettre en avant la franchise, et tous préféraient l'hypocrisie.

Ces doctrines qui flattaient les passions et, sous un certain rapport, satisfaisaient la justice, furent l'objet de la réprobation générale.

Dans un beau mouvement d'indignation, les esprits se soulevèrent. Ce fut un *tolle*. Quoi, les mœurs libres étaient permises aux femmes ! Par contre, on applaudissait à la prostitution infâme, comme à une nécessité sociale ; on passait sous silence les crimes qui en découlent. On avait pourtant connaissance des reniements de paternité, des avortements, des infanticides sans s'en émouvoir autrement. Ne sont-ce pas là les calamités inhérentes aux sociétés humaines ?

Mais dès qu'il s'agissait de faire cesser ces infamies par une répartition plus équitable des responsabilités, la majorité des consciences s'indignait.

Les débauchés, les libertins même protestaient. Quoi ! quand ils seraient fatigués par leurs excès et incapables de les continuer, ils ne pourraient s'allier, en justes noces, aux vierges immaculées pour leur imprimer les stygmates de leur dévergondage, et donner le jour à toute une lignée de scrofuleux ! Mais, en vérité, c'était, à leurs yeux, une folie criminelle. Ils criaient au scandale et invoquaient la vertu.

Cette comédie jésuitique ne cesse de se jouer. Il faudrait pourtant y renoncer et aborder la réalité qui nous confond avec la positivité de ses faits.

Nous nous poserons cette question : Les sens chez les hommes comme chez les femmes peuvent-ils être régis par la raison ?

Les fonctions génésiques peuvent-elles être réglées comme les fonctions des autres organes, tel que l'estomac par exemple ?

La volonté masculine peut-elle intervenir efficacement pour refréner la violence des instincts ? D'ailleurs, ne faut-il pas distinguer ce qui appartient aux organes de ce qui revient à leur perturbation ?

Cette question une fois posée, si la réponse est négative, les mœurs libres doivent être proclamées pour les deux sexes à charge égale de responsabilité, comme nous le faisions observer au début.

Ceci admis, il reste à savoir si la bride lâchée aux instincts essentiellement charnels, n'aura pas pour résultat l'exagération et l'exaltation de ces mêmes instincts et leur prédominance sur les aspirations supérieures de l'humanité.

Nous disions, il n'y a qu'un instant, qu'une différence notable doit être établie entre l'instinct réduit à sa part congrue, et l'instinct auquel s'ajoutent les suggestions d'une imagination dépravée.

La juste mesure de nos besoins est toujours restreinte ; et il y a nécessité à éliminer cette superfluité troublante qui déséquilibre et affaiblit les organismes les mieux constitués, ainsi que la société dans laquelle ils sont. Cette régularité des mœurs, imposée aux indi-

vidus, n'a pour but que de les garantir par des engagements d'honneur et des contrats liant leurs intérêts
contre leurs propres entraînements.

Sans doute, Fourier a élaboré le plan d'une société
qui comporte l'indépendance des relations sexuelles ;
il l'appelait la phalange. Mais ce plan étant resté à
l'état de projet, nous ne pouvons, faute d'expérience,
juger de sa valeur.

Et d'abord, l'amour est-il libre ? Y a-t-il de la liberté
en amour ?

Est-on libre, après serment, de rompre un lien sans
grief réel ?

La liberté de rompre qu'on prend oblige-t-elle le
conjoint à accepter cette rupture sans récrimination et
sans résistance ? Non. C'est là qu'est la profonde erreur
de Fourier. Le désir de rompre est rarement partagé par les deux conjoints.

Si la loyauté de la parole, si la grande idée du
devoir ne comptent pour rien ; si les fantaisies des
sens règnent en souveraines et sont telles que ceux qui
en sont la proie ne puissent répondre de tenir le lendemain ce qu'ils ont promis la veille, c'en est fait de
l'ordre social. Et qu'on ne me parle pas de liberté. Car
l'individu sans souci de la conscience et de la raison,
tombe dans le pire des esclavages.

La liberté est nulle dès que la passion est maîtresse.

La série d'aventures tragiques que déroule devant
nous l'amour libre dans ses nombreuses applications,
n'est pas faite pour nous convaincre de l'entière indépendance de ceux qui en sont victimes.

Dans les liaisons les plus fortuites et les plus éphé-
mères, ne se produit-il pas souvent, d'une et d'autre
part, des attachements spontanés que la séparation
exaspère et qui se dénouent par le meurtre et l'assassinat ?

L'amour libre est une fiction; et pour peu qu'on l'observe, c'est la pire des chaînes. Ce qui ressort le plus dans l'amour libre, c'est l'annihilation de la famille; car la liberté de l'amour n'admettant ni contrainte, ni engagement, ni contrat, l'individu, à la recherche de sa seule satisfaction, glisse de plus en plus sur la pente de l'égoïsme.

De plus, comme nous l'avons fait déjà remarquer, les exigences des sens se multiplient par la culture à outrance. La volonté qui n'a jamais réagi contre la tentation s'annule de plus en plus.

Alors l'espèce humaine, ne cédant qu'aux sollicitations de la chair, descend au dernier degré de la mollesse et de la dégénérescence, la bestialité l'emporte: c'en est fait du progrès et du perfectionnement de l'humanité!

C'est que de toutes les passions, celle-ci a le plus d'empire; et si elle ne s'associe pas à de nobles sentiments, à un idéal élevé, elle tombe au-dessous de toutes les autres. L'ambition, la cupidité excitent au moins l'énergie chez ceux qui en sont possédés. Les nations parvenues au maximum de l'éclosion intellectuelle se sont effondrées misérablement en tombant dans la dissolution la plus profonde. Dissolution qui est la conséquence de la violation d'une loi naturelle. En somme, la vertu, les bonnes mœurs, ne sont autre chose que la justice établie dans les rapports de l'homme et de la femme.

LA FEMME DANS LA FAMILLE

Dans la précédente conférence, nous avons démontré que la subalternisation des femmes était une cause de la dissolution des mœurs. Nous allons, aujourd'hui, en examiner les conséquences funestes dans la famille.

Qu'est-ce que la famille ?

La famille n'est point d'invention sociale, elle est d'ordre naturel ; nous la rencontrons même à l'état rudimentaire chez les animaux.

La famille est la cause efficiente de la cité ; elle en est le type primordial, elle est la société principe ; c'est-à-dire qu'elle est la plus ancienne de toutes et qu'elle sert de fondement à la société nationale ; car un peuple n'est qu'un composé de plusieurs familles ; c'est la société embryonnaire de laquelle sortent toutes les autres.

C'est dans la famille constituée régulièrement que les caractères moraux se transmettent par voie d'hérédité.

La famille est, tout ensemble, la génération, la formation, la tradition de la vie sociale. C'est la famille qui produit la vie et qui la développe ; elle donne la naissance, c'est-à-dire l'être, et l'éducation de l'être. On peut affirmer, sans exagération, que dans le monde, depuis la famille privée jusqu'à la famille humaine, en passant par la famille nationale, tout est famille.

Ces différents liens, plus ou moins directs, plus ou moins étroits, soutiennent, transmettent et augmentent la vie à des degrés différents et à des titres divers. C'est ainsi que nous constatons que le sentiment le plus propre à susciter l'enthousiasme et à produire l'héroïsme, est celui de la patrie, mère patrie, dit-on, pour en bien faire sentir l'origine et le caractère essentiellement familial.

La famille, dans sa large acception, comprend et résume toute l'existence de l'individu ; à chaque phase de son épanouissement, elle lui offre une situation correspondante et une satisfaction à ses besoins. A l'enfant, être chétif, besogneux, plus en peine d'être aimé que d'aimer, elle donne la tendresse désintéressée du père et de la mère ; tendresse prévoyante d'où découlent les soins, l'éducation, le savoir. Plus tard, l'enfant devient nubile, c'est une individualité nouvelle, ayant conscience et cherchant, à son tour, à conquérir son indépendance. Il sent alors que l'amour filial est incomplet : cœur, sens, imagination sont en effervescence et cherchent à se concentrer sur un objet unique. Ici encore la famille ne fait pas défaut, elle fournit le mariage. Le mariage est le sentiment affectif dans sa manifestation la plus intense, la plus féconde. Unir sa vie à la personne qu'on chérit le plus ; confondre avec elle plaisir, peine, intérêt, devoir ; donner du bonheur et en recevoir en même temps ; être heureux sans l'abnégation d'un autre, c'est véritablement l'apogée de la félicité humaine.

Pendant quelque temps le couple se suffit à lui-même sans recourir à l'entourage ; il vit un instant pour son propre compte ; son désir consiste à prolonger le présent.

Dans la suite, il se produit une transformation. Ce sentiment si vif, si impétueux, se tranquillise, se régularise graduellement. La situation se complique, les rapports deviennent plus complexes, les affections se partagent : des enfants sont nés. Le couple cesse de vivre exclusivement pour lui-même. Désormais, la joie dépendra de la prospérité des nouveaux arrivants. Cette situation différente exige un surcroît d'activité de la part des deux époux, commun désir d'agrandir leur position et leur fortune, mutuels efforts pour arriver à cette fin. Et comme la sécurité des intérêts est intimement liée aux faits sociaux et politiques, ils devront nécessairement se préoccuper des intérêts collectifs et généraux.

Nous saisissons ainsi l'objet de la famille, son économie, son fonctionnement.

L'être humain, au début, commence par l'égoïsme inconscient, indispensable à son développement, et il continue et finit par le dévouement. Au fur et à mesure, son cœur s'agrandit en passant par cette série graduelle de sentiments, de plus en plus compréhensifs : famille, patrie, humanité. Tel est l'idéal, le roman de la famille, en d'autres termes, la famille ainsi qu'elle devrait être. Mais, hélas ! cet idéal, ce roman est le plus souvent démenti par la réalité !

L'inégalité des deux sexes dérange, à elle toute seule, ce plan harmonique indiqué par la logique et le bon sens. Le mariage légal qui consacre cette inégalité, contient tous les germes de désagrégation domestique et sociale.

Nous ne saurions trop le répéter, l'infériorité légale de la femme ne se base sur aucune loi naturelle : elle est d'invention masculine ; cette usurpation de pouvoir a pour raison l'arbitraire.

Ainsi la famille qui devrait être la meilleure école

des consciences, commence par les fausser en représentant comme légitime la perpétuelle violation du
droit. C'est ainsi que la théorie des deux morales est
enseignée et acceptée là où la régularité des mœurs,
la justice dans les rapports doivent faire loi.

Le genre mâle s'étant constitué en aristocratie, a entendu s'affranchir de certaines règles. Nous avons dit,
il n'y a qu'un instant, que la famille devait satisfaire à
toutes les phases du développement de l'individu ; la
présence des deux morales réduit à néant cette affirmation.

De ce fait des deux morales ressort la nécessité de
deux amours, en conséquence, de deux types de
femmes capables de répondre aux exigences de l'un
et de l'autre.

L'amour chez la femme *honneste*, comme on disait
dans le vieux français, observe de sages réserves ; les
démonstrations et effervescences ne doivent point
dépasser les limites prescrites par la vertu. *Sine con-
cupiscentia.*

L'amour chez la courtisane ne reconnaît, à l'encontre,
ni prescriptions, ni règles. Les poètes l'exaltent
jusqu'au troisième ciel et le portent à la quatrième
puissance. Pour la courtisane tous les enthousiasmes,
tous les enivrements. Il s'ensuit que l'homme, qui
croit être en droit de décider de tout, veut user des
deux modes, et s'arrange de façon à avoir et le
confort et le *luxe*. Le premier est représenté par l'épouse
qui lui donne des enfants légitimes, qui veille aux
soins de son intérieur, c'est-à-dire à l'entretien de sa
maison et à l'économie domestique ; le second est figuré
par la maîtresse, qui charme ses loisirs, stimule ses
sens, son imagination. L'ingéniosité de cette invention
revient à l'humanité ; et comme l'humanité appartient
au règne animal à un degré simplement supérieur,

elle commet une lourde bévue en divisant une loi unique en deux lois.

Cette distinction subtile entre l'amour pur et l'amour impur, n'existe dans aucune espèce ; elle n'est que le fait d'un cerveau mal équilibré. L'expression du sentiment le plus vif, le plus impétueux varie suivant les tempéraments.

Le tempérament n'est pas dépendant de la catégorie sociale où l'on est né, ni de l'éducation qui ne peut lui opposer une résistance que dans une certaine mesure ; le tempérament a presque toujours le dernier mot.

Comment alors effectuera-t on cette classification ? Comment imposera-t-on à celle-ci et à celle-là telle façon d'être ? Cette prétention à gouverner ce qui est ingouvernable est absolument ridicule, risible même.

Voici donc des nuances délicates pour les gens qui n'ont souci de la réalité. Un écrivain qui, aux yeux de ses admirateurs, a passé pour un grand homme d'Etat, nous a laissé un spécimen du genre : *L'Amour dans le Mariage*, de M. Guizot. C'est l'amour orthodoxe, compassé, observateur fervent de la respectabilité, consultant le thermomètre pour savoir au juste à quel degré il faut s'arrêter. Si cet amour-là fait le compte d'un certain nombre de femmes, la majorité nous démontre qu'elle ne saurait s'en accommoder. Il est à ce propos bon de remonter à l'opinion de Montaigne qui, bien que fin et pénétrant, n'a pu se dérober aux préjugés qui le flattaient, il est vrai.

Citant Aristote, il dit : « Il faut touscher sa femme « prudemment de peur que le plaisir ne la fasse sortir « hors des gonds de la raison. »

Plus loin : « Je ne vois point de mariages qui faillent « plus tôt et se troublent que ceux qui s'acheminent par « là beauté et désirs amoureux ; il y faut des fonde- « ments plus solides et plus constants et y marcher

« *d'aguet*. Cette bouillante allégresse n'y vault
« rien...

« Un bon mariage, s'il en est, refuse la compagnie
« et conditions de l'amour. Il tasche à représenter celle
« de l'amitié. C'est une doulce société de vie pleine de
« constance et de fiance et d'un nombre infini d'utiles
« et solides offices et obligations mutuels. »

Après avoir écrit ces paradoxes, il semble que le bon
sens de Montaigne se réveille, et que son esprit observateur critique ses propres arguments : « Il n'est pas
« passion plus pressante que celle-ci — l'amour — à
« laquelle nous voulons que les femmes résistent
« seules, non simplement comme au vice de sa
« nature, mais comme à l'abomination et à l'exécra-
« tion plus qu'à l'irreligion et au parricide ; et nous
« nous y rendons sans coulpe et reproche.

« Ceux-là mêmes d'entre nous qui ont essayé d'en
« venir à bout, ont assez advoué quelle difficulté ou
« plustôt quelle impossibilité il y avait, usant de
« remèdes matériels à mater, affaiblir et refroidir le
« corps.

« Nous, au contraire, nous voulons les femmes
« saines, vigoureuses, en bon poinct, bien nourries, et
« chastes ensemble. » Ce jugement est la propre condamnation de tout ce qui précède.

Donc, la femme est *rationnée* en amour, ne devant
le connaître que dans le mariage et encore à l'état
réduit. Ce qui n'empêche pas qu'effrontément on ne
prétende que l'amour tient toute la vie de la femme,
tandis que, dans celle de l'homme, il n'en occupe
qu'une page. Or, c'est le contraire qui est vrai, les
hommes, sur ce terrain, ne renonçant jamais, quelque
sérieuses raisons qu'ils en aient. Cette prescription
idiote, qui interdit aux femmes la passion dans l'amour,
prépare et active toutes les catastrophes conjugales.

Néanmoins, ce préjugé, qui caresse l'intérêt des plus forts, s'est maintenu quand même.

Nous voici donc en présence de deux morales, de deux éducations, de deux amours. C'est avec ces matériaux que la famille va se constituer.

Ces éléments différents et contraires donnent naissance à deux mondes : le monde régulier, légal, et le monde irrégulier et illégal ; monde exclusivement sensuel et passionné, sans lien, sans devoir, sans décorum, sans convenance ; monde des liaisons passagères ; monde où chacun exige les plaisirs, les agréments et récuse les peines ; monde où l'on recherche le profit et où on rejette les charges ; monde où les sentiments ne sont que des amusements, où les affections ne sont que des prétextes à parties de plaisir. Nous l'avons déjà signalé dans notre dernier entretien.

Ce monde-là est la plante parasite de la famille : il vit, se nourrit, se développe à ses dépens ; il en absorbe la sève, le suc, la vitalité. Il est l'arène où l'imagination et le cœur s'usent, où toute vigueur se débilite, où tout sang se corrompt. La famille est privée d'une force, et cette force, transportée loin d'elle, se convertit en faiblesse. La famille devait régulariser la passion, et c'est la passion qui, du dehors, trouble et désorganise la famille. Car la passion, en dehors de la vie domestique, dans laquelle elle doit opposer à chaque droit un devoir, n'est plus qu'une force déviée et agissant à rebours.

D'impulsive, d'efficace qu'elle serait, elle devient funeste et destructive. La famille est appauvrie et ne résume plus toute la vie ; elle n'en est plus qu'une phase. La tourbe illégale lui vole la jeunesse, l'imagination, l'enthousiasme, la santé, la fécondité.

Toutes les heures expansives de joie, d'allégresse suprême, où l'âme humaine vibre sur toutes les cordes dans un épanouissement complet, n'ont plus pour témoin le foyer domestique. Ce qui rend ce monde illégal tout-puissant, c'est qu'il n'a pas de personnel spécial, puisqu'il emprunte au monde licite ses sujets principaux : le mari, le père, le fils. Ces deux mondes, diversement étiquetés, se confondent le plus souvent par une promiscuité constante et s'imprègnent des mêmes mœurs.

Dans ces conditions, l'institution du mariage, base de la famille, est absolument compromise et gravement atteinte. C'est pourtant le mariage qui offre le plus de sécurité à la reproduction des êtres !

Sans doute, la vie peut se transmettre en dehors de toute règle, de tout contrat, de tout engagement public ; mais alors elle ne rencontre aucune garantie de développement normal ; elle est livrée à tous les hasards des caprices, des abandons. C'est la vie, nous ne saurions trop le dire, sans lien avec le passé, sans souvenir des ascendants, sans tradition, sans hérédité connue ; c'est la vie isolée, flottante.

La famille est évidemment le milieu où une naissance est le mieux accueillie, et où le nouveau venu a le plus de chance et le plus d'avenir.

Ce n'est que lorsque la famille fait défaut que la société peut et doit s'y substituer. Malheureusement, la licence des hommes diminue singulièrement pour eux l'urgence du mariage ; car pour le jeune homme, la première partie de sa jeunesse, dès l'adolescence même, n'est qu'un mariage anticipé avec tous les condiments de variétés et de changements. Pourquoi aspirerait-il à une union définitive ? Ne trouve-t-il pas toutes les satisfactions désirables en ce genre, sans aliéner, le moins du monde, son indépendance ?

Lorsqu'il s'y décide, ce n'est point poussé par les sollicitations des sens et du cœur, dont il a usé et abusé, mais par calcul, comme nous l'avons fait remarquer dans *La Femme et les mœurs*. Il agit à froid, après réflexion. Le besoin d'argent, l'ambition, les raisons d'hygiène sont généralement les causes qui le déterminent à prendre cette résolution. Quelquefois aussi des motifs d'une moindre importance le décident à entrer dans la régularité : le désir soudain de l'ordre, le dégoût de la vie d'hôtel et des menus de restaurant, le désir d'un mobilier bien tenu, d'un ménage bien soigné, d'une existence tranquille et uniforme. Quant au reste, vous comprenez facilement que le jeune homme, repu, blasé, qui a puisé des joies à toutes les sources, ne considère dans l'union légale qu'un acte de raison ne pouvant lui offrir qu'une répétition amoindrie et affadie des douceurs, des transports qu'il a goûtés auparavant.

Il est juste de mentionner, au nombre de ces considérations diverses, l'instinct de la paternité qui ne se manifeste guère que vers la seconde jeunesse, la première s'appliquant à ne jamais en tenir compte. Parmi ces considérations se rencontrent aussi l'effroi de la solitude, le besoin de se créer des affections, l'ennui d'abandonner sa fortune à des collatéraux, enfin un certain amour-propre de ne pas disparaître, un jour, sans laisser de soi des preuves vivantes de son passage.

En effet, le mariage, comme je l'ai dit précédemment, est l'antécédent indispensable de la paternité. Autrement la paternité n'existe pas ; elle est envisagée comme une calamité, un fléau, auquel on cherche par tous les moyens à se soustraire ; elle est condamnée comme prématurée, insolite, inopportune : la position n'est pas assurée, la fortune n'est pas faite, ou n'est pas même encore en voie de se faire. On place une sourdine sur son cœur, sur sa conscience, et l'on remet ses tendresses à plus tard.

Le mariage n'est donc pas envisagé pour lui-même; et l'homme n'y recourt généralement que pour les avantages sérieux et personnels qu'il peut lui procurer à un instant donné. Aussi combien est-il différé, retardé et même ostracisé !

Pourtant, quelques hommes de bonne foi s'imaginent, et c'est une justice à leur rendre, rompre avec le passé, entrer dans une nouvelle ère avec un état physique et psychologique nouveau. L'illusion est de courte durée. L'action réflexe l'emporte sur les belles résolutions.

Le temps de la première jeunesse consacré par l'homme au libertinage, le prépare mal à la vie de ménage qui doit être ordonnée. Celui qui a fréquenté le plus grand nombre de femmes qu'il lui a été possible, ne saurait se contenter d'une seule ; et j'ajoute qu'il en est de même pour la femme. Celle qui a promené ses amours sur plusieurs ne saura se tenir à un objet unique ; le goût de la variété, du caprice, des sensations imprévues et cette curiosité malsaine qui cherche à établir des comparaisons, se sont développés par l'habitude.

Le mariage n'est plus alors qu'un internement obligatoire et difficile à supporter. Je sais bien qu'on me dira : « Vous vous trompez. Dans cette dissipation de la jeunesse, l'homme acquiert l'expérience et avec elle les désillusions de certains mirages. Ayant usé des choses, il en connaît la valeur. Ce qui lui a paru la liberté, lui semble maintenant l'esclavage. Aussi aspire-t-il sans regret à changer son mode d'existence. Il rencontrera dans le mariage la pureté, la vertu avec toutes ses grâces aimables, ce qui fera un heureux contraste avec ses habitudes antérieures. »

Rien n'est plus inexact.

Prétendre que l'amour que la vierge fait naître au cœur de l'honnête homme est supérieur à celui que lui inspire la courtisane, est une affirmation gratuite.

Dans les sociétés corrompues par l'inégalité des sexes, la virginité est peu appréciée ; et les grands sacrifices, les folies de la passion, poussée jusqu'à l'immolation de l'honneur et de la vie, sont inspirés par des femmes qui l'ont perdue depuis longtemps. Oui, certes, la pureté est précieuse, la vertu est touchante et admirable ; mais pour qu'elle s'impose, pour qu'elle exerce un empire, pour qu'elle fasse des prosélytes, il faut qu'elle soit le produit de la raison, de la volonté, de l'indépendance et non de l'ignorance et de la subordination.

Cette vertu naïve, considérée, en somme, comme une discipline à laquelle sont soumis les faibles et avec laquelle l'homme va dorénavant marcher de compagnie, ne le persuadera pas et n'aura sur lui aucune influence ; car l'homme aspire à la science, à la liberté, et il n'achètera jamais la vertu au prix de l'une et de l'autre. Par l'absence d'instruction rationnelle, on a créé facilement une infériorité féminine qui annule la puissance de la vertu et lui enlève même son action et son charme.

C'est ainsi que cette jeune femme vertueuse tombera dans de singulières inconséquences. Personnification de la pudeur, elle se complaira à provoquer les indiscrétions de son mari et à en obtenir les confidences : confidences émaillées d'actes et de détails scandaleux, auxquels elle s'associe par le rire. Elle semble même avide de ces sortes de récits. Dès ce moment, aux yeux de son mari, elle perd de son prestige : sa vertu manque de dignité.

Évidemment, si la vertu de cette jeune femme était

basée sur des principes de raison, des principes immuables et éternels, et qu'elle pût les soutenir, à l'occasion, par les ressources qu'offrent une intelligence cultivée et un cerveau qui pense et réfléchit, elle n'accep-
terait pas volontiers ces confessions cyniques, puisqu'elles sont faites sans aucun repentir, et qu'elles
renferment les transgressions à la loi que scrupuleuse-
ment elle observe. Elle verrait là un défi porté à sa
morale, une sorte d'insulte.

Mais tel est l'effet essentiellement démoralisateur de
l'inégalité des deux sexes, que rien en elle ne se
révolte, et que l'homme, de son côté, se croit assez
grand pour se dispenser des mœurs pures, et trouve
tout naturel que la femme s'y soumette en raison de
son infériorité.

On voit que cette question est grosse de contradictions. Bien que nous les ayons déjà fait ressortir
dans notre notre précédent discours, nous ne nous
lasserons pas d'y revenir. Cette situation et cette éducation subalternes de la femme diminuent les chances
de bonheur du ménage. Toute une sphère d'idées est
mise à l'écart. Chacun y perd : la femme se rétrécit
l'esprit, et l'homme ne modifie pas le sien.

La femme a souvent une foule de bonnes raisons à
faire valoir ; il est regrettable que, faute d'une instruction approfondie, elle manque de puissance pour les
exprimer.

Un paradoxe, un argument spécieux la déconcerte.
Dans la discussion, elle a presque toujours le dessous,
bien que soutenant une bonne cause. Le mari est vainqueur à peu de frais, même s'il a moins d'esprit
naturel que sa femme.

Du reste, lui-même sent bien la faiblesse de son
triomphe et en est médiocrement satisfait. Son amour-

propre est bien autrement flatté quand il répond à l'objection sérieuse d'un adversaire digne de lui.

Toute personne humaine aime à vivre avec ses pairs, c'est-à-dire ses pareils, en éducation, en savoir. La différence d'apport intellectuel et scientifique chez les époux rompt l'équilibre ; un malaise s'empare de l'un et de l'autre et notamment du mari ; il est dans l'isolement de l'esprit, dans la solitude de la pensée. La plupart des questions qui l'intéressent ne sont même pas soupçonnées par sa femme ; il y a communication d'intérêt, il n'y a point communion d'idées ; il y a estime, il ne peut y avoir complète sympathie ; il manque quelque chose à la vie du foyer. Sous le même toit, à la même table, on se sent incompris et étrangers sur une foule de points.

L'homme alors peut se demander ce qu'il a gagné à entrer en ménage. A l'insouciance du célibataire, il a substitué la prévoyance du chef de maison. Devant être plus tard chef de famille, cette prévoyance de l'avenir lui donne des préoccupations ignorées auparavant ; il a dû retrancher certaines habitudes coûteuses. Aussi pour trouver une compensation à son ancienne liberté d'allures, il faudrait qu'il trouvât dans le commerce conjugal, non pas seulement un lien charnel qui devra le lasser promptement par ses conditions de répétitions monotones, mais le lien moral qui comprend toutes les facultés de l'esprit et du cœur.

Désormais, le dialogue entre les époux se bornera à des détails d'intérieur, les préoccupations étroites du budget, les soucis de l'entretien d'une maison, enfin les tiraillements de la vie de ménage. Ce fonds épuisé, on ne desserrera plus les dents.

On me fera justement observer que cette inégalité de culture cérébrale n'existe pas dans le prolétariat, ce qui n'empêche pas l'homme de se croire supérieur et de concevoir un certain mépris pour le féminin. La raison en est simple, c'est qu'il n'a souci d'instruction, et a toute estime pour la force musculaire. A son défaut, le seul fait d'être du sexe fort constitue à ses yeux une prépondérance légitime. La vieille théorie de l'élément mâle prépotent provoque chez lui le besoin d'être avec ses *égaux*. De là, le désir d'aller au dehors, d'être *entre hommes*. La « great attraction », suivant les milieux et les catégories, est le cabaret, le café ou le cercle. Ce besoin impérieux d'aller chercher ailleurs ce qu'on croit ne pas trouver chez soi, cette soif du dehors d'où ressortent les habitudes du jeu, de la débauche, de l'ivresse, sont les éléments de la dislocation familiale.

Cette facilité donnée aux hommes de ne point régler leurs mœurs, lâche toute bride à la prostitution. Dans tous ces plaisirs, dans toutes ces distractions du dehors, la courtisane s'introduit et sert d'excitant et d'apéritif.

Au théâtre, au sport, au casino, on la retrouve, elle est partout.

D'où vient l'engouement qu'elle provoque? La courtisane a-t-elle plus d'esprit, plus de savoir, plus de beauté que la femme du monde?

En général, non. Seulement, comme nous l'avons mentionné dans notre dernier entretien, la liberté de ses allures, ses nombreuses liaisons avec des hommes appartenant aux lettres, aux sciences, aux arts, lui fournissent, à défaut d'études, une sorte de vernis, une connaissance de toute chose qui se traduit dans un bagout drôle; cette licence dans le langage, cette façon de toucher à toutes les questions avec la gausse parisienne qui leur donne un tour pimenté, égaye et émoustille tous ces cerveaux quasi paralysés par les orgies et le cigare.

De plus, les salons interlopes sont de véritables lanternes magiques où l'on voit passer une procession de célébrités contemporaines dont on chercherait vainement ailleurs l'ensemble. Ce sont là autant de contacts propres à rompre la monotonie de l'existence et à y répandre quelque charme. La courtisane accumule donc autour d'elle des ressources qui manquent aux femmes honnêtes.

Le ménage, tel que nous venons de le dépeindre, ne représente plus, sauf exception, qu'obligations, charges, corvées, absence d'idéal et d'harmonie intellectuelle, rien que le devoir morne; les époux ne se rencontrent que sur un ennui commun.

Le premier phénomène de la dislocation conjugale est le refroidissement du mari et le mécontentement légitime de la femme. La femme veut bien accepter le passé scabreux du fiancé, mais elle entend que le présent lui appartienne. Lorsque ce qui lui revient de droit passe à une autre, elle se froisse, s'irrite, et, suivant son tempérament, son caractère, elle se désespère, se fâche, se résigne ou se venge. Malheureusement, ceux qui rédigent les règlements et les codes sont le plus souvent ignorants de la nature humaine et de la loi des organismes. Il arrive donc que, chez des femmes esclaves de la considération sociale et victimes des négligences de leur mari, des troubles pathologiques se produisent. Mais il est rare que les excitations physiologiques, jointes à la colère ou à la passion, ne triomphent pas des scrupules. Et c'est ainsi que les adultères pullulent, secrets ou divulgués. Alors, aux scandales du père, dont les enfants sont témoins, s'ajoutent les scandales de la mère.

Chez les riches, les époux peuvent s'espacer. Les plus ingénieux s'avisent de supporter le tête-à-tête en compagnie de cinquante ou de cent personnes. I's résident

dans toutes les fêtes : dîners, concerts, théâtres, bals.
On ne les trouve chez eux que les jours où ils reçoivent.
En les remarquant toujours ensemble, on s'écrie :
« Quel heureux ménage ! Comme ils sont unis ! Quel
accord ! » Oui, pour ne jamais se trouver face à face.
En réalité, ils sont séparés sans en avoir l'air.

On dira : « Si ces époux ont des enfants, ils se rallient
au foyer. Les enfants opèrent la jonction et offrent la
distraction. L'attachement dont ils sont l'objet, leur
folâtre gaîté réchauffe, ranime les sentiments éteints.
Les deux époux s'attendrissent réciproquement à la
vue de leurs rejetons et font retour sur eux-mêmes ».
Oui, en effet, cela arrive, à la condition qu'il y ait
communion d'idées dans le ménage ; sinon, les enfants,
de messagers de paix qu'ils devraient être, deviennent
des brandons de discorde. Tout fournit sujet à contes-
tations, à discussions : éducation, choix d'une carrière,
mariage, etc., etc.

Le plus souvent, le couple qui n'a pas su trouver
des ressources en lui-même, est atteint de la manie
mondaine. Il aime ses enfants ; seulement, comme il
faudrait, pour les surveiller en personne, rester au
logis, et que ce sacrifice est au-dessus de ses forces,
il les confie alors à des domestiques, en leur disant :
« Soignez-les bien. »

Les enfants grandissent, l'heure de l'instruction a
sonné ; mais cela ne gêne en rien les parents. Dieu merci !
l'enseignement au dehors les tire d'affaire. Lorsqu'aux
jours de congés, de vacances, ils arrivent à la maison
paternelle, bien que pour peu de temps, la maison les
attriste, rien d'attrayant ; excepté les remontrances
traditionnelles, aucune intimité, aucun échange intellectuel. Pendant les heures des repas règne la contradiction, la dispute : père et mère se chicanent à tout propos, ou bien ils se taisent. Les enfants ne savent quelle

contenance tenir et pour lequel des deux prendre
parti. L'ennui des parents les gagne à leur tour. A
peine arrivés, ils voudraient déjà partir, cet intérieur
leur pèse ; c'est une contagion qui les pousse à sortir
de la famille. Plus tard, nous les reverrons, ces familles qui ne se suffisent pas à elles-mêmes, courir de
plaisir en plaisir, solliciter partout des invitations.
Chaque membre ne rentre au foyer que pour se disposer à le quitter à nouveau. Pour l'épouse, la mère, la
fille, la journée n'est que la préparation du soir. Le
dîner, qui réunit la famille et qui lui laisse le plus de
loisir, puisque les travaux du jour sont accomplis, est
dans ces sortes d'intérieurs hâté, précipité. Il devrait
être l'instant du repos, du délassement où l'entretien général s'établit, où chacun échange ses
idées, rend compte de l'emploi de son temps, etc.
Hélas ! cet instant n'est plus qu'un obstacle qui paraît
prendre toujours trop de temps. La mère coiffe la
fille, la fille coiffe la mère ; à peine prennent-elles leur
potage entre deux tire-bouchons. Enfin, l'aiguille de
la pendule a marqué l'heure du départ : ils vont vivre !
Mari, femme, fils, fille sont arrivés au lieu de réunion.
Le père joue, la fille danse, le fils se partage entre ces
deux plaisirs ; car le goût des cartes se manifeste déjà
en lui : s'il pouvait gagner ! Quant à la mère, elle fait
tapisserie, potine sur les riches héritières, observe
tous les valseurs de sa fille et s'ingénie à conquérir
un gendre.

Ceci se passe généralement dans le monde de la
bureaucratie où le budget restreint n'est pas à la
hauteur des exigences et des aspirations de la famille.
On a mis sur le compte du luxe, comme nous l'avons
mentionné déjà, le désarroi de la famille ; on a bien
tort. Le luxe ne devient un besoin, une nécessité que
lorsque, ne se plaisant pas au foyer, on cherche à

étendre ses relations pour sortir de chez soi le plus qu'on peut. Le jour où ces relations provoquent des dépenses auxquelles ne peut suffire la position, la modeste aisance se change en misère. Les revenus ne sont plus proportionnés aux frais. Les gens qui se trouvent heureux chez eux ne sentent guère la nécessité de quitter sans cesse l'intérieur domestique pour courir dans le monde. Pour eux, la vie de famille prenant plus de développement, ils visent plus au confort qu'à l'effet.

Nous le voyons, la famille, prototype de la cité, étant organisée inéquitablement, ne représente plus l'harmonie, mais au contraire la discorde. Ce n'est plus l'ordre, c'est le désordre. Cette constitution anormale de la famille en annule toute la vertu.

Traînant à sa base l'injustice comme un boulet, la famille, sous n'importe quelle forme, politique, religieuse ou sociale, a failli à ses destinées.

Remontons au plus haut de l'antiquité, examinons les livres sacrés.

Cherchons dans la Bible la famille patriarcale. Nous y constatons, comme partout, la subalternisation de la femme, de l'épouse, en conséquence de la mère, bien que la mission de celle-ci soit plus complète et plus haute que celle du père. Ce dernier joue le rôle de pontife, malgré ses faiblesses, ses vices même ; sa bénédiction est seule valable et attire celle de Dieu. Cette bénédiction est le privilège de l'aîné de ses enfants, les filles exceptées.

De là des intrigues sans nombre, des manœuvres déloyales, des fraudes pour s'approprier la fameuse bénédiction.

Les récits hiératiques nous exhibent les scandales les plus monstrueux.

Les patriarches commercent avec leurs servantes, et

les fruits de cette fornication sont jetés au désert avec la mère qui les a enfantés.

Les femmes de ces fameux patriarches, car les patriarches sont généralement bigames, usent de stratagèmes pour capter, au profit de leurs enfants, les bénédictions paternelles supposées fructueuses. Haine entre les frères et les sœurs, viols, incestes, assassinats : voilà la vie patriarcale. Dans l'ancienne Grèce et l'ancienne Rome avec sa loi des douze Tables, la famille n'était plus qu'une tyrannie dont le mari, le père était le despote.

Au moyen âge, la famille représente à tous les degrés le privilège. Et, en somme, il faut la Révolution française pour abroger le droit d'aînesse et établir les enfants sur un même pied. La femme seule est restée mineure et est privée de la jouissance intégrale de ses droits civils et politiques.

Le principe de servitude est donc admis dans la famille et se transmet de génération en génération, par voie d'hérédité.

Jetons un coup d'œil sur la famille ainsi qu'elle devrait être.

Nous le répétons, la famille renferme un vice radical. Ce vice radical détruit le bonheur et la prospérité privés. Lorsque le bonheur est en souffrance, toute la société tombe dans un état maladif.

Ce vice radical, c'est l'infériorité conventionnelle de la femme. Nous avons appuyé suffisamment sur ce point. Eh bien ! imaginons, maintenant, un ménage, puisque c'est toujours par là qu'il faut commencer, le mariage étant la pierre angulaire de la famille, imaginons, dis-je, un ménage où la femme soit l'égale du mari. Là, les différences ne sont que physiques et les similitudes sont intellectuelles et morales. Il y a alors équivalence de devoirs et de droits:

Cette union ne présentera pas l'absorption d'un être par un autre, mais une association où chaque associé garde sa personnalité distincte et sa volonté.

Dans le mariage, tel que nous le pratiquons, une personnalité l'emportant sur l'autre, il s'ensuit que l'union est plus une diminution qu'une augmentation sociale, puisqu'on réduit deux êtres à un seul.

Le mariage, tel que nous l'entendons, serait, au contraire, une addition en même temps qu'une adjonction, c'est-à-dire la fusion de deux personnes qui sont deux forces convergeant au même but, avec tout l'essor de leurs facultés.

De cette addition, de cette fusion surgit, indépendamment de la procréation, un fait nouveau, une œuvre morale. Et lors même que des enfants ne surviendraient pas, chose qui peut arriver, le mariage ne serait pas pour cela une association stérile.

Le mariage, comme nous le comprenons, comme nous le voulons, doit s'accomplir suivant la loi sentimentale et rationnelle, nous représentant sous notre double aspect. L'égalité de l'enseignement amènera dans le ménage une sorte de camaraderie à laquelle se joindra un sentiment pénétrant et plus tendre. L'homme instruit, de retour au foyer, aura à qui causer de ses affaires, de ses travaux.

Pendant le temps qui précède le mariage, l'instruction des jeunes gens fiancés étant de niveau, il leur est plus facile, dans leurs entretiens, d'accuser leur caractère ; les idées qu'ils échangent en seront, en effet, l'expression. Tandis qu'au contraire plus il y a de banalité dans les sujets, moins les opinions et les manières de voir se révèlent ; on est sur un terrain commun où tous tombent d'accord.

Pour faire ce qui s'appelle un mariage de raison, il faut qu'il y ait sympathie physique et morale. Or, dans le milieu où nous sommes, on n'est sûr que de la première, les investigations n'excédant pas la surface.

La jeune fille instruite au même degré que l'homme qu'elle a choisi, a le sentiment de sa dignité. Sa vertu est un produit de la connaissance et non de l'ignorance ; se conduisant suivant les principes de la raison, elle n'admettra pas deux codes de morale ; elle exigera que les actes de la vie passée de son fiancé soient conformes à la loyauté la plus rigoureuse. Elle déclarera injuste, inique, qu'un homme de mœurs licencieuses s'arroge le droit de mépriser sa complice, tandis qu'il obtient partout la considération. Si un jour l'un de ces hommes à bonnes fortunes, las de ses succès et de ses excès, venait lui demander sa main, elle saurait lui dire elle-même : « Monsieur, on a beaucoup trop parlé de vous. Le monde que vous avez préféré n'est pas le mien, nos principes diffèrent. Un mariage est impossible entre nous. » Et si cet ancien beau, ce séducteur émérite essuyait plusieurs refus de ce genre, cette déception lui ferait faire un retour sur lui-même avec accompagnement de salutaires réflexions.

Quant aux jeunes gens dans le même cas, la leçon leur profitera. S'apercevant qu'ils peuvent compromettre leur établissement, ils tenteront quelques efforts pour régulariser leur conduite.

Sans nul doute, il y aura toujours des faiblesses, des défaillances, mais non pas cette débauche de parti pris convertissant en loi la transgression de la loi, érigeant en droit le mépris du devoir. Un mariage fait dans les conditions normales réunit, autant que faire se peut, toutes les chances de bonheur. L'infériorité disparue, il y a, malgré l'intimité, plus d'égards, plus de politesse ; les droits étant égaux, les susceptibilités sont les mêmes, les ménagements sont réciproques. Le ton impérieux n'est plus de mise, nul n'est exploité que

s'il y consent. Le mari ne se figure plus qu'il lui
appartient de violer le serment conjugal sans entacher
sa réputation d'honnête homme. Il ne croit plus que
l'oubli des promesses, l'inconstance des sentiments, le
caprice soient une preuve d'indépendance et de force de
caractère. Il saura que l'insconstance est une débilité
de la raison, une infirmité du cœur. Il comprendra, au
contraire, que le respect des engagements est la
manifestation de la supériorité humaine sur toutes
les autres espèces. Aimer aujourd'hui ce qu'on aimait
hier, jurer qu'on l'aimera les jours suivants, c'est
affirmer l'infaillibilité de son jugement, c'est avoir
conscience de la libre action de sa volonté, c'est
prouver qu'on est en pleine possession de soi-même.

Une fois reconnu qu'en fait d'amour, tromper, c'est
déchoir, que tromper est à la disposition des plus médiocres, nul ne s'en fera plus un mérite. Enfin cette
égalité des deux sexes, outre qu'elle est une interprétation plus complète du Droit et de la Justice et un
avantage pour la femme, en est peut-être encore un
plus grand pour l'homme et la famille. Les mœurs
libres, permises aux hommes, mettent incessamment
la famille en péril. Cet homme marié, père de famille,
est d'une étoffe si fragile que le moindre contact
excite ses sens, ses désirs, et l'enflamme; et il a la
liberté de mal faire, et c'est à lui, quel non sens ! que
la loi confère la direction du foyer domestique et celle
de la société ! Il gère le bien de la communauté conjugale sans contrôle, sa femme étant sous sa tutelle. Le
groupe domestique est donc perpétuellement menacé
de ruine.

L'égalité des deux époux est une garantie pour la
sécurité de la maison, car l'un des deux conjoints aura
le droit de s'opposer aux folies de l'autre; on ne verra
plus l'homme compromettre sa santé, sa fortune, son

avenir, celui des siens dans des liaisons indignes,
dans des alliances honteuses. La postérité n'en sera
que plus saine de corps et d'esprit ; lui-même sera
beaucoup plus heureux et saura mettre le bonheur à
sa vraie place.

Tout amour en dehors de la famille est incertain,
précaire, nuisible ; il n'est propre qu'à engager l'avenir,
et le plus souvent à le perdre.

La plus grande compensation aux déboires de la vie
est de se reposer sur une affection solide, capable de
tous les dévouements à tous les instants de la vie,
affection renforcée par la communauté des idées, des
sentiments, des intérêts.

Peu sont appelés à la fortune, à la réputation, à la
gloire ; tous sont conviés aux joies du cœur. Et si
quelques unions contractées en dehors du mariage
obtiennent parfois l'estime publique et ont rencontré
le bonheur, c'est qu'elles ont emprunté les principaux
caractères de cette institution, à savoir : la fidélité et
le mutuel dévouement.

Du reste, les productions de l'âme humaine n'atteignent une véritable grandeur qu'en revêtant un
caractère immuable, impérissable, éternel. En insistant
ainsi sur le mariage, j'ai voulu faire bien comprendre
que toute l'économie familiale dépend des conditions
dans lesquelles il s'accomplit. On reconnait presque
unanimement que la femme représente la famille, le
foyer, la maison. L'intérieur vaudra ce qu'elle-même
vaut. Si la femme est ignorante, le souffle intellectuel
ne traversera jamais la maison ; si, au contraire, elle
est instruite, le foyer rayonnera et donnera une large
hospitalité à toutes les choses de l'esprit.

On m'objectera : « Mais, le mari, le comptez-vous
pour rien ? »

Non, certes ; seulement, la femme a un art tout

particulier d'évincer les sujets auxquels elle est étrangère ; elle se soucie peu des choses qu'elle ne comprend pas, qu'elle n'admet même pas ; elle les considère comme vaines, oiseuses. Le mari en est quitte pour aller en parler ailleurs.

Lorsque, plus haut, nous esquissions ce que pouvait être une union dont les conjoints ont des titres égaux, nous constations qu'elle offre plus de chance de bonheur pour les associés ; et nous nous promettions de démontrer que le mariage ainsi constitué est un milieu favorable à l'éclosion de la famille et à son développement.

Les enfants, arrivés à l'âge de la connaissance, sont témoins d'une organisation établie sur la justice. Avant toute instruction élémentaire, par l'exemple qu'ils ont sous les yeux, ils apprennent la saine notion de l'égalité et du droit. Rien ne choque leur jeune conscience : l'arbitraire n'existe pas pour eux. Mais dans les conditions actuelles, que peut être l'éducation des garçons ? Tout petits, ils s'enorgueillissent déjà de leur sexe et entrent en fureur quand on les prend pour des filles ; instinctivement ils insultent leur mère. A peine adolescents, les vertus de celles-ci ne sauraient être un exemple pour eux, elles leur semblent serviles ; et, dans l'envie d'afficher l'indépendance du mâle, ils se hâtent de commettre des sottises, avant même que la passion les y pousse.

L'influence des dispositions morales de la mère sur les enfants commence bien avant le temps qu'on suppose. Cette jeune femme dont l'intelligence est cultivée, qui a réfléchi, pensé, médité, exerce déjà une action sur l'enfant qu'elle porte dans son sein. De nombreuses observations, des exemples frappants ont corroboré la théorie de l'éducation antérieure.

Lorsque les enfants arrivent à l'âge de six ou sept ans, leur intelligence s'éveille déjà ; elle donne les premiers signes. Plus ou moins distraits, ils assistent tous les jours à l'échange intellectuel des parents et il leur en reste toujours quelque chose ; des mots, des bribes d'idées se gravent dans leur mémoire. Ils entendent d'autant mieux qu'on ne les oblige pas à écouter.

La nature, dans sa sagesse, leur inspire cette bienfaisante curiosité qui les pousse à observer, à interroger, pour savoir. La mère instruite, sachant tout le parti qu'on peut tirer de cette disposition, stimule cette tendance. Elle inculque ainsi les rudiments de la science sous des formes appropriées au jeune âge de ses élèves; elle prendra les plus attrayantes, instruira en n'ayant l'air que de répondre et d'expliquer simplement que ce qu'on lui demande. Instruire les enfants en les amusant avec des faits réels appartenant à l'histoire, c'est la meilleure méthode préparatoire aux études définitives.

Une telle mère, joignant aux charmes naturels les qualités de la raison et du savoir, prendra sur ses enfants un empire immense autant que salutaire. Comme elle agira en pleine connaissance de cause, ses remontrances ne tomberont jamais à faux, parce qu'elle connaîtra bien les points où elle reprendra ; la justesse de ses vues ne sera point enfermée par le manque de savoir.

Ses fils ne diront pas seulement : « Combien notre mère est bonne et tendre ! » Mais ils ajouteront aussi : « Combien elle est intelligente, instruite ; comme il est bon et utile de la consulter ! » Organe spécial de la morale au foyer, la femme ne doit pas seulement la baser sur le sentiment, mais aussi sur la science.

La famille ainsi constituée vivra donc dans une

même atmosphère intellectuelle, dans un même courant d'idées.

Cette société en miniature va préparer la grande ; elle a en elle tous les germes sociaux : justice, égalité, droit, liberté, solidarité. Voici l'école toute faite : une nation forte en sortira.

A l'opposé, lorsque vous admettez la hiérarchie arbitraire dans l'éducation, époux, épouse, fils, filles, frères, sœurs présentent autant d'éléments de discordes qui se reproduiront dans la société considérablement grossis et généralisés. Quand un principe de conduite n'est pas celui de tous, il n'a plus aucune valeur.

LA FEMME DANS LA SOCIÉTÉ

Par le seul fait de l'asservissement de la femme, la famille ne peut remplir sa destinée. La famille n'accomplissant pas sa destinée, la société ne peut accomplir la sienne.

Qu'est-ce que la société ?

La société, c'est l'humanité organisée. La société ne désigne pas seulement la valeur numérique de la totalité de l'espèce, la somme des individus, mais elle est l'expression des rapports qui s'établissent entre eux et des échanges physiques, matériels et moraux qui en résultent. Elle reproduit, dans son ensemble, les facultés que lui fournit chacun des membres qui la composent ; et sa fonction consiste à les coordonner, à les exploiter au profit de chacun et de tous, le but qu'elle poursuit étant son développement et son perfectionnement par le développement et le perfectionnement des individus. Ici, ce qu'on entend par développement et perfectionnement, dans le sens le plus élevé, est la connaissance de la nature des choses et des lois qui les régissent. Cette pénétration de l'univers permet à l'humanité de se mettre en harmonie avec ses milieux et d'atteindre à ses fins. Mais, pour toucher à ce but supérieur, la première condition est de bien classer la collectivité ; car l'ordre social ne peut être obtenu que si chaque être

4

occupe la place que lui a assignée la nature, et si il y
trouve le moyen de donner à ses facultés tout l'essor
qu'elles comportent, afin de procurer à la société le
contingent qu'elle réclame de ceux qui en font partie,
en échange des avantages qu'elle leur offre.

A l'encontre, si, par ignorance ou par préjugé, l'esti-
mation faite de la valeur des individus, l'appréciation
portée sur leur caractère, leur capacité, leur tendance,
est contraire à la réalité, la distribution des fonctions
devient absolument arbitraire, c'est-à-dire non conforme à leur constitution, leurs aspirations et leurs
destinées. Les rapports sont faussés et la société évolue
anormalement.

C'est ce qui frappe notre esprit dans l'étude des
sociétés modernes comme dans celle des sociétés
anciennes, malgré les progrès partiels qu'elles réali-
sent incontestablement dans l'ordre inférieur.

Toutes celles qui nous ont précédés, soit en Orient,
soit en Occident, n'ayant été organisées et classées que
sous l'empire d'idées fausses, se sont trouvées en
défaut avec la loi naturelle, et elles ont porté en elles
les germes de leur désagrégation.

Elles n'ont toujours usé que d'une moitié de virtualité ; elles ont donc été facilement épuisées, ne mettant
en jeu qu'une partie de leurs ressources. Elles ont conservé encore, à un degré intense, la folie guerrière,
destructive, qui est la caractéristique masculine par
excellence, la femme étant née génératrice, productrice
et conservatrice de son œuvre.

Malheureusement, façonnée dans un moule de convention, dénaturée dans son type spécifique par une
éducation étroite et erronée, matée par les lois, la
femme a perdu ou du moins laissé engourdir, sauf de
rares exceptions, ses belles qualités géniales ; son
intelligence, par l'ignorance qu'on lui a imposée, est

dépourvue d'initiative ; elle a fini par partager les préjugés de ses oppresseurs. La femme spartiate est un spécimen du genre.

Certainement, elle n'a pas été sans réagir à diverses époques et à prouver, par des actes de haute portée, ce dont elle était capable. Mais ces efforts, n'ayant jamais été qu'individuels au lieu d'être collectifs, il n'en est rien résulté de décisif.

C'est donc ainsi que l'un des deux facteurs de l'humanité ne fournissant pas l'apport nécessaire à l'évolution sociale, la société demeure en souffrance.

Cet apport est de deux natures. D'une part, il coopère à l'œuvre collective par une activité particulière ; de l'autre, il transmet, par voie d'hérédité, les principes d'ordre universel. Car, comme nous l'avons fait observer, la société n'est pas seulement une agglomération d'individus, de familles et de groupes se livrant à un mutuel échange pour subvenir aux besoins matériels, et restant étrangers pour tout le reste ; c'est un tout mu par une communauté d'idées et de sentiments, visant à atteindre un but supérieur ; sans quoi, il serait facile de concevoir que la multiplicité des intérêts et la diversité des besoins sont plutôt faits pour amener des différends, des désaccords, que la bonne entente et l'harmonie.

Au milieu de cette complication d'appétits et de prétentions, le but supérieur auquel les sociétés doivent viser serait perdu de vue, si des principes élevés, transcendants, transmis de génération en génération aux individus, aux familles et aux peuples, ne venaient relier étroitement tous les éléments disparates dans une sorte d'unité objective. Tous, sans exception, doivent être pénétrés de ce même esprit ; et ce même esprit vient d'une même éducation reçue et transmise d'engendrants en engendrés. Cette transmission constante, incessamment répétée, en conséquence accumulée, fait partie intégrante du tempérament des individus.

Les religions, longtemps, ont donné un semblant d'unité aux sociétés. La foi obligatoire pour tous ne permettait à aucun de manifester des divergences. Mais ces sociétés religieuses, et notamment celle qui est chrétiennement organisée, sont si loin de comprendre le progrès et le perfectionnement humain, comme nous le concevons aujourd'hui suivant les données scientifiques fournies par l'expérience, qu'elles prescrivent, comme la plus haute expression de l'idéal, non l'agrandissement de l'être par toutes les possibilités de son activité ontologique, mais la réduction en bloc de toutes les facultés humaines. Il ne s'agit pas de savoir, mais de croire sans examen préalable.

L'humanité, frustrée dans ses aspirations les plus légitimes, allait demander à la philosophie, qui n'avait été jusque-là que l'*ancilla theologiæ*, de combler le vide. Désormais, elle s'élançait dans le vaste champ de la recherche ; et par l'observation, la réflexion, l'étude, elle espérait acquérir la connaissance des choses et pénétrer le plan secret de l'univers sous la seule autorité de la raison.

Les bases de l'éducation furent changées ; mais ce nouveau mode d'enseignement devait-il être appliqué à la femme? Non ; on lui avait prescrit la foi, la foi n'étant qu'une soumission à une volonté supérieure, tandis que la philosophie est une science de raisonnement et de spéculation, sortant de sa compétence.

N'avait-on pas décrété le genre féminin inférieur ?

Suivant cette opinion, érigée en dogme, la classification humaine est faite ainsi :

L'homme représente le cerveau, la femme le cœur Facultés : la pensée pour le premier, le sentiment pour la seconde. Fonctions: gouvernement et suprématie d'une part, dévouement et maternité de l'autre.

La maternité étant une spécialité pour la femme, il s'en est suivi deux programmes d'éducation absolument différents. Absorbée, soi-disant, par son rôle de procréatrice physique (*tota mulier in utero*, dit un vieil adage médical,) la femme est inapte aux travaux de l'esprit et à un exercice cérébral soutenu.

La voici donc parquée dans la maternité, mais non point suivant la grande acception du mot, car il ne lui est accordé par la loi ni l'indépendance, ni l'autorité nécessaires.

Cette maternité physique, animale, est dépouillée de ses attributs moraux et intellectuels.

On oublie que, dans l'œuvre de la génération, la femme joue le plus grand rôle. Par le fait *coïtal*, le germe composé de l'apport des deux producteurs est entièrement confié à l'un d'eux, la mère ; il se développe en elle et subit son action. Elle l'impressionne de ses propres impressions. Et pendant cette longue période de la gestation, le fœtus peut être constamment modifié par les différents états physiques et moraux par lesquels passe la mère. Cela est si vrai que, sous l'empire d'une émotion profonde et funeste, la femme peut enfanter un être incomplet, difforme ou privé de vie.

La voie maternelle est donc la plus directe pour la transmission des facultés et des caractères.

C'est par elle que s'accomplit, dans l'être en formation, ce phénomène latent d'assimilation inconsciente des éléments moraux aussi bien que physiques, fournis par la mère. Et c'est durant cette phase de la genèse de chaque individu, que les qualités transmises par le père peuvent être combattues, neutralisées ou augmentées par l'action maternelle qui constamment s'exerce.

C'est là que, dans une certaine mesure, se trouve la

justification de la théorie des idées innées, c'est-à-dire des manières de sentir, de voir et de juger qui, léguées par l'hérédité, de génération en génération, constituent, à la longue, chez les individus, une disposition antérieure à tout enseignément, en conséquence à toute idée acquise.

Qu'on le sache bien, tout ce qui n'a pas été déposé dans le cerveau de la femme et qui n'a pas été cultivé et développé, n'existe qu'à la surface dans le cerveau de l'homme.

De là l'absence, en société, d'unité cérébrale, d'unanimité intellectuelle provenant d'une culture philosophique largement appliquée à tous.

Ici, quand je dis philosophie, je n'entends pas un système métaphysique traitant de l'origine de l'univers et de ses fins, et ne donnant que des hypothèses toujours contestables, mais une habitude de l'esprit de généraliser, c'est-à-dire de ne rien considérer dans un sens absolument exclusif et particulier, la vie sociale exigeant, de la part de ceux qui la pratiquent, des vues d'ensemble et des notions de solidarité universelle. La philosophie est la science des principes. Elle les découvre par l'emploi des deux méthodes déductive et inductive.

De cette disposition mentale, partagée par tous, ressort une politique rationnelle qui n'est pas cet art étroit, vil, connu sous ce nom, art composé uniquement de subtilités, de ruses, de fraudes, tenant lieu de règle aux gouvernants pour mieux établir leur domination sur les gouvernés; mais, au contraire, la mise en action des forces sociales représentées par les individus. Idées, sentiments, passions se combinent, s'organisent pour réaliser, par le progrès constant de l'être individuel et collectif, l'idéal conçu et désiré, idéal de perfectionnement et de bonheur.

D'après ce plan logique, toute éviction d'un seul

facteur de l'humanité est contraire aux principes de la science sociale et politique.

L'élimination de la femme dans la gestion des intérêts généraux, cause un dommage considérable aux nations et entrave leur marche.

Et, hormis certaines écoles socialistes, et en tête le saint-simonisme et le fouriérisme, les hommes d'État réputés les plus fameux n'ont été ni assez observateurs, ni d'assez bonne foi pour reconnaître par où leur système pèche. C'est à croire qu'ils ignorent l'histoire. Jamais cependant, dans les terribles crises qu'a traversées l'humanité, la femme n'a manqué de fournir son contingent souvent décisif.

A divers intervalles, elle a montré brillamment ce dont elle était capable. Entraînée par la nécessité de l'évolution, surexcitée par le tragique d'une situation extrême, elle accomplit spontanément, douée d'une force intuitive, des actes de première grandeur.

De plus, dans les rares circonstances qui ont amené des femmes au pouvoir, les peuples ont-ils eu lieu de s'en plaindre ? Les Élisabeth, les Catherine II, les Marie-Thérèse, et tant d'autres, n'ont-elles pas gouverné avec gloire ? Et si l'on eût mis quelque héritier mâle à leur place, n'est-il pas supposable qu'il n'eût pas atteint la même hauteur ? Examinez l'histoire générale et vous verrez que, sur trente souverains appartenant au sexe *dit noble*, il y en a à peine cinq de capables. Il devient alors extraordinaire que, sur le petit nombre de femmes parvenues au trône sans avoir, remarquez-le bien, été l'objet d'un choix et d'une sélection, plusieurs se soient révélées politiques de génie.

N'est-il pas singulier que, dans une des situations de la vie où il faille déployer le plus d'énergie, le plus de volonté et le plus de profondeur de vues, la femme ait été, pour le moins, l'égale de l'homme ? Et chose curieuse, c'est que la femme ayant atteint de temps à autre la dignité suprême, royauté, empire, impliquant l'exercice de la puissance absolue, elle n'ait été nulle part électeur. Une seule explication est possible: dès que la logique est bannie, l'inconséquence a le champ libre.

« Vous n'avez, me dira-t-on, cité que les exceptions, et les exceptions ne font pas la règle. En thèse générale, l'homme est supérieur à la femme. Il est donc juste de conférer à ce dernier la direction des affaires de la famille et des affaires de l'Etat. »

Ce raisonnement est en complète contradiction avec le système politique actuel ; car, à notre époque, les droits politiques ne sont pas reconnus en proportion des capacités et du savoir des individus ; l'homme le plus médiocre, le plus ignorant, comme l'homme le plus savant, jouit de ce droit et l'exerce. Quelle subtilité peut on invoquer pour éliminer du suffrage universel la moitié de l'humanité ? Il est clair que, par ce fait, la justice la plus élémentaire est violée.

« Depuis quand les femmes s'occupent-elles de politique ? » demandait Bonaparte à Mme de Staël. « Depuis qu'on les guillotine », répondait-elle. Elle eût pu dire, avec plus d'exactitude, que la femme a été victime, tout aussi bien que son compagnon, des fureurs religieuses, guerrières et révolutionnaires. Loin de l'épargner à cause de la faiblesse de son sexe, on l'a rendue responsable de fautes qu'elle n'avait pas commises.

De tout temps, elle a été, à l'occasion, pendue, décapitée, torturée, brûlée, massacrée, ce qui n'est pas plus doux que la guillotine. On n'a pas attendu Quatre-vingt-treize pour lui donner l'égalité dans les supplices. C'est la seule dont elle puisse se vanter jusqu'à ce jour. C'est donc un déni de justice commis à son égard. Examinons quelles en ont été les conséquences.

Il a été généralement reconnu que la femme a une tendance naturelle au dévouement, une disposition à s'oublier elle-même pour ceux qu'elle aime. Propension admirable et féconde dans la chose publique. Mais, tout justement, comme nous l'avons fait observer, la femme est éliminée de la politique. Aussi, par un sentiment de dignité instinctive, méprise-t-elle la politique comme viande creuse. Elle reporte alors, exclusivement, dans la famille, ses aspirations affectives. Elle ne connaît que les siens, ne se soucie que des intérêts de sa maison. Elle se persuade même que, pour les amener à bien, il suffit de se concentrer sur eux. Sa raison, privée de large culture, rétrécit son jugement et l'empêche de percevoir les rapports, les relations et les enchaînements qui existent entre l'ordre privé et l'ordre social. La solidarité universelle, considérée comme loi, la laisse incrédule. La grande conception sociale lui échappe parce que toutes les idées appartenant à la catégorie généralisatrice lui font défaut par l'étroitesse du programme éducateur qui lui a été imposé. Rien, dans la suite, ne supplée à cette indigence.

Au siècle dernier, les salons tenaient lieu aux femmes du monde des études qui leur manquaient : avec cette admirable faculté d'assimilation dont elles sont douées, leur intelligence s'était approprié une somme de connaissances suffisantes pour exercer une action considérable sur la société d'alors.

La conversation, forme vivante et attrayante de l'enseignement, s'emparait de tous les sujets : philosophie, science, politique, lettres, étaient traitées simultanément avec compétence, verve et chaleur. Les femmes ne restaient indifférentes à aucune de ces effervescences de la pensée humaine. C'était dans les salons que se manifestait ce luxe intellectuel et que s'établissaient les relations supérieures de l'esprit ; les correspondances

les plus intéressantes et les plus élevées en étaient la
conséquence.

Depuis près d'un siècle, la majorité des femmes est
relativement plus instruite ; la plupart écrivent l'or-
thographe couramment et ont des notions diverses.
Malgré ce progrès dans la culture de leur esprit, elles
manquent de ce sens supérieur que donnait à nos mères
le contact permanent des cerveaux d'élite.

Les mœurs de la mondanité moderne s'étant modi-
fiées défavorablement par l'installation des cercles et
l'introduction du cigare, l'action des salons devient
nulle. Et c'est ainsi que sur aucun terrain les femmes
ne sont initiées à la philosophie des choses. Elles se
confinent dans l'espace étriqué de la famille et des petits
groupes, et se croient très pratiques. C'est ainsi qu'elles
comprennent qu'on se sacrifie pour des personnes, et
qu'elles estiment insensé qu'on se dévoue à des idées.

Tout ce qui ne s'incarne pas et ne s'individualise pas,
tout ce qui n'est pas quelqu'un, les laisse indifférentes
et froides. Et ce n'est pas leur faute, mais celle de leur
sotte éducation. On leur a d'abord imposé des croyances sans leur permettre de les raisonner ; elles ont donc
perdu le goût du libre examen. Libérées, plus tard, des
époques de fanatisme où l'exaltation avait toute prise
sur leurs cerveaux peu exercés, elles sont tombées dans
une positivité d'esprit qui les garde de tout enthousiasme, qu'elles considèrent, d'ailleurs, comme les
écarts d'une imagination mal réglée.

Elles veulent ignorer à quel point on peut se passionner pour une idée que l'on croit une vérité, et qu'on
poursuit avec un acharnement sans égal ; vérité qui vous
envahit, vous possède plus que tous les autres sentiments, car elle est éternelle et survit aux individus et
aux générations. Ce qu'elle était avant vous, elle le sera
encore après vous, et votre esprit espère la rencontrer

dans une vie meilleure à l'état de réalisation. Prenons, par exemple, l'idée de liberté pour un peuple, d'indépendance pour un pays. Cette idée est si forte, si puissante, que rien que pour la proclamer et la répandre, les âmes généreuses compromettent leur propre liberté et leur sécurité personnelle.

Sans doute, et je ne saurais trop insister, dans les grandes crises politiques et sociales que traverse l'histoire, ces aspirations supérieures se réveillent souvent tout à coup là où elles semblaient avoir été le moins cultivées, et tentent de s'actualiser. Il n'est donc pas extraordinaire de voir ce phénomène s'accomplir chez quelques femmes, sans préparation préalable. Alors surgissent les grandes figures auxquelles il n'a manqué ni génie, ni héroïsme, qui, dans l'antiquité, s'appellent Cornélie, Porcia, etc., etc., et de nos temps, Jeanne-d'Arc, Mme Rolland, Mme de Staël, etc. Mais cette poussée spontanée, produite par la surexcitation d'un milieu passionnément agité, est de courte durée. Sans lien avec le passé vécu, sans préparation mentale antérieure, elle ne dispose d'aucun élément de continuité, et le grand effort fait est bientôt suivi de lassitude et d'apathie. L'habitude de l'esprit n'est pas contractée, et les femmes abandonnent les hautes préoccupations, finissant par les juger nuisibles à leurs intérêts domestiques. C'est ainsi que les tendances de dévouement qui caractérisent les femmes, comme nous venons de le dire, se convertissent en égoïsme, égoïsme à plusieurs, s'entend. La société se scinde alors en petits groupes qui ne pensent et n'agissent que pour eux.

Il y a antagonisme entre la vie familiale et la vie nationale. Chaque famille voudrait tout tirer de la société et lui donner le moins possible.

La femme n'admet qu'on s'occupe de politique que lorsque celle-ci offre une carrière avantageuse pour l'un

des siens. S'il n'a de chance que de demeurer simple
citoyen, simple électeur, ne devant bénéficier d'aucune
part de profit ni de grandeur, pourquoi prendrait-il
tant de soucis des affaires du Gouvernement ? Ne pour-
rait-il pas même, en déployant trop de zèle, nuire à
ses intérêts, à ceux de ses enfants ? Ah ! s'il s'agit de
la députation pour son mari, son fils, son frère, elle
change d'avis et devient tout feu et tout flamme. Elle entrevoit là un but positif qu'elle est anxieuse d'atteindre.
Elle se livre à une propagande effrénée ; au besoin, elle
rédigera les discours ; aucune polémique ne lui coûtera.
Mais, ici, elle ne dépense tant d'activité, tant de bon
vouloir que *pro domo sua.*

Et pour réunir plus de chances de succès dans l'élection
s'il faut dévier quelque peu de la ligne qu'on avait
suivie jusque-là et faire une évolution habile, la femme
sera la première à engager son mari à l'effectuer.

S'il est retenu dans cette voie de revirement par
quelques velléités de pudeur ; s'il craint qu'un jour,
peut-être prochain, on lui reproche de n'avoir changé
d'opinion que pour agrandir sa fortune, sa femme proteste ; elle le prêche, le sermonne, elle touche à l'éloquence, elle trouve les scrupules puérils ; elle lui met
sous les yeux des exemples, et elle en cite.....

Il ne faut pas tant de sollicitations pour décider un
ambitieux.

Que sera-ce, s'il y a la perspective d'un portefeuille ?
Il est des femmes qui, pour faire les honneurs d'un
ministère, sacrifieraient tout, sans restriction.

« Mais savez-vous, me dira-t-on, que vous faites là
une critique sanglante des femmes, et que cette façon
de nous les représenter infirme la légitimité de vos
revendications en leur faveur ?»

Non point ; tout au contraire, répondrai-je. Cette

critique met en relief la logique des femmes et l'illogisme des hommes.

La femme éliminée des études transcendantes, la femme exclue de l'état-major de toute direction humaine, finit par douter de la valeur des choses qu'on lui interdit de connaître. Elle les prend en un certain dédain. Philosophie et politique lui paraissent l'objet d'opinions controversables et contradictoires ; et les nombreux avatars des hommes, les démentis qu'ils se donnent à eux-mêmes dans leurs écrits et leurs actes, la fortifient encore dans ce jugement. Tout ce qui s'appelle femme sensée, soucieuse de mener à bien les intérêts de sa maison et de sa famille, croit de la plus haute sagesse de ne pas s'occuper de ces questions propres a compromettre l'avenir des siens, et d'en détourner ceux-ci. Fidèle à son programme et à la mission qui lui a été imposée, elle reste dans la sphère positive des faits, et elle se défie des théories. El e n'estime que ce qui est susceptible de se convertir en résultat palpable : honneurs, richesses, réputation. Parquée au foyer, elle veut la prospérité domestique et est contraire à tout ce qui y fait obstacle. Pour elle, philosophie, politique, art, littérature ne sont que des moyens ; et s'ils sont infructueux, elle les appelle rêves, utopies. Les conséquences dommageables de cet antagonisme établi entre l'esprit familial et l'esprit social sont flagrantes.

Si, d'une part, la femme du foyer inculque l'individualisme à son entourage, de l'autre, la femme en dehors de la famille, c'est-à-dire celle qui se classe dans le monde irrégulier, s'efforce de vivre au détriment de l'organisation domestique et de l'organisation sociale. La première sème l'égoïsme, la seconde, la corruption.

Ainsi ces deux types de femmes, de bonnes et de

mauvaises mœurs, contribuent, par des manières d'être opposées, au dérangement du plan général et à l'ajournement indéfini du progrès.

Cette agglomération considérable qui s'appelle une nation est morcelée en molécules qui ont chacune leur intérêt particulier. C'est donc la cupidité et l'ambition personnelle qui tiennent lieu de principes conducteurs.

Il y a bien la religion qui, sous notre régime actuel, s'efforce de prendre un regain de vitalité. Cette reprise est plus superficielle que profonde ; et les pratiques superstitieuses ne l'empêcheront pas de disparaître sous l'action progressive des conquêtes de la science. Avenir que seule une minorité de savants peut entrevoir.

Il y aurait bien aussi la philosophie ; malheureusement, comme nous l'avons fait remarquer, étant interdite aux femmes, elle est par cela même bannie de la vie du foyer et de celle des salons. Cultivée de 17 à 18 ans par les écoliers pendant l'année de philosophie, elle ne prend racine nulle part ; elle n'est qu'un ornement de l'esprit propre à figurer dans les discours et dans les écrits, mais n'entrant pour rien dans la pratique de l'existence et dans le déterminisme des actes.

La société renferme donc, sous une apparence d'unité, de concorde, la division et la désagrégation.

Quant à la politique, privée des principes élevés que doivent lui fournir les conceptions supérieures, elle reste un tissu d'intrigues tramées par les multiples compétitions. Et comme l'égoïsme et la corruption se généralisent avec les progrès matériels, la politique n'offre plus qu'un conflit de prétentions et d'ambitions personnelles de toute provenance.

Dégagées des préoccupations d'un ordre transcendant, les générations gravitent vers un idéal de plus en plus abaissé. Le fameux : « Enrichissez-vous ! » de M. Guizot, devient le cri de ralliement. Chacun ne songe qu'à une chose : se faire une position. Se faire une position n'est pas le mot exact, c'est une situation toute faite qu'on veut trouver sans peine, sans fatigue, sans lenteur.

Plus l'industrie s'approprie les découvertes de la science et en applique les procédés, plus l'essor financier s'accentue, plus les masses aspirent à une vie sans effort et sans lutte.

C'est une course effrénée à la fortune, à la jouissance, à laquelle tous veulent prendre part. Ce qui est donc progrès d'un côté, au point de vue du bien être, marque une déchéance de l'autre, au point de vue moral.

Le monde de l'argent se confond avec le monde du plaisir : le premier ne dépense d'activité que pour parvenir au second. Or, c'est justement cette moitié de l'humanité déclassée, asservie par une législation injuste, qui cherche une compensation, sinon une revanche, dans le trouble des sens et des passions qu'elle provoque. Et je n'attaque pas seulement, ici, la société française, mais la société tout entière dans ses parties prétendues les plus civilisées. Telle est la flore d'une injustice initiale qui, à mesure que le progrès s'accentue dans le domaine scientifique, devient de plus en plus envahissante sur les degrés de l'échelle sociale, comme pour démontrer qu'un vice fondamental est à la base de la collectivité organisée du Sud au Nord, de l'Orient au Couchant.

Qui donc peut expliquer qu'ayant connaissance des axiomes moraux les plus transcendants, sanctionnés par l'expérience des siècles, on puisse répondre à qui se plaint d'une mesure arbitraire, d'une concussion, d'un abus ? Question d'administration, les principes n'ont rien à y voir ; question politique, la morale n'y a que faire ; question industrielle, qu'a cela de commun avec la philanthropie ?

Or, si la morale et la justice ne se trouvent ni dans l'administration, ni dans la politique, ni dans l'industrie, avouons qu'elles ne se trouvent nulle part.

La jeunesse n'est elle pas l'exubérance de la vie, de la générosité, de l'imagination, de l'enthousiasme ? N'est-ce pas encore là qu'on doit trouver le désintéressement ?

Oui, les jeunes gens ne manquent pas, mais il leur manque la jeunesse.

Ce n'est certes pas la famille qui a pu les former, puisqu'elle leur a donné l'exemple de l'arbitaire ; chaque génération reflète ce qui lui a été enseigné par l'expérience. Eh dame ! à la longue, cela agit.

Certes, il ne manque pas de critiques qui constatent cet état de choses. Mais savez-vous quelle conclusion on en tire ? c'est que la femme est un obstacle au progrès ; qu'elle est essentiellement réactionnaire et rétrograde ; que, de plus, sa coquetterie et son goût de luxe précipitent les décadences.

Voilà ce qui se répète et s'imprime dans les journaux.

Et les hommes qui ont empêché le cerveau de la femme de s'exercer et qui lui ont imposé, par une éducation arriérée, la superstition et l'erreur, se plaignent aujourd'hui de la récolte, lorsqu'ils ont fait la semence !

Depuis le commencement du monde, s'imaginant suffire à tout, ils sont à la tête des affaires. Ils légifèrent, constituent, organisent, rédigent des programmes, fondent des religions, propagent des doctrines, des systèmes, font des révolutions sans jamais lui demander son avis.

Mais nous dirons aux hommes : « Si les choses se passent ainsi, c'est à vous qu'il faut s'en prendre. Vous êtes seuls responsables ; reconnaissez donc qu'à vous seuls vous êtes insuffisants. Vous avez voulu refouler une force humaine ; présentement elle vous fait échec. C'est vous qui, par le rejet de la femme, votre collaboratrice suivant la nature, avez préparé le milieu contre lequel vous récriminez et vous protestez aujourd'hui. »

En diminuant la femme, vous vous êtes diminués, et la société est en déficit. Elle évolue dans des conditions anormales, n'étant pas en possession de toutes ses ressources. Il s'ensuit que les réformes qu'exige le progrès ne parviennent pas à s'effectuer.

Les idées de patrie, de solidarité humaine et de perfectionnement qui composent le ciment de toute Cité, n'existent qu'à l'état théorique, sans valeur pratique pour la généralité. Il ne faut donc pas s'étonner que l'injustice, l'immoralité et la guerre battent leur plein.

LA FEMME DANS LE THÉATRE

~~~~~~~~~~

Après avoir étudié les conditions de la femme dans le monde de la réalité, famille, société, et avoir critiqué les lois qui l'infériorisent, il n'est pas inutile d'examiner la place que lui donne l'opinion dans le monde fictif créé par l'imagination des poètes, des écrivains et des dramaturges.

Nous reconnaîtrons que, dans ce domaine, l'homme compose la femme suivant ses préjugés et ses passions, et que la femme, à son tour, se modèle d'après cette création de fantaisie.

C'est surtout sous la forme théâtre que l'antiquité nous fait connaître, d'une façon plus précise que l'histoire, les mœurs et les habitudes privées. C'est le théâtre qui met le mieux en relief les contradictions, les antinomies de la situation anormale de la femme et de son déclassement.

Nous verrons alors se former une tradition qui,

malgré la marche des siècles et les progrès de la civilisation, se perpétuera dans les différentes œuvres. Ce sont naturellement les Grecs qui fournissent les premiers spécimens.

Ceux-ci, avec Eschyle, Sophocle, représentent le caractère dogmatique. Les personnages nous expliquent la genèse des dieux et leurs faits et gestes. Là, nous rencontrons, nettement exprimée, la déclaration solennelle de la supériorité du principe mâle.

Dans les *Euménides* d'Eschyle, lorsque Oreste, meurtrier de sa mère, fait à Delphes, puis à Athènes, une sorte de pélerinage pour consulter l'oracle, et que le chœur, le sachant parricide, veut sa condamnation, Apollon répond qu'il ne peut y avoir parricide, « parce que, dit-il, ce n'est pas la mère qui engendre ce qu'on appelle son enfant : elle n'est que la nourrice du germe versé dans son sein ; celui qui engendre est donc le père.

« La femme, comme un dépositaire, reçoit le germe et, quand il plaît aux dieux, elle le conserve.

« La preuve de ce que j'avance, c'est qu'on peut devenir père sans qu'il soit besoin de mère : témoin cette déesse, fille de Jupiter, roi de l'Olympe. Elle n'a point été nourrie dans les ténèbres du sein maternel ; et quelle déesse eût jamais produit un pareil rejeton ? »

Minerve, plus loin, ne fait que corroborer cette opinion.

« Je n'ai pas de mère à qui je doive la vie ; ce que je favorise partout, c'est le sexe viril ; je suis donc toute pour la cause du père...... »

Je m'empresse de faire remarquer, ici, que l'auteur, étant un homme, fait parler la déesse suivant ses idées personnelles.

Cette répudiation de toute filiation et même de tout lien avec le sexe féminin, faite par Minerve, personniflant dans l'Olympe l'intelligence et la sagesse, justifiera toutes les sorties brutales que divers personnages ne manqueront pas de faire dans la suite.

C'est ainsi que, dans les *Sept contre Thèbes*, Etéocle, s'adressant au chœur des Suppliantes, qui viennent implorer leur dieu pour conjurer les malheurs qui menacent la ville, leur dit :

« Engeance insupportable, est-ce là le moyen de bien servir Thèbes ? Quoi ! tomber devant les images des dieux tutélaires ! pousser des cris ! Sexe détesté du sage ! Oh ! que jamais, ni dans mon infortune, ni au jour de ma prospérité, femme n'habite sous mon toit ! Intolérable par son orgueil après la victoire, la femme, quand elle craint encore, est une peste fatale à sa famille et à son pays. »

. . . .

Il est charmant, cet Etéocle, en vérité. Et de quel droit émet-il une opinion aussi impertinente, lui, parjure à sa parole et ayant pour sœur Antigone, le modèle de toutes les vertus ?

Du reste, l'Hippolyte d'Euripide ne lui cède en rien, et il n'a aucune parenté avec l'Hippolyte de Racine.

Quand il apprend l'amour de Phèdre de la bouche même de la nourrice de celle-ci, il invoque Jupiter en ces termes :

« O Jupiter ! pourquoi as-tu mis au monde les femmes, cette race de mauvais aloi ? Si tu voulais donner l'existence au genre humain, il ne fallait pas faire naître des femmes ; mais les hommes déposant dans les temples des offrandes d'or, de fer ou d'airain, auraient acheté des enfants, chacun en raison de la valeur de ses dons ; et ils auraient vécu dans leurs maisons libres et sans femmes. Mais, à présent, dès que nous pensons à introduire ce fléau dans nos maisons, nous épuisons toute notre fortune.

« Une chose prouve combien la femme est un fléau funeste : le père qui l'a mise au monde et l'a élevée y joint une dot pour la faire entrer dans une autre famille et s'en débarrasser. L'époux qui reçoit dans sa maison cette plante parasite se réjouit, il couvre de parure sa méprisable idole, il la charge de robes, le malheureux ! il épuise toutes les ressources de son patrimoine, et est réduit à cette extrémité....

« Plus aisément, on supporte dans sa maison une femme nulle et inutile par sa simplicité. Mais je hais surtout la savante ; que jamais, du moins, ma maison n'en reçoive qui sache plus qu'il ne convient à une femme de savoir ; car ce sont les savantes que Vénus rend fécondes en fraudes, tandis que la femme simple, par l'insuffisance de son esprit, est exempte d'impudicité. Il faudrait que les femmes n'eussent point auprès d'elles de servantes, mais qu'elles fussent servies par des animaux muets pour qu'elles n'eussent personne à qui parler, ni qui pût à son tour leur adresser la parole. »

Cette tirade qui renferme autant d'absurdités que de propositions, démontre que, d'une part, le fils de Thésée n'avait aucune notion scientifique pour formuler le vœu ridicule qu'il adresse à Jupiter au sujet de la perpétuité de l'espèce, et que, d'autre part, son jugement porté sur la femme ignorante est absolument contraire à la vérité, car moins l'esprit a de culture, plus les instincts sensuels prédominent.

Mais ce qui nous surprend davantage, c'est ce mélange d'ordre fabuleux et de modernisme. Ainsi, le jeune Hippolyte, consacrant sa chasteté aux autels de Diane, n'est pas indifférent aux préoccupations d'économie intérieure. On dirait d'un bourgeois de nos

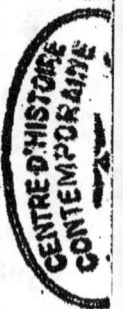

jours supputant les dépenses qu'occasionne une femme coquette. Cette réflexion en appelle une autre qui est suscitée par l'élimination systématique de l'amour dans la tragédie antique. Il n'en est parlé que pour mémoire par quelque personnage chargé d'édifier les spectateurs sur les événements précédents, dont la connaissance est nécessaire à l'intelligence de la pièce ; et la plupart du temps, c'est le chœur qui en a la mission. Nulle part une scène d'amour ; et ce sont principalement les héros du drame qui semblent rester étrangers à la fougue de ce sentiment, le plus violent de tous. Ici, l'orgueil masculin paraît s'accuser en se refusant à avouer qu'il est soumis à l'empire du fils de Vénus.

Certains critiques, je le sais, ont expliqué cette éviction par le caractère sacré que revêtaient ces œuvres dramatiques destinées exclusivement, à l'origine, à être jouées dans les cérémonies religieuses. Mais c'est là la plus mauvaise raison qu'on puisse donner, l'amour tenant une des premières places dans le panthéon olympien. Vénus, rangée parmi les douze grands dieux, avait ses autels et ses temples dans toutes les villes de Grèce ; et son action sur les faits et gestes des mortels était considérable, puisqu'elle l'exerçait également sur les divinités ses collègues.

La base de toute théogonie antique, aussi bien orientale qu'occidentale, a un caractère essentiellement générateur. Cause fondamentale de ce qui devra suivre, elle n'est toujours que l'union ou syzygie de deux principes de genre différent dont le produit est un facteur nouveau.

« C'est l'Amour, le plus beau des immortels, suivant Hésiode, qui était au commencement. Il n'y avait pas de dieux avant que l'Amour eût mêlé toutes les choses. Mais de cette pénétration intime furent engendrés les dieux immortels. » De là l'extension du culte des divinités génératrices multipliant dans leurs représentations plastiques, à l'œil du croyant, les attributs de leurs facultés procréatrices. L'Amour est donc le grand attracteur et le grand producteur.

Ces tragédies nous font bien voir les produits de l'amour : Astyanax, fruit de l'union d'Hector et d'Andromaque, Eurysacès, rejeton d'Ajax et de Tecmesse ; mais elles ne nous font pas voir l'amour dans l'intensité de son expression.

Chez Hélène, chez Phèdre, il n'est plus qu'une calamité. L'amour ainsi dépeint semble dénué de toute liberté : la fatalité l'impose ; c'est ainsi que Phèdre déplore la passion qui la consume. Elle y voit le signe de la malédiction des dieux ou plutôt de la vengeance de Vénus. Il est vrai que l'Hippolyte, tel que nous le présente Euripide, est loin de justifier les transports dont il est l'objet. Dans les deux cas, les créatures qui en sont possédées sont deux femmes.

Il y a donc là affectation de la part des tragiques.

Achille, dans *Iphigénie en Aulide*, éprouve bien un sentiment de pitié pour la fille d'Agamemnon, vouée à l'holocauste par l'oracle de Calchas. Mais la jeunesse, la beauté de celle-ci ne font pas une impression plus vive sur son cœur. Est-ce à dire que la société grecque ne connaissait pas l'amour dans ce qu'il a d'idéal et de délicat ? Quelle erreur ! On a prétendu que l'amour physique et l'entraînement des sens avaient seuls prise sur les hommes. On n'a, pour rectifier ce jugement, qu'à ire quelques passages des poésies qu'adressait Alcée à Sapho

Et tant d'autres poètes n'ont-ils pas chanté, avec toutes les grâces d'une plume exercée et l'exaltation d'un cœur fortement épris, les tendresses de l'amour ?

Cette omission volontaire d'un sentiment prédominant manifeste cette sourde rancune de l'homme humilié dans son orgueil de subir, à un instant donné, la puissance féminine, puissance propre à lui faire perdre toute volonté et toute raison.

Aussi, dans toute scène ou dialogue entre un homme et une femme, le premier garde-t-il une attitude froide, hautaine, propre à mettre en évidence la démarcation qui se tient entre les deux sexes. C'est ainsi qu'Achille dit à Clytemnestre : « Il est malséant pour moi de m'entretenir avec des femmes. » Cinq cents ans plus tard, Jésus ne fait que continuer la tradition lorsqu'il dit à sa mère : « Femme, qu'y a-t-il de commun entre vous et moi ? »

Eschyle prête à Agamemnon un singulier langage quand, de retour dans sa maison, après la prise de Troie, il répond à Clytemnestre, qui, pour mieux dissimuler sa vengeance, le reçoit avec les marques de la joie la plus vive : « Fille de Léda, gardienne de mes foyers, ton discours est mesuré sur mon absence, il est long ! » Dans l'*Alceste* d'Euripide, Admète exprime le sentiment conjugal en termes émus. La scène avec son épouse a de la sensibilité, de la tendresse. Admète paraît plongé dans le plus profond désespoir à l'idée de perdre sa compagne, objet de son amour et mère de ses enfants. Malheureusement, cet étalage de douleur peut paraître suspect, car Admète accepte pour sauver sa propre existence, que sa femme sacrifie la sienne ; et la scène qui suit, où Admète reproche à son père, Phérès, de ne s'être pas dévoué pour lui et d'avoir laissé périr Alceste, le prouve surabondamment, d'autant que le père lui répond indigné : « Toi-même, tu as bataillé sans honte pour ne pas mourir, tu vis, en sacrifiant ton épouse. Et tu me reproches ma lâcheté, infâme, vaincu par une femme qui est morte pour toi, beau jeune homme ! Tu as trouvé là un moyen de ne jamais mourir, si tu peux persuader à l'épouse que tu auras de mourir pour toi. Et ensuite tu fais un reproche à tes amis qui se refusent à le faire, quand toi-même tu n'en as pas eu le courage ? »

Voilà qui est clair et qui ne laisse aucun doute sur la prétendue sincérité d'Admète.

On me permettra une parenthèse à ce propos. J'aperçois bien, dans la fable et dans l'histoire, des femmes qui se dévouent pour leurs époux, mais je regrette de ne pas voir la réciproque en égale proportion.

Il ressort de la tragédie antique que la femme y est considérée comme appartenant à un sexe inférieur ; et comme les Eschyle, les Sophocle et les Euripide étaient des hommes, ils n'ont eu garde de réagir contre des préjugés qui consacraient leur suprématie.

Quelques-uns prétendent même qu'Euripide était mysogyne, et que les femmes macédoniennes, irritées des injures qu'il faisait débiter par ses personnages contre leur sexe, le mirent en pièces.

Cette fin du célèbre tragique, trop ressemblante avec celle d'Orphée, n'a pas été considérée comme véridique.

Quoi qu'il en soit, ce qu'il nous importe de constater, c'est que le monde fictif reflète les contradictions du monde réel. En effet, les auteurs précités se montrent illogiques ; car s'ils tenaient à justifier la mauvaise opinion qu'ils avaient des femmes, leur premier soin devait être de ne pas placer sur les lèvres de celles-ci des paroles décelant la profondeur de la pensée et l'élévation des sentiments. Il leur eût fallu abaisser le caractère féminin : leur partialité n'a pas été jusque-là. De telle sorte que, si l'on établit une comparaison entre les héros et les héroïnes de la tragédie antique, les Iphigénie, les Polyxène, les Antigone, les Alceste, les Tecmesse paraissent de beaucoup supérieures aux Agamemnon, aux Achille, aux Ulysse, aux Ajax, tous orgueilleux, dominateurs et mesquinement personnels.

Je sais bien que lesdits auteurs se rattrapent en faisant confesser par leurs héroïnes la légitimité de la subalternité féminine.

Ne font-ils pas dire à Iphigénie, lorsqu'elle se résigne au sacrifice de sa vie: « La vie d'un homme est plus précieuse que celle de mille femmes. Et si Diane veut prendre mon sang, moi, faible mortelle, pourrai-je résister à la déesse? Ce serait impossible. Je me dévoue donc à la Grèce. »

C'est un homme qui s'est fait l'interprète des sentiments de la fille d'Agamemnon, mais nous ignorons absolument si l'Iphigénie en question les a partagés. si tant est qu'elle ait existé.

Dans les *Suppliantes* d'Euripide, Athra, mère de Thésée, dit, après avoir longuement. logiquement discouru : « Je sais qu'il n'est pas permis aux femmes de bien parler. »

D'autre part, et dans un autre passage, Thésée reconnaît « que la sagesse parle souvent par la bouche des femmes. » Il est bon de prendre note de ce retour à la vérité.

Mais la contradiction ne s'arrête pas là. Nous voyons la femme, comme souveraine, obtenir les honneurs et exercer l'autorité. La tragédie *des Perses* d'Eschyle nous présente Atossa, mère de Xerxès, consultée par les anciens de la ville. Elle arrive dans Suse montée sur un char ; inquiète de l'armée des Perses, elle vient chercher des nouvelles ; et c'est en ces termes que le chœur l'accueille : « Mais voilà qu'une lumière apparaît aussi brillante que l'œil des dieux : c'est la mère du roi, c'est ma reine ; je tombe à ses pieds ; que toutes nos voix s'élèvent : offrons-lui les hommages qui lui sont dus. »

Évidemment les inconséquences pullulent : l'Olympe en donne l'exemple à la Terre. A ce sujet, il est un

argument qu'on ne se lassera pas de nous opposer et
auquel nous ne nous lasserons pas de répondre, c'est
celui qui consiste à signaler, comme une adhésion à
l'état de choses, l'acceptation de la femme. Comment
des Sapho, des Corinne, des Erinna, et tant d'autres
douées de génie, n'ont-elles pas élevé leurs voix élo-
quentes pour revendiquer leur droit et celui de leurs
semblables ? C'est que, parvenues elles-mêmes à la
gloire par leurs travaux, elles s'accommodaient fort
bien de l'état d'effacement du reste de leur sexe, le
jugeant propre à prêter plus d'éclat à leur mérite et à
leur réputation ; et que, d'autre part, comme nous en
avons fait déjà l'observation, les femmes de tous les
temps ont cru prendre amplement leur revanche par
l'amour qu'elles inspirent ; l'amour, loi naturelle, loi
supérieure, qui réduit à néant toutes les inégalités
factices.

De la tragédie naît la comédie. Dans la comédie,
nous pénétrons la vie intime, la vie privée. Il n'est
plus, ici, question des personnages dits héroïques
appartenant plus à la fable qu'à l'histoire, mais d'individus appartenant à la réalité.

Les éléments de la comédie antique sont restreints.

Peut-être Aristophane n'a-t il parlé plus librement
que parce qu'il était ennemi de toute réforme et de
toute nouveauté ; à ce titre, il avait chance d'être bien
vu des gouvernants. Ce qui attire notre attention sur
le point qui nous occupe, c'est qu'Aristophane, dans
son plaidoyer pour la paix, incarne cette idée dans
une femme et en fait son héroïne, *Lysistrata*. Pour
bien comprendre l'importance du fait, il faut se souvenir que la comédie antique grecque et latine laisse
peu de place à la femme ; l'ingénue est un personnage
muet qui se tient dans la coulisse ; la matrone fait de
rares apparitions pour dire une parole de bon sens

enveloppée d'une forme aigre ; la scène appartient à la courtisane, la meretrix, etc., les mœurs du gynécée ne devant pas être soumises à l'appréciation d'un public.

Or, contre toute règle, Lysistrata n'est pas une courtisane, elle est l'épouse d'un des citoyens les plus considérables d'Athènes. Lysistrata abhorre la guerre et elle aime la paix, condition de tout progrès. Pour faire triompher son opinion, Lysistrata assemble toutes les femmes de la Grèce et elle leur tient un discours rempli d'arguments solides, tels que pourraient le faire les membres les plus autorisés des Congrès de paix actuels. Suivant elle, la guerre est chose absurde ; c'est la ruine des maisons, la mort des enfants, l'anéantissement de toute civilisation.

Lysistrata est une femme de grand caractère et de grand sens ; elle relève l'énergie de ses compagnes souvent défaillantes et, tout comme un chef d'armée, elle finit par obtenir d'elles un concours efficace ; et, ce qu'il y a de curieux à noter, c'est que, malgré les obscénités de langue que se permet trop fréquemment Aristophane, il a conservé intacte la dignité de son héroïne dont l'honneur ne peut être un instant suspecté.

Il est à remarquer que c'est la première fois qu'un rôle d'initiative est confié à une femme.

En somme, Lysistrata personnifie l'idée de paix ; et, en vérité, je ne m'explique pas que des érudits aient vu là une critique contre les femmes et leur ingérence dans les affaires publiques.

L'*Assemblée des Femmes*, elle-même, paraît plutôt une critique des doctrines communistes et des droits qu'elles impliquent qu'une satire contre l'égalité des sexes.

C'est encore une femme, Praxagora, qui est promotrice du mouvement. Elle a engagé les citoyennes à s'emparer du manteau et du bâton de leurs maris, plongés dans le sommeil, pour monter à la tribune aux harangues et y faire triompher leurs idées. Et elles s'y expriment si bien qu'elles obtiennent les suffrages du peuple, leur déguisement empêchant de reconnaître leur sexe.

La comédie grecque ne se borne pas à Aristophane, elle a encore Ménandre, auteur de grande valeur, mais dont il reste peu de choses. Heureusement que Térence s'en était inspiré. Nous ne rencontrerons pas chez Térence, ni chez Plaute, les hardiesses d'Aristophane, pour la bonne raison qu'à Rome on ne supportait pas, en vertu de la loi des Douze Tables, les chants diffamatoires ni qu'un auteur se permît de mettre en scène des personnages vivants.

Le poète Névius, qui n'avait pas craint d'attaquer des hommes puissants, en fut cruellement puni par la prison et par l'exil. Cet exemple sévère rendit ses successeurs plus circonspects. Cette observation faite, revenons à l'objet qui nous occupe. C'est seulement dans l'*Eunuque* que le poète latin met en scène une femme d'esprit, c'est Thaïs, la courtisane. Cette femme n'a pas seulement de l'intelligence, mais encore des sentiments généreux ; elle se dévoue sous l'inspiration du sentiment fraternel. C'est une femme d'esprit et de caractère.

Nous rencontrons donc dans la comédie grecque et latine trois femmes de tête, capables de ne prendre conseil que d'elles-mêmes et d'agir.

Dans la suite, le théâtre subit un arrêt, j'entends par là qu'il décline.

La chute de l'Empire romain, les diverses races qui l'ont envahi présentent une confusion d'éléments hétérogènes qui se combattent, se neutralisent ou se combinent. Il y a antagonisme des croyances, des consciences, des esprits ; de plus, le contact des idiomes barbares trouble la pureté de la langue faite. Enfin, le désordre est partout, il n'y a plus de lettres ; et avant que de ce chaos, où tous les principes les plus opposés se coudoient, il sorte une manifestation littéraire du monde moderne, il se passera six siècles de pénible élaboration.

Evidemment le moyen âge est vide ; quant au théâtre, les légendes religieuses en font les frais. Les mystères fournissent la trame. Ce n'est ni la Vierge, ni Marie-Madeleine, ni même les vierges folles qui offrent un caractère à étudier, elles sont la négation de tout caractère et de toute volonté. La nouvelle doctrine n'apporte aucun document scénique, car elle est l'annihilation, l'effacement de l'autonomie humaine. La femme y est déclarée définitivement inférieure. Et à ce compte, la Vierge n'est exaltée qu'en raison même de sa nullité. C'est la consécration de la vieille erreur primordiale, c'est l'Ève de l'origine qui n'obtient sa réhabilitation qu'en abdiquant toute indépendance : « Je suis la servante du Seigneur. » Tels sont les termes et l'esprit de la nouvelle formule.

Le réveil du théâtre se manifeste à la Renaissance, et ce n'est qu'une reprise du théâtre antique, ou, pour mieux dire, une imitation ; les légendes chrétiennes ne paraissaient pas offrir les matériaux littéraires suffisants. Jodelle et Garnier n'apportent rien d'original. Ils croient même bien faire en donnant aux textes anciens la couleur d'une époque ultérieure.

C'est, il faut bien le reconnaître, l'Angleterre qui, par la personne de Shakespeare, fait révolution dans le théâtre. Shakespeare fait des excursions sur un terrain nouveau. Il ne s'agit plus seulement d'imiter les Grecs et les Romains, qu'il a, à l'occasion, traités suivant sa fantaisie dans quelques-unes de ses œuvres, mais de peindre la société dite la sienne, même à quelques siècles d'intervalle. Il laisse de côté les dieux de l'Olympe et s'occupe de l'état d'esprit né de la nouvelle doctrine. Les héroïnes de Shakespeare sont tout à l'amour. Avec l'auteur anglais, la passion fait son entrée en scène, non pas la passion fatale, inspirée par les dieux, mais la passion suivant la loi naturelle.

Toutes les héroïnes de l'auteur anglais sont asservies à l'amour, mais aucune n'est courtisane. Et du reste, bien plus tard, ni Corneille, ni Racine, ni Molière ne présenteront en scène la *Marchande d'amour*. Ophélie, Juliette, Desdémone, sont les victimes passives de l'amour : ni la raison, ni la volonté ne les font triompher de ce sentiment violent et dominateur.

L'amour mis à l'écart chez les tragiques grecs et latins, l'amour à peine ébauché chez les Ménandre, les Térence, les Plaute, car ceux-ci ne le traitent jamais directement du sujet à l'objet qui l'inspire, mais dans des récits ou des confidences ; l'amour, dis-je, devient l'élément du spectacle. Et c'est là un progrès à signaler chez l'auteur anglais, car il établit l'égalité des deux sexes par la puissance de l'amour, auquel l'un et l'autre sont soumis au même degré. Seulement, son impartialité s'arrête là, et il se garde d'aller jusqu'à l'égalité cérébrale.

Quand Shakespeare produit dans ses œuvres une femme énergique, capable d'exercer son influence, il la fait criminelle, témoin lady Macbeth.

Toutes ses héroïnes n'ont, comme force morale, que la violence de leurs sentiments ; la raison ne les guide en rien. La douce et poétique Ophélie est, quant au cerveau, trop faiblement organisée pour supporter les épreuves qu'elle traverse ; la folie s'en empare. Juliette, Desdémone, n'y échappent que par la mort.

Il est facile de saisir l'opinion de Shakespeare à ce sujet. Il croit à la supériorité masculine, bien qu'ayant pour souveraine un des plus grands génies politiques de l'époque, et j'ajouterai de l'histoire. Dans la *Méchante mise à la raison*, il expose, par la bouche d'un de ses personnages, une théorie qui ne laisse pas de doute à cet égard.

Du reste, nous devons le reconnaître comme circonstance atténuante, c'est le sentiment qui, pour les héros de Shakespeare, quel que soit leur sexe, est le mobile les déterminant à agir; mobile dont ils vivent et dont ils meurent. Hamlet, Othello, le roi Lear sont des impressionnables, des sentimentalistes, et même Macbeth, subissant l'ascendant qu'a pris, charnellement, sa femme sur lui, est tout à la fois sensible et sensuel.

Par une observation profonde, l'auteur anglais a compris que c'est dans le cœur qu'il faut chercher la puissance impulsive de nos actes et la source de toute chaleur, de toute véhémence et de tout mouvement extérieur.

Viennent, après lui, en France, Corneille et Racine; avec le génie, ils ont de plus une grande entente de la scène, ils ne craignent pas, comme les tragiques antiques, de reproduire la dynamique de l'amour; et, avec plus de logique et moins de parti pris, ils restituent à la nature son caractère prépondérant. L'*Achille* de Racine, contrairement à celui d'Euripide, est ardemment épris d'*Iphigénie*, ce qui double l'intérêt de la situation, et qui est beaucoup plus conforme à la réalité; la pièce y gagne en chaleur et en vitalité.

Mais quel que soit le mérite des Iphigénie, des Pauline, etc., etc., elles ne personnifient guère que la grandeur dans la passivité, la résignation au sacrifice ou la surexcitation nerveuse avec absence de tout raisonnement, telle que Pauline. Pauline ne se convertit pas frappée par les clartés de la vérité, mais par l'exaltation de l'amour conjugal. Polyeucte mort, elle veut le suivre. La puissance cérébrale n'y est pour rien, la sensibilité seule est mise en jeu. Aucune de ces femmes ne se dévoue à une idée générale, à un principe.

Sans doute, l'énergie féminine s'incarne dans la Chimène et l'Emilie de Corneille. L'une et l'autre, observatrices du devoir, veulent venger la mort de leur père, et les deux, pour réaliser leur projet, risquent la vie de leur amant.

Dans le premier cas, Chimène a une situation complexe et contradictoire. Elle veut que le meurtrier de son père soit puni, et pour comble d'infortune, elle adore ce meurtrier.

De là, lutte entre deux sentiments.

Emilie, elle, n'a pas la conscience ainsi partagée : elle invite Cinna, qu'elle aime, à servir sa vengeance, quitte à le sacrifier lui-même.

Mais quand arrive le dénouement, Chimène et Emilie me semblent manquer de grandeur d'âme et de dignité.

Chimène en effet accepte comme époux, après tant de belles tirades, Rodrigue qui a tué son père et qu'elle n'a jamais cessé d'aimer, malgré ses imprécations dont on peut alors suspecter la sincérité.

Emilie après de si violents transports de haine, finit par renoncer à sa légitime vengeance en échange d'un redoublement de faveur dont l'*accable* Auguste, suivant l'expression du texte.

On ne pourra s'empêcher de conclure que, pour acheter son ressentiment et le réduire, on n'avait qu'à y mettre le prix.

On concevrait que, désarmée par la magnanimité d'Auguste, elle abandonnât l'idée de conspirer contre lui, mais ce qui est répréhensible, c'est qu'elle en agrée le bienfait.

Pour ce qui est de Camille, d'Hermione, de Phèdre,
de Roxane, elles ont cela de commun avec les Juliette
et les Desdémone que, tout entières à leur délire passionné, elles oublient, pour s'y livrer, conscience,
famille et patrie.

Quant aux Athalie, aux Agrippine, leur vigueur, leur
énergie ne s'accusent que dans le crime ; elles n'ont de
l'ambition que ce qu'elle contient de perversité.

On dirait, suivant ces différents auteurs, que, lorsque
la femme est douée d'une faculté dirigeante, elle sort de
son cadre, et que toute son activité ne peut aboutir
qu'à des actes condamnables.

L'intention de ces auteurs est d'autant manifeste,
qu'aucun d'eux n'a été tenté de mettre en scène une
de ces grandes figures féminines dont l'histoire fourmille et qui, pendant les crises que traversent les
peuples, ont su, par leurs capacités, leur génie, leur
caractère, sauver les situations les plus difficiles. Les
plus célèbres écrivains ont même fait silence sur
Jeanne d'Arc !

Par contre, les anciens et les modernes ont mis en
évidence les Clytemnestre, les Agrippine, les Athalie,
les Lucrèce Borgia, les Marguerite de Bourgogne, les
Marie Tudor, les Catherine de Médicis, les Christine
de Suède ; et le caractère qu'ils leur prêtent et les actes
dont ils les rendent responsables appartiennent plus à
la légende qu'à la réalité.

Qui, je le demande, peut être édifié sur la véracité du
récit touchant la Tour de Nesle ? Nous sommes en droit
de les accuser de faire de la sélection en sens inverse.

Tout récemment, un érudit, connu d'un public d'élite
pour ses curieuses recherches, M. Hippolyte Rodri-
gues, a démontré, avec les documents les plus sérieux
à l'appui, que Catherine de Médicis n'était pas, comme

on le croit communément, l instigatrice de la Saint-
Barthélemy, qu'elle ne demandait que la disparition
violente des principaux chefs, et que Charles IX
seul avait décidé le massacre général sans l'assentiment de sa mère. Donc, non seulement les auteurs font
de la sélection à rebours quand il s'agit des femmes,
laissant le meilleur pour prendre le pire, mais encore
ils altèrent la vérité en amoindrissant les types
qu'ils ont choisis. Victor Hugo, malgré son génie, n'a
pas fait autre chose en transformant en impudique
Marie Tudor, appelée la *Sanglante*. Scribe, dans le
Verre d'Eau, nous a présenté, comme reine Anne,
une écervelée qui n'a rien de commun avec l'original.

Ici, on me permettra d'ouvrir une courte parenthèse.

Toutes les fois qu'il se présente dans les annales de
l'humanité un fait condamnable, messieurs les histo-
riens ne manquent pas d'en reporter la responsabilité
sur une femme. C'est toujours la légende édénienne
d'Adam, qui, ayant participé à la prévarication, avec
récidive, répond à Dieu qui l'objurgue : « C'est la femme
que vous m'avez donnée.... »

Il se disculpe en accusant sa compagne. Suivant lui,
il n'a fait que céder à ses pressantes sollicitations. Il
faut avouer que, d'après le récit biblique, notre ancêtre initial est d'une jolie couardise. L'exemple partant
de si haut a été suivi de génération en génération, à
toutes les époques et à tous les âges.

C'est ainsi que vulgairement on met exclusivement
sur le compte de Mme de Maintenon la révocation de
l'Édit de Nantes, et les traîtrises de Louis XVI sur le
compte de Marie-Antoinette.

Mais alors, si l'homme est tellement faible qu'il ne
puisse se soustraire à l'ascendant féminin dans les cir-

constances les plus graves, par quelle étrange contradiction lui confère-t-on, dans la famille et la société,
le pouvoir et l'autorité ?

Donc, dans la tragédie antique et moderne, deux
types féminins prédominent : Iphigénie et Clytemnestre, c'est-à-dire le sacrifice et le crime. Dans la Comédie moderne, la diversité des caractères féminins apparaît sur la scène et prend plus de place.

Grâce aux développements de l'évolution, les mœurs
subissent d'importantes modifications, et les relations
sociales s'en ressentent. La création des salons accomplit une sorte de révolution dans les esprits et dans les
sentiments.

Pour la première fois, les deux sexes se rencontrent
fréquemment et aux heures de loisir dans des réunions
qui ne sont ni officielles, ni didactiques, ni privées ;
elles sont familières autant qu'élégantes et choisies.
Toutes les questions et tous les sujets y sont traités.
C'est sur ce terrain que la femme fait briller son
esprit et ses aptitudes à tout comprendre.

De ces contacts incessants entre les deux sexes naissent les besoins de la correspondance. A distance, on
éprouve le désir de ne pas interrompre l'échange des
idées. L'imprimerie et la, poste qu'ignoraient l'antiquité
et le moyen âge, rendent facile cette communication
intellectuelle entre individus.

C'est sous la forme épistolaire, mise à la portée de
tous, que la femme révèle ses facultés cérébrales trop
souvent refoulées par les préjugés. Tour à tour elle se
montre, avec beaucoup d'éclat, observatrice, critique,
littéraire, philosophe même. Et il est incontestable
qu'il lui revient l'honneur d'avoir contribué, pour une
large part, au développement de la pensée, à la formation et au perfectionnement de notre belle langue.

Pendant le XVII° et le XVIII° siècle, l'esprit de la femme est monnaie courante, il n'est plus exception ; on le rencontre dans la bourgeoisie comme dans la haute société.

Naturellement, la scène devait se ressentir de cet état de choses. Contrairement à ce qui se passe dans la comédie antique, où l'ingénue reste invisible et ne se fait entendre que dans la coulisse, à l'heure de la délivrance, en invoquant Lucine, (car la plupart des ingénues, chez Térence et Plaute, cèdent aux sollicitations de l'amour avant d'attendre la *confarreatio* ou la *coemptio*), les ingénues de Molière et de Regnard tiennent un rôle important : et, ce qu'il est bon de remarquer, c'est que, bien qu'à une époque où l'autorité paternelle peut être impunément tyrannique, les filles ne craignent pas d'exprimer leurs sentiments avec une pleine franchise. Leur attitude est nette ; il n'y a point de leur part une réserve de convention. L'éducation nulle des couvents laisse leur esprit en quête des choses de la nature ; et le bruit des intrigues de cour, parvenant jusqu'à elles, les initie prématurément.

Elles ne déguisent rien de leur inclination ; les Elise, les Lucile, les Henriette de Molière, les Agathe de Regnard se prononcent sans circonlocution. Elles savent, à l'occasion, opposer une résistance à la volonté de leurs parents ; et, par une logique instinctive, elles se montrent supérieures aux ingénues de Scribe, venu plus d'un siècle plus tard. Mais si l'ingénue prend sa place à la rampe, la courtisane est éliminée chez Molière, chez Regnard et les autres ; à son défaut, un nouveau personnage est introduit : la soubrette. La soubrette est une incarnation de la verve gauloise ; avec une langue déliée, hardie, elle caractérise le bon sens. Nous la voyons réconforter les timi-

des, les faibles, son argumentation familière est solide
et n'est jamais prise au dépourvu. Sa repartie est aussi
prompte que la parole, et, à peu près partout, elle
détermine l'action ; elle est, en un mot, le grand ressort de tout drame.

Dans le fait, les Elmire, les Célimène, etc., sont très
inférieures aux Lisette et aux Dorine, en énergie et en
volonté. Mais de ce que Molière prêtait de l'esprit à
ses soubrettes pour les nécessités de ses pièces, s'en-
suit-il qu'il croyait à l'égalité des sexes? Non pas.
Malgré son génie, il ne s'est pas affranchi des préjugés
du mâle. Si, dans l'*Ecole des Femmes*, il critique
l'ignorance crasse imposée aux femmes, il blâme vive-
ment le développement de leur instruction dans les
Femmes savantes qu'il eût mieux fait d'appeler les
Pédantes; mais, en s'arrêtant au premier titre, il a
essayé de démontrer que l'intelligence de la femme
étant circonscrite dans des bornes étroites, elle tom-
bait dans l'extravagance lorsqu'elle voulait les fran-
chir. Ici, il a plus écouté sa passion de masculinité
que la raison et l'expérience. L'amour de la science
ne peut ridiculiser personne. Molière était dans le
vrai quand il raillait jusqu'à l'outrance les précieuses.
En cela, il rendait un immense service à la langue
française et à l'esprit français, qui puise sa clarté et
son élégance dans la simplicité de la forme. Mais il
se trompe sciemment, du tout au tout, quand il critique, chez un sexe qui n'est pas le sien, le désir de
savoir.

Pour résumer, Molière n'admet pour la femme qu'un
esprit moyen, et il repousse la pensée qu'elle
puisse dépasser cette mesure.

Si Henriette, Armande, Célimène, Elmire, et au-dessus d'elles les Lisette, les Dorine, etc., parlent avec
esprit et témoignent d'une certaine profondeur, c'est

que Molière met l'empreinte de son génie sur tous ces caractères. Il ne traite rien ordinairement.

Tout en laissant le naturel à ses personnages, il ne manque pas de leur faire dire tout ce que la situation comporte ; et lors même qu'ils sont sots, il sont si logiques dans leur sottise qu'ils acquièrent de la valeur et deviennent presque intelligents.

Il se produit, du reste, le même phénomène, seulement en sens inverse, dans les pièces de certains de nos auteurs contemporains. N'ayant ni le calibre, ni l'envergure de Molière, il leur arrive qu'exhibant à la scène une personnalité supérieure, ils la rendent mé-diocre, pour la bonne raison qu'ils y ont mis d'eux-mêmes.

Les successeurs de Molière n'ajoutent rien aux caractères féminins déjà créés. Loin même de les accentuer, ils les affaiblissent et les affadissent.

Bien que les temps de la Révolution soient proches, que le langage s'élève, que les voix haussent le ton et que le besoin de liberté s'accuse impérieusement dans les esprits et, conséquemment, dans les œuvres, les héroïnes du théâtre s'étiolent et se décolorent.

Si Figaro, de Beaumarchais, représente, sous la forme individuelle, le peuple supérieur ; s'il se dessine vigoureusement et fait d'un cas privé la chose collective ; si, généralisant ses jugements, il figure l'humanité tout entière et prête une voix aux justes revendications de celle-ci ; par contre, Suzanne n'est qu'un écho amoindri des Lisette et des Dorine. Rosine devenue comtesse d'Almaviva a perdu son brio de jeune fille révoltée ; ce n'est plus qu'une désœuvrée sentimentale et nulle s'énamourant, faute de mieux, d'un adolescent, dont elle fait en même temps sa poupée et son amant.

Et notez que c'est au xviiie siècle que Beaumarchais

écrit ; comment oubliait-il toute cette génération de femmes illustres qui, par leur esprit naturel, leur caractère, leur concours et leur participation, ont su grouper et inspirer les savants et les littérateurs, perfectionner la langue française dans le style et dans la construction ?

Mais, continuons. La Révolution s'accomplit. On est disposé à croire qu'au théâtre, comme ailleurs, les rôles féminins devront se modifier et acquérir de l'importance : non point. Malgré l'affranchissement général, la femme reste dans l'infériorité légale.

Le bourgeoisisme se développant soumet les femmes à des convenances mesquines et étriquées. Substituer aux grands et rationnels principes de l'éthique des règlements arbitraires, en conséquence absurdes ; faire aux jeunes filles une prescription du silence, et aux femmes un mérite de leur nullité, c'est là, à leur égard, tout l'enseignement de la bourgeoisie.

Aussi, celles qui n'en ont pas tenu compte sont-elles sorties du cadre imposé.

Scribe, nous devons lui rendre cette justice, a parfaitement dépeint cette époque. Il fait défiler devant nos yeux toute une série d'ingénues niaises, de veuves sensibles et de coquettes qui ne sont que des sous-Célimène. La soubrette, elle-même, d'un esprit si alerte, d'une répartie si vive, dans l'ancienne comédie, en est réduite à n'être plus qu'une comparse subalterne propre à annoncer un personnage ou à porter une lettre.

En prenant nos auteurs actuels les plus réputés, s'en trouve-t-il un parmi eux qui ait essayé de produire devant la rampe la femme supérieure, la femme de tête, guidée par la raison et sachant par sa capacité diriger et administrer une maison, un établissement, être enfin artisane de sa fortune ? Mais dans le monde des affaires, on en compte par centaines. N'avons-nous pas aussi mille exemples à citer dans le domaine de l'enseignement, des arts, des lettres? Ah! Messieurs les auteurs s'en gardent bien. Ce type de femme supérieure dérange leur plan, réduit à néant leur prétention. Songez donc, une femme qui, par ses facultés, son esprit de conduite, atteint la richesse, obtient la considération sans l'aide du mâle, c'est un véritable scandale! Ils préfèrent de beaucoup s'en tenir, suivant les vieilles traditions, à l'exhibition de la femme créée pour l'homme, subordonnée à lui, soumise à sa loi, attendant tout de son bon plaisir; en conséquence, s'appliquant à lui plaire, à le servir, à se dévouer pour lui. Puis, par antithèse, la femme qui fait opposition à la loi s'en affranchit, et tournant le dos à la ligne droite, prend le chemin de traverse, et partant de là, ne mérite que le mépris public.

De ces deux extrêmes naissent quatre types, façonnés non suivant la loi naturelle, mais suivant la loi sociale provoquée par une moitié de l'humanité, intéressée à ce qu'il en soit ainsi. Telle est la gradation: l'ingénue, la femme honnête, la coquette, la courtisane. Chacun de ces types correspond à chacune des manières d'être de l'homme, en un mot, à la satisfaction de ses sens, de son imagination, et enfin de ses besoins de repos.

Il est évident que notre classement, ici, doit être compris en sens contraire.

Dans la vie de l'homme, c'est la femme légère, la coquette, la courtisane, qui occupent sa jeunesse. Là, il s'agit d'assouvir ses sens, ses appétits encouragés et stimulés par une éducation stupide. Dans les relations du monde, il trouve aussi un excitant et un amusement au contact de la coquette. Puis, quand arrive l'instant de se fixer définitivement, d'améliorer sa situation, il songe à l'ingénue qui fait excuser son ingénuité par une grosse dot. Qu'est-ce donc que l'ingénue ? C'est soi disant une ignorante, d'une assez profonde ignorance pour accepter, au début de la vie, comme compagnon de la vie, les restes d'une vie délabrée.

Tous les caractères féminins se produisant à la scène sont niais, médiocres, rusés ou pervers. Et nous sommes, à notre grand regret, forcée de le reconnaître, c'est la perversité qui a le mieux excité l'attention du public. La courtisane, une fois introduite, a réduit à néant tous les autres côtés féminins, elle les absorbe ; c'est à elle que sont réservés les grands effets ; elle seule a le privilège d'exprimer l'ironie, la passion et ses violences. C'est elle qui monte au plus haut degré le diapason dramatique. C'est elle, enfin, qui a le don d'impressionner le plus les spectateurs.

Jugeons-le en précisant. Passons en revue les héroïnes appartenant à l'ordre régulier, chez Emile Augier, Ponsard, Alexandre Dumas fils, Sardou, Octave Feuillet ; nous les trouverons toutes plus nulles, plus incapables les unes que les autres.

Dans l'*Honneur et l'Argent* de Ponsard, les deux filles du solennel bourgeois Mercier rentrent dans la note commune ; une scène entre les deux sœurs rappelle le dialogue de Mariane et de Dorine dans *Tartufe*, et n'en est qu'une réminiscence affaiblie.

Dans le *Lion Amoureux*, la jeune aristocrate semble bien plutôt convertie à l'amour qu'aux principes républicains, et elle abandonne trop facilement la cause des siens qui font, eux, le sacrifice de leur vie.

Et qu'est-ce que *Gabrielle* dans la pièce de M. Emile Augier ? Un cerveau mal équilibré, sans valeur intellectuelle, une pensionnaire romanesque, se livrant dans son ménage à des rêvasseries malsaines. Pourvue d'un mari distingué, loyal, au foyer comme à la ville — *rara avis* — elle s'avise d'écouter un petit monsieur qui n'a rien de remarquable. Mais le mari, comme on en voit peu, comme on n'en voit pas, sauve la situation, empêche la catastrophe par une supériorité de sentiments et de procédés qui paraissent absolument invraisemblables de la part d'un homme.

Si nous allons de *Gabrielle* aux *Effrontés* et au *Fils de Giboyer* du même auteur, nous rencontrons la photographie, avec variante de fond, des mêmes héroïnes.

Mlle Charrier personnifie les ingénues incolores et pleurnichantes en dedans ; la marquise d'Auberive est dépourvue d'esprit de conduite.

Mme Maréchal du *Fils de Giboyer* est une minaudière sur le retour qui ne trouvera d'aliment à ses prétentions d'arrière-saison que les petits jeunes gens en quête d'une protection.

Pour ce qui est de *Fernande*, il est évident qu'Emile Augier s'est proposé de crayonner l'idéal de la jeune fille sérieuse, honnête et agissant avec réflexion. Eh bien, en y regardant de près pendant les cinq actes, je n'ai pu que constater que la petite personne est sèche, raide et affectée ; et le dénouement m'a encore désillusionnée sur son compte.

Je n'ai pas compris qu'elle se prenne de belle passion pour le fils de Giboyer qui, jusque-là, n'a accusé aucune faculté supérieure. Secrétaire de *Maréchal*, ganache prétentieuse, il n'a copié que des discours qu'il n'a pas rédigés, et, plus tard, il signera une œuvre dont il n'est pas l'auteur.

On me dira, comme circonstance atténuante, que c'est son père qui l'a écrite. Ce n'est pas là une raison suffisante et ce ne peut être qu'une preuve de parfaite nullité ; ce qui ne justifie pas le choix de la jeune Fernande, présentée comme une femme d'élite.

Je sais bien que, dans cette pièce, Emile Augier a

usé d'un singulier procédé ; certes, il n'est pas à court de moyens, tant s'en faut ; mais, pour être original, il faut le croire, il a tenu à ce que son principal personnage n'eût d'esprit que dans les entr'actes. On va se récrier, mais je vais vous le démontrer.

Giboyer père, qu'on a déjà vu dans les *Effrontés*, tient alors le premier rôle. C'est, d'après ce qu'on nous en dit et ce qu'on prétend nous faire croire, un génie déclassé. Victime des vicissitudes de l'existence, il a été bohème, son langage s'en ressent, il est même souvent trivial. Quelques mots heureux çà et là ne constituent pas une capacité hors ligne. De telle sorte que nous pouvons résumer la pièce ainsi : le génie de Giboyer est dans un discours que nous n'avons pas entendu et dans un livre que nous ne lirons jamais. Ceci n'est qu'une parenthèse, je la ferme et je rentre dans mon sujet.

Paul Forestier qui date, je crois, de l'année dernière, produit à la rampe la femme-passion, non point la courtisane de métier, mais la mondaine bien posée dans le monde, jouissant de la considération ; nature ardente qui transige avec la vertu en catimini et entretient des relations intimes avec le peintre Paul Forestier. Le père de celui-ci, instruit de cette liaison (1), sachant que Mme de Clers est séparée de son mari et qu'il n'y a nul moyen de régulariser la situation, a recours à un stratagème qui, pour réussir, exige la complète niaiserie de celle auprès de qui on en use. Le père Forestier cherche donc à persuader à Mme de Clers qu'elle n'est pas aimée de son amant comme elle le croit. Celle-ci proteste, elle ne doute pas de la constance de *Paul Forestier*. Sur ce, le père Forestier la met au défi d'en faire l'épreuve. « Eloignez-vous de

---

(1) Il n'y avait pas alors le divorce.

lui pendant deux ans, partez sans donner à mon fils les motifs de votre absence. Alors vous pourrez juger de la profondeur de ses sentiments. » Mme de Clers, femme peu perspicace, accepte. Elle part pour deux années, vous entendez. Le plus invraisemblable, c'est qu'elle ne revienne pas le lendemain.

Il n'échappera à personne que cette scène a de l'analogie avec la *Dame aux Camélias*, d'Alexandre Dumas fils. Dans les deux pièces, les deux auteurs n'ont pas observé la nature, ils ont fait de la convention. Quant aux héroïnes qui font de l'amour libre une carrière, Emile Augier nous en présente deux : dans l'*Aventurière* et le *Mariage d'Olympe*. Pour ce qui est de l'Aventurière, elle ne nous paraît pas de calibre à mener à bien ses aventures. On n'imagine guère qu'une intrigante de marque, et qui n'en est pas à ses premiers exploits, se laisse piloter par un frère, espèce de soudard, qu'elle prétend faire passer pour un noble hidalgo, bien qu'elle n'ignore pas qu'à la première bouteille il commettra mille indiscrétions, et racontera les frasques de sa sœur, en les assaisonnant de ses propos d'homme ivre. La plus niaise serait plus avisée. Nous retrouverons encore les mêmes fautes dans le *Mariage d'Olympe*.

Ici, j'ai à me faire excuser, car je n'ai pas suivi l'ordre chronologique des pièces. Les *Filles de marbre*, de Théodore Barrière, doivent être les aînées. Si j'ai bonne mémoire, c'est pour la première fois que le type de l'hétaïre poussé au noir jusqu'au dernier degré d'intensité est produit à la scène, c'est la femme infernale, croqueuse de cœur, de cervelle et de fortune ; c'est la pieuvre dont toutes les séductions diaboliques, comme autant de tentacules, sucent le sang jusqu'à la dernière goutte. C'est enfin *Marco*, « Aimes-tu Marco la belle ? ». Comme antithèse, il lui est opposé Marie ;

la petite Marie, bien innocentine, bien nigaudine ; Marco n'en fera qu'une bouchée entre deux repas.

Cependant Marie survit à la mort de Raphaël. Nous la retrouverons dans les *Parisiens*. Elle pleure toujours Raphaël, bien que ce dernier l'ait plantée là pour courir après Marco ; et comme elle est trop absorbée dans ses regrets et dans sa douleur pour se tirer d'affaire en travaillant, elle reste à la charge du brave Desgenais, que son métier de moraliste en chambre n'a pas enrichi. Il est vrai qu'elle passe son temps à aller prier sur la tombe de Raphaël. Mais, mademoiselle, on a le dimanche pour ces choses-là ; en semaine, tirez l'aiguille, je vous prie. Il est vrai que Desgenais lui dit : « Tu es un ange. » *Dalila*, d'Octave Feuillet, est en somme une contrefaçon des *Filles de marbre*. Dalila n'est autre que Marco déguisée en princesse italienne ; la fille de Sertorius, une réédition de Marie avec aggravation d'une mort par amour.

Ne rencontrerons-nous donc pas au théâtre, en opposition à la femme qui ne puise son omnipotence que dans le vice, la femme forte qui trouve son énergie dans la vertu ? Quoi, nulle d'elles n'a de ressort pour réagir ? Les auteurs et leurs œuvres se succèdent et nous serons condamnés à voir reproduire, exclusivement, cette catégorie d'êtres plus ou moins pervertis ou détraqués, comme si elle représentait la majorité ! Quelles sont donc aussi les héroïnes de M. Alexandre Dumas fils ? les *Diane de Lys*, les *Madame d'Ange*, et *ses amies* et celles du *Fils naturel*. Diane de Lys, nous apprend-on, appartient au meilleur monde ; on a raison de nous le dire, car nous ne nous en serions jamais doutés. Une grande dame qui, au premier acte, sous le prétexte de reprendre une correspondance compromettante, quoique innocente, accepte un rendez-vous à 9 heures du soir dans un atelier de peintre

dont elle ne connaît pas le propriétaire, qui y arrive,
ladite dame, il est vrai, escortée d'une amie honorable, n'aurait pas dû accepter de faire cette démarche
de compte à demi. Une fois dans l'atelier, ladite grande
dame, toujours accompagnée de son amie raisonnable,
laquelle semble dépourvue de raison en s'associant à
cette démarche, furette partout, ouvre les tiroirs, lit la
correspondance du jeune artiste qu'elle ne *connaît* pas,
fouille dans les poches d'habits suspendus à une
patère et s'en va, toujours suivie de son amie *raison-*
nable.

A un des actes suivants, Diane de Lys, toujours
grande dame, possédant un hôtel magnifique avec le
personnel voulu, concierge, chasseur, valet et femme
de chambre, voit tout à coup entrer dans sa chambre
à coucher, de dix à onze heures du soir, un jeune duc
audacieux. Mais comme on ne nous apprend pas que
ce gentilhomme ait hypnotisé tous les gens de service,
comment a-t il pu s'introduire aussi librement dans
cette somptueuse demeure ? Il faut vraiment que la
grande dame soit cotée comme une *petite* dame. Combien cette Diane de Lys est absurde !

Et le *Demi-Monde*, n'est-ce pas un ensemble de femmes dévoyées étant toutes sorties du droit sentier par
différentes issues ? Mᵐᵉ d'Ange y est au premier plan.
Cette séduisante personne, prétendue très adroite et
très rusée, agit pourtant durant les cinq actes comme
une vraie pensionnaire.

Si ces dames ont chacune quelques tares, par contre,
les hommes qui les fréquentent sont tous honêtes,
loyaux et délicats. Qui le dirait en entendant parler
et en voyant agir M. de Jalin qui se conduit, tout le
temps de la pièce, comme un parfait goujat et comme
un lâche ? « Le plus honnête homme du monde ! »
s'écrie M. de Nanjac. Alors que seront les autres ?

Et Richon et de Thonnerins, ce père de famille, ce vieillard libidineux qui se permet, après mille folies, peu excusables à son âge, de faire des leçons de morale lorsqu'il devrait en recevoir ? Ces honnêtes gens-là sont au niveau des salons frelatés qu'ils hantent de préférence aux autres.

Cependant M. Dumas fils ne devait pas s'en tenir là, il allait créer tout d'un bloc une femme sérieuse, une femme à idées. Oh ! fis-je en regardant l'affiche, une femme sérieuse fabriquée par l'auteur de *Diane de Lys* et du *Demi-Monde*, que peut-elle bien être ? (1).

Les *Idées de Madame Aubray*, suivant les théories de M. Dumas fils, ne pouvaient être que saugrenues, une femme ne pouvant avoir des idées sages et rationnelles. En effet, je ne m'étais pas trompée, les idées de Mme Aubray ne sont que les idées de défunt M. Aubray. Il paraîtrait qu'en mourant, cet homme d'élite, — dans toutes les œuvres de Dumas fils, il y a des hommes d'élite, pour nous consoler, sans doute, d'en rencontrer si peu dans la réalité — cet homme d'élite, dis-je, a fait de son bagage intellectuel sa femme légataire universelle.

Or, ces idées de feu Aubray forment une mixture nébuloso-mystico-chrétienne. Pour être juste, il y a du bon ; par exemple, morale identique pour les deux sexes. Puis, prescription plus contestable, le pur est dans l'obligation de s'unir à l'impure pour lui faire recouvrer, à son contact, sa blancheur première. Avouons que c'est excessif. Le pur, c'est le fils Aubray qui, grâce à sa mère, a hérité des idées de feu son père. L'impure, c'est Jeannine, *la créature d'instinct,*

---

(1) A cette époque, M. Dumas fils n'avait pas fait encore son évolution, et il était le contempteur acharné de toute émancipation féminine.

c'est elle qui le dit, en se confessant à la maman
Aubray. L'aveu est grave ; dès que l'instinct n'est pas
rectifié par la raison, où ne va-t-on pas ? Mais Mme Aubray, qui est légataire de défunt Aubray, s'empresse
d'unir son fils immaculé à Jeannine, l'*instinctive*. N'est-
il pas étrange qu'on croie réhabiliter d'une défaillance
commise une femme, en arguant qu'elle a succombé
par inconscience, par entraînement instinctif ? Voilà
qui est fort. Et peut-on rabaisser un être humain assez
bas pour dire qu'il s'est donné, livré, non pas poussé
par le sentiment le plus irrésistible qui s'appelle
l'amour et auquel les plus riches natures n'ont pas
toujours pu se soustraire, mais par un lâche abandon
de soi-même, sans y être sollicité par le goût et l'attraction ?

Il y a aussi, par ces temps, une certaine *Comtesse* de
Sommerive, qui est devenue adultère sans savoir
comment. Elle invoque, à sa décharge, l'excitation des
nerfs. « J'étais si nerveuse ! » dit-elle.

De tels phénomènes rentrent dans la catégorie des
cas pathologiques. Alors, ils peuvent justifier cette
absence de raison et cette annihilation de la volonté.
Seulement, le théâtre ne doit pas servir à une exhibition de malades et de détraqués, il y a les cliniques
pour cela.

Nous avons bien aussi à passer en revue les femmes
du théâtre de M. Sardou. Nous avons, de ce côté, à
enregistrer une singulière inconséquence : la plupart
des jeunes filles y sont avisées, spirituelles : elles ont
la répartie heureuse. Par contraste, les jeunes femmes,
abêties par le mariage, il faut le croire, se font soupçonner d'adultère par leurs démarches inconsidérées,
leur manque d'esprit de conduite. Il suffirait d'un seul
mot pour démontrer leur innocence, mais elles se
gardent bien de le prononcer. *Les Pattes de Mouche*,

Nos Intimes, Nos Bons Villageois, la Famille Benoîton, représentent la même situation.

Je n'ignore pas que si la femme accusée d'infidélité fournissait la preuve du contraire avant le cinquième acte, la pièce s'arrêterait net, ce qui ne ferait pas l'affaire de l'auteur. Mais ce public n'est-il pas admirable de complaisance en applaudissant à de telles invraisemblances ?

Il y a, on pourra m'objecter, dans la *Famille Benoîton* une certaine Clotilde qui pose en femme sensée, et j'ignore pourquoi, car cette veuve prud'femme potine pendant toute la pièce, se mêle de ce qui ne la regarde pas et risque de compromettre l'heureux dénouement. Si M. Sardou n'était pas là, suprême escamoteur, tout serait perdu à jamais ; un tour de gobelet lui suffit pour remettre toute chose à sa place. Ce sont là, évidemment, des trucs auxquels des auteurs sérieux auraient scrupule d'avoir recours ; mais le public les acceptant, pourquoi M. Sardou n'en userait-il pas ?

Il a bien osé plus, dans *Les Femmes fortes*, (rien des proverbes de Salomon) ; n'a-t-il pas eu la prétention, sans études, que dis-je, sans renseignements préalables, de dépeindre les mœurs américaines et de photographier les caractères des femmes qui ont pris, dans le Nouveau-Monde, l'initiative de la revendication des droits féminins ?

Rien de plus mensonger et de plus ridicule que les caricatures de M. Sardou. Les femmes américaines, qui se sont mises à la tête de ce mouvement d'affranchissement, sont toutes d'une rare distinction et par le savoir et par la conduite. Plus d'une serait parfaitement capable de donner des leçons de tenue et de bon goût à nos Européennes.

M. Sardou a donc commis deux fautes, en faisant une mauvaise action et en même temps une œuvre plate.

Froufrou, qui est un de nos récents succès, corrobore encore le jugement synthétique que j'ai porté sur le rôle de la femme dans le théâtre.

Ici, deux sœurs sont en présence : Froufrou, tête frivole toute au plaisir ; Louise, caractère raisonnable, mais intelligence médiocre, en somme. Les auteurs se sont donné le mot pour ne jamais produire une femme supérieure. Comme on doit s'y attendre, c'est la jeune évaporée qui a tous les succès au détriment de la jeune fille sérieuse. Tous les partis les plus avantageux se présentent pour la première et laissent de côté la seconde. C'est ainsi que Louise voit passer à sa sœur l'homme qu'elle aime et dont elle s'est crue aimée — ce qui prouve son peu de perspicacité, car l'amour ne se traduit pas par des paroles, il se décèle dans le regard ; et pour qu'une femme s'y méprenne, il faut qu'elle soit dénuée de tout esprit d'observation.

Mais, le fait accompli et introduite dans le jeune ménage, comment se fait-il que cette sœur raisonnable ne prévoie rien, ne prévienne rien, n'avertisse pas sa sœur brouillonne que ses frivolités lui aliènent le cœur de son mari ?

En vérité, le spectateur en est à soupçonner la droiture de Louise et à penser qu'elle ne serait pas fâchée de prendre la place de Froufrou ! Et, ce qui est certain, c'est que le dénouement justifie ce jugement. Mais, comme les dramaturges se piquent rarement de logique, les dénouements sont facultatifs et ne prouvent absolument rien. Seulement, ce dont on est sûr, c'est que Louise pas plus que Froufrou n'est un caractère.

Nous ne multiplierons pas les exemples et les citations, ils deviendraient superflus.

Le théâtre, il est bien entendu, doit être, sous la forme fictive, la reproduction de la vie réelle.

Or, si vous en faites le miroir de l'humanité avec

toutes ses variétés d'individus, de familles, de groupes
et de nationalités traversant, dans de diverses conditions, les péripéties et les vicissitudes de l'existence, vous
trouverez, pris sur nature, l'homme avec ses passions,
ses vices, ses petitesses, mais aussi avec son génie et
sa grandeur, son héroïsme ; quand il s'agit de la femme,
il n'en est pas de même, la partialité commence, la
convention l'emporte sur l'observation ; c'est un amoindrissement, un diminutif systématique du type. C'est
une constatation facile à faire. Si une figure masculine
appartenant à l'histoire est mise à la scène, on tend, à
l'occasion, à l'élever encore, à l'idéaliser, elle est toute
lumière quasi sans ombre. Si cette figure est féminine,
on use du procédé contraire, on abaisse et on rapetisse
à dessein, perversité ou médiocrité; comme nous l'avons
déjà fait remarquer.

Les conséquences de cette violation de la vérité ont
plus de portée qu'on ne le suppose. Il faut comprendre
que le spectacle est, de tous les amusements, le plus
recherché, le plus complet, le plus attrayant. Le roman,
en comparaison, est relativement pâle, parce qu'en
art le théâtre est la manifestation la plus impression-
nante, étant la plus vivante, et que l'imagination et
l'esprit n'ont pas à faire les frais qu'exige la simple
narration, si bien écrite et si éloquente qu'elle soit ;
les individus y sont en chair et en os, ils parlent et
agissent devant vous, l'illusion de la réalité est complète, le talent des interprètes aidant. Et justement,
c'est là où est le danger. Une impression profonde
survit à la représentation et ce souvenir reste favorable au vice et défavorable à la vertu.

Pourquoi ? c'est qu'on ne la voit que frappée d'impuissance.

Lorsqu'elle triomphe à la scène, c'est par des circonstances où sa volonté n'entre pour rien ; loin d'être une force, elle n'est qu'une faiblesse.

Si dans l'humanité les choses se passaient comme au théâtre, la société ne durerait pas une semaine.

Et pensez-vous que cette vertu, sans action, qui laisse faire sans réagir, attire des élèves et des disciples ?

Qui donc voudra être dupe ou victime ?

Les spectatrices copieront de préférence les *Marco*, les *Dalila*, les *Froufrou*, en prenant la résolution d'apporter des tempéraments à leurs modèles et de ne pas aller jusqu'au cinquième acte. On ne comprend pas assez combien l'instinct d'imitation est accentué en l'humanité. Peut-être est-ce là un argument plausible en faveur de la doctrine darwinienne prétendant que nous descendons de la race simienne, qui est, comme on le sait, essentiellement imitative ?

Dès qu'un fait quelque peu excentrique se produit, les phénomènes de contagion se rééditent à de nombreux exemplaires. Il en est de même pour les préjugés qui ont cours et que le théâtre vulgarise et sanctionne.

C'est ainsi que l'ingénuité constitue la vertu, c'est-à-dire l'ignorance des choses de la vie. C'est un état d'innocence qui est, chez la plupart, plus feinte que sincère, le témoignage des yeux et des oreilles suffisant bientôt à mettre en lumière certains points obscurs. La nature est la meilleure institutrice ; elle incite à l'observation, à la réflexion. La pratique du bien n'est pas le fait de l'ignorance, mais de la connaissance.

Le théâtre, sur ce point essentiel, n'a donc fait que sanctionner le préjugé et la convention. Il est vrai qu'il n'est pas le lieu des innovations et des théories nécessitant des développements et provoquant des discussions, le théâtre se nourrissant plus de faits, de situations que de délibérations; il est, de plus, soumis

à certaines exigences d'intervalles de temps par lesquels
l'œuvre se trouve coupée dans l'intérêt de la mise en
scène, du repos des interprètes et des spectateurs.
Ici, il ne s'agit pas d'innovations, mais de bonne foi.

Nous ne nous berçons pas de cette chimère que le
théâtre doive être une école. Pour cela, il faudrait
toujours que les dénouements fussent favorables à la
probité et à la vertu, et alors le théâtre cesserait d'être
la peinture de la réalité; nous lui demandons simplement la bonne foi, la sincérité. Jusqu'ici il n'a fait
que montrer un aspect de la femme et il a choisi le
plus désavantageux. Nous exigeons qu'il tourne autour
de son modèle et qu'il n'en néglige aucun des caractères.

Le théâtre, par la fréquence de ses représentations
et par la répétition, jusqu'à centaine, d'une œuvre à
succès, peut remuer l'opinion et faire marcher les
idées. Ses moyens exceptionnels de vulgarisation, sous
la forme la plus frappante, le mettent à même de combattre bien des préjugés et des jugements *à priori*,
mieux que ne peuvent le faire les discours et les
livres, quel qu'en soit le mérite, sans affecter toutefois
de soutenir une thèse et de faire une leçon. Ce résultat ne sera obtenu qu'à la condition de ne faire que de
l'observation impartiale et intégrale ; de ne pas s'attacher seulement à la réalité dans l'accessoire, mais à
la réalité dans l'essentiel ; d'éviter de ne porter les
investigations que sur certaines classes, certaines catégories à l'exclusion de certaines autres.

Il y a, dans ces parties mises à l'écart, toute une
mine de ressources théâtrales. Sans exagérer, nous
sommes autorisée à dire que le nouveau répertoire
roule sur un fonds d'une demi-douzaine de charpentes
ou canevas scéniques ; ce ne sont après que recopies
de copies avec variante de condiments. Cela devient
fatigant à la longue.

Que de choses d'une vérité consolante ou poignante n'ont pas vu le feu du lustre, dédaignées qu'elles sont par les auteurs !

Qu'ils comprennent, cependant, ces auteurs, que c'est en apportant dans leurs observations les rigueurs d'une conscience profondément éprise de la vérité, que leurs œuvres ont chance de devenir impérissables et immortelles.

Rendez donc à la femme ce qui lui appartient dans l'ordre élevé de l'intelligence et du caractère.

LA FEMME
TELLE QU'ELLE EST[1]

~~~~~~~~~

MESSIEURS, MESDAMES,

La tâche que je me propose de remplir ce soir est lourde, je ne me le dissimule pas. Je vous ai annoncé que je rétablirais la femme d'après le plan de la nature, que je lui restituerais son véritable caractère, que je dégagerais, enfin, la réalité de la fiction. J'ai annoncé encore que je voulais décharger la femme de toutes les accusatons injustes, erronées, dont on l'accable depuis des siècles. Je viens, forte de ma conviction, forte de mon expérience, et avec toute l'autorité de la certitude, vous affirmer que, depuis le commencement du monde, — c'est ancien, comme vous voyez — l'humanité n'a eu qu'une fausse conception de la femme, qu'elle n'en a produit qu'une définition mensongère. Religions et philosophies ont également erré sur cette matière ; ni le brahmanisme, ni le judaïsme, ni le christianisme n'ont porté sur la femme un jugement conforme à la

---

(1) Cette Conférence, publiée pour la première fois, a été faite le 18 novembre 1869.

raison et à la vérité. Cela paraît hardi ; on s'écriera :
« Quel aplomb ! » Mon Dieu, quelque audacieuse que
soit cette assertion, je la soutiendrai.

Que dirai-je ? Peut-être des lieux communs. Vous
savez que les vérités les plus simples sont souvent,
chose singulière, celles qui demandent le plus de temps
pour être approuvées. N'attendez pas non plus que je
présente un tempérament, un caractère comme la
mesure de tous les tempéraments et de tous les caractères, ni que je tire d'un fait particulier une loi générale. Non ; mon procédé est plus rationnel, permettez-
moi de dire plus logique ; je ne m'appuie absolument
que sur des observations, sur des données empiriques,
sur des faits. Je n'irai pas chercher mes exemples
dans des régions trop hautes ou trop basses, mais dans
ce monde qui circul autour de vous et que vous serez
étonnés de n'avoir pas aperçu encore. Je fais naturellement des réserves : il y a certainement des esprits
qui connaisent le monde et l'ont apprécié ; mais enfin
la masse n'a pas encore compris ce que je viens vous
dire.

Si l'on s'étonne qu'une absurdité, qu'une erreur se
soit implantée si fortement dans les esprits et ait pris
force de loi, je vous présenterai des exemples à l'appui.
Je vous dirai : « Mais c'est vieux comme le monde ».
Ainsi, dans la science, en médecine surtout, il est des
erreurs qui ont été longtemps enseignées comme vérités. Pendant près de treize siècles les grands docteurs
en médecine ont fait de la pathologie, de la thérapeu-
tique d'après un faux bonhomme, un bonhomme qui
n'existait pas, complètement imaginaire. Il y avait une
anatomie fantaisiste et conventionnelle. Un beau jour,
des esprits moins timorés, qui ne se contentaient pas
de regarder dans les livres et qui regardaient aussi
autour d'eux, se sont dit : « Tiens ! c'est drôle ! cela ne

se passe pas comme cela, la nature n'est pas conforme
à ce que l'on nous enseigne! » Alors il y a eu, naturellement, quelques murmures, quelque agitation,
quelques attaques contre la doctrine. D'autres se sont
écriés; « Profanation ! sacrilège! *magister dixit.* » Le
maître, c'était Galien: il n'était pas permis de le contredire. Mais Mundini et après lui Massa, Massa surtout, allèrent un peu plus loin, attaquant plus fortement la doctrine. Néanmoins il fallut toute l'autorité
du génie de Vesale pour rétablir l'anatomie naturelle.
Avant lui on peut dire qu'elle n'existait pas. Vous savez
ce qui est arrivé à Vesale, messieurs, et par quels désagréments sont toujours punis les novateurs comme
lui, même lorsqu'ils servent l'humanité.

En art, un fait analogue s'est également produit.
Comme on avait construit un faux bonhomme en anatomie, le dessin devait s'en ressentir. Les maîtres
avaient toujours fait un faux bonhomme: on copiait
les dessins des maîtres et l'on négligeait l'original pour
suivre la copie: les erreurs, par conséquent, se multi-
pliaient. Heureusement des hommes d'un esprit large
et d'une vaste intelligence, qu'on appelait les Carrache,
se sont dit: « L'art est dans la dégénérescence, il faut le
sortir de là. » Et les Carrache ont fondé à Bologne une
école où l'on a étudié la nature, et ils ont régénéré
l'art.

J'avoue que je n'ai pas le génie des arts, cela me
contrarie; je n'ai pas le talent des Carrache, je le regrette beaucoup. Que voulez-vous ? cela ne se donne
pas. Mais, forte de ma conviction et de mes observations,
je viens vous dire: je vais rétablir la femme suivant
la nature.

Quand on veut attaquer une erreur et la détruire, il
est nécessaire de remonter à son origine. Eh bien !
messieurs, je vous prie pour un instant de vous trans-

porter en pensée, cela ne sera pas long, vers les périodes primitives de l'humanité.

Dans les conditions où nous apercevons l'homme primitif, nous reconnaissons le règne de la force physique, de la force musculaire. L'homme a une intelligence encore rudimentaire, c'est vrai ; il lutte tous les jours contre les éléments, contre la faim, contre les bêtes fauves et aussi contre ses semblables. Cependant, à mesure qu'il combat, il conçoit une haute opinion de lui-même ; il se sent doué d'une faculté qui l'élève au-dessus de tout ce qui l'entoure : il a la puissance de combiner, de prévoir, de préméditer. L'animal, quelles que soient sa force et sa vigueur, ne peut disposer que de ses facultés. tandis que l'homme peut ajouter aux siennes des facultés étrangères, l'instrument, l'arme, car l'instrument est une arme ; il se dit alors : « Tout ce qui m'entoure est matière à conquête ; je suis le roi de l'univers, ou du moins j'arriverai à l'être ! »

L'homme s'imagine alors que les règnes de la nature, minéral, végétal, animal, ont été créés pour sa satisfaction personnelle ; il ne dissimule même pas ses prétentions sur le système planétaire et céleste. « Tout cela, dit-il, ne brille que pour moi, pour faire mûrir les fruits dont je me nourris. » Enfin il finit par se figurer que des dieux s'intéressent à son sort et même en sont jaloux. Aussi vous verrez à toutes les époques anthropogéniques des hommes qui se disent descendants des dieux.

Pendant ce temps-là, quel rôle joue la femme ? Un rôle assez mesquin. Ce petit être, dit-on, est assez joli ! Mais cette créature moindre en taille, moindre en force, l'homme la range sous la loi générale, commune à tout ce qui l'entoure ; il la comprend parmi les bêtes dont il use, dont il abuse souvent. La femme pour lui est créée à son intention ; il n'admet pas la

réciproque, car cela rétablirait l'équilibre : pas si sot !
« Elle a été créée pour moi, » se dit-il. Elle n'acquiert
de valeur à ses yeux qu'autant qu'elle parvient à lui
plaire et à lui être utile. Il la dépouille complètement
de tout caractère personnel ; elle n'a pas d'individualité; c'est une chose qu'il pourra émonder et greffer à sa
fantaisie.

Je vous prierai, Messieurs, de bien vous appuyer sur
cette proposition, parce que nous la retrouverons dans
toutes les combinaisons, dans toutes les conceptions
humaines, identiquement la même, quel que soit le
temps; la femme a été créée pour l'homme, notez bien
cela.

Quand nous verrons les développements des sociétés, nous pourrons constater en effet que la femme ne
prend d'importance que dans ses contacts et ses rapports avec l'homme, qu'autant qu'elle est épouse et
mère.

Epouse et mère ! Qu'est-ce que cela signifie ?
Mesdames, ne vous étonnez pas : il faut que je vous
éclaire sur ce point. Cette façon d'exalter votre maternité n'est pas autre chose qu'une façon de vous
rabaisser. Vous n'êtes quelque chose que parce que
vous avez l'honneur, quelquefois, d'engendrer un
homme, de porter un fils dans vos entrailles.

Moi, Mesdames, je ne suis pas épouse, je ne suis
pas mère, et je déclare que je ne m'en considère pas
moins pour cela. Je suis femme, et cela me suffit.

Mais a-t-elle jamais pu passer par votre tête cette
idée folle de juger un homme sur sa progéniture ?
Avez-vous jamais dit d'un homme: « Est-il époux ?
est-il père ? » Nous autres femmes, nous avons, comme
vous, Messieurs, une force intrinsèque, une valeur
personnelle, un mérite individuel : nous sommes un
ensemble de facultés plus ou moins appréciables

suivant l'étendue. Certainement l'œuvre génératrice
n'est pas sans mérite. Elle assure à l'espèce humaine
la perpétuité, une sorte d'éternité ; elle implique de
très grands devoirs, l'éducation, que sais je ? l'exemple
du dévouement. Mais enfin vous jugez un homme pour
ce qu'il vaut. Vous dites : « C'est un grand industriel,
c'est un habile commerçant, c'est un homme politique. » Vous ne dites pas : « A-t-il des enfants ?
Est-il époux, est-il père ? » Non, c'était réservé pour
nous.

Ceci, Messieurs, est une digression, je dirais presque une anticipation. Mais après avoir commis ce petit
écart, je reprends et je dis : Dès l'instant que l'homme
a pensé que la femme avait été créée tout à fait pour
lui, uniquement à son intention, il l'a façonnée
suivant ses désirs, selon ses caprices, et il en a beaucoup.

Montaigne a dit quelque part avec beaucoup de
finesse : « L'homme est un être ondoyant et divers, et
il est malaisé de porter sur lui un jugement constant
et uniforme. » Voilà qui est très vrai, et il faut en
tirer la conséquence que cette incarnation de la femme
dans le cerveau de l'homme n'a aucun rapport avec
l'éclosion de Minerve, sortant toute armée, une, complète, du cerveau de Jupiter ; la figure s'est corrompue
et le résultat est une création à la manière sotte-niaise
de la grande duchesse de Gerolstein. L'homme aime
parfois la femme qui lui pose des cataplasmes quand il
souffre ; s'il revient à la santé, cela ne fait plus son
affaire. Se trouve-t-il fatigué des tumultes d'Asnières ?
il rêve et soupire après l'Almée excitante et même un
peu orgiaque. Puis voici l'homme qui devient sérieux ;
il veut se marier et recherche une jeune fille vertueuse,
sage, économe... Tout cela ne marche pas ensemble :
Il faut qu'il choisisse. Ses préférences ne sont pas

toujours pour la femme utile. Aussi, quel gâchis ! que
de folies, que de contradictions, que d'inconséquences !
Il est curieux de noter quelles vertus on a successivement demandées à la femme. Nous le verrons en
remontant à une époque très éloignée.

D'abord nous avons les lois de *Manou*. Au livre
deuxième, nᵒˢ 213 et 215, Manou dit : « Il est dans la
nature du sexe féminin de chercher ici-bas à corrompre
les hommes, et c'est pour cette raison que les sages ne
s'abandonnent jamais aux séductions des femmes.... Il
ne faut pas demeurer dans un lieu écarté avec sa mère,
sa sœur ou sa fille ; les sens réunis sont bien puissants,
ils entraînent l'homme le plus sage. » Oui, Manou a écrit
cela. Quelle société fréquentait-il donc ? Je passe au livre
troisième, nᵒˢ 55 et suivants : les prescriptions de Manou
sont toutes en faveur de la femme : « Les femmes mariées
doivent être comblées d'égards et de présents par leurs
pères, leurs frères, leurs maris et les frères de leurs
maris.... Partout où les femmes sont honorées, les Divinités sont satisfaites ; mais lorsqu'on ne les honore
pas, tous les actes pieux sont stériles. Toute famille où
les femmes vivent dans l'affliction ne tarde pas à
s'éteindre. » Il y a au moins 50 lignes sur ce ton. Quand il
écrivait tout cela, le bon Manou avait-il l'intelligence
bien nette ? Que faisait-il de la logique ? S'il pense que
la femme est un être assez pervers pour ne pouvoir demeurer seule avec son frère, avec son fils, avec son
père sans le corrompre, est-il bien raisonnable de
tant respecter la femme et tant l'honorer ? J'arrive au
livre cinquième et je trouve au nᵒ 154 : « Quoique la
conduite de son époux soit blâmable, bien qu'il se
livre à d'autres amours et soit dépourvu de bonnes
qualités, une femme vertueuse doit constamment le
révérer comme un Dieu. » C'est de plus en plus in-
cohérent. Je vous assure que je n'invente rien ; je me
borne à citer textuellement.

Ce que nous venons de lire dans Manou, nous allons le retrouver dans *Saint Paul*.

Faut-il vous dire toute ma façon de penser ? J'ai une dent contre saint Paul. Et quand je dis une, ce n'est pas assez ; deux au moins ne seraient pas trop, et je me promets, s'il m'est donné de le rencontrer dans un autre monde, de lui faire une petite taquinerie : je lui ferai une conférence.

Que dit Saint Paul de la femme ? Cherchons dans sa première Épître aux Corinthiens, (chap. VII). A un certain point de vue, c'est une sorte d'égalité qu'il proclame entre l'homme et la femme, ou plutôt c'est une équation. Si le mari a des devoirs envers la femme, la femme doit plaire à son mari. Saint Paul appelle cela l'égalité ! « Mes frères, dit-il, je désire que vous sachiez que Jésus-Christ est le chef et la tête de tout homme et que l'homme est le chef de la femme.... Et l'homme n'a pas été créé pour la femme, mais la femme pour l'homme » (chap. II). Dans son Épître à Timothée (chap. II, § 12), il donne une variante de cette même idée. « Je ne permets point aux femmes, dit-il, d'enseigner ni de prendre autorité sur leurs maris, mais je leur ordonne de demeurer dans le silence ; car Adam a été formé le premier et Ève ensuite. Et Adam n'a pas été séduit, mais la femme ayant été séduite est tombée dans la désobéissance. Elles se sauveront néanmoins par les enfants qu'elles mettront au monde .... » Dans son Épître aux Ephésiens, il dit encore (chap V, § 22) : « Que les femmes soient soumises à leurs maris comme au Seigneur, parce que le mari est le chef de la femme, comme Jésus-Christ est le chef de l'Eglise.... *Comme donc l'Eglise est soumise à Jésus Christ, les femmes doivent aussi être soumises en tout à leurs maris.* »

On avance que l'union de la femme avec l'homme est semblable à l'union de Jésus-Christ avec son Église.

Cela est difficile à comprendre. Dans le christianisme, Jésus-Christ est Dieu et l'Église est une assemblée de mortels ; dans le mariage ce serait la même chose ? L'homme serait Dieu, la femme serait l'Église ? Je ne comprends plus du tout.

Et comment voulez-vous que je considère comme un Dieu quelqu'un qui est comme moi, qui se nourrit comme moi, qui se mouche comme moi, qui est malade comme moi, qui se trompe comme moi et qui meurt comme moi ? Jamais je ne pourrai voir un Dieu dans mon pareil, quand je me connais trop bien pour me croire Dieu moi-même.

Une opinion généralement admise, c'est que le Christ a réhabilité la femme et lui a donné l'égalité à laquelle elle a droit. A vous dire le vrai : oui et non. Quand cela lui donne-t-il l'égalité ? Est-ce dans le Ciel ? Nous n'y sommes pas encore : nous sommes ici bas et nous voudrions bien jouir de cette égalité sur la terre. Le Christ, au contraire, a exalté le caractère impersonnel de la femme. Voyez la Vierge Marie. L'homme a donné une grande extension au sentiment qu'inspire cette figure, cela est vrai. Mais la vierge Marie a beau être le type du beau, de la douceur, de la vertu, c'est aussi le specimen le plus complet de l'effacement, de la nullité ; c'est l'absence de volonté, de tout ce qui constitue la personnalité ; ce n'est pas une femme, c'est une figure, un type. La femme, sous l'empire de la loi ancienne, conservait encore son énergie : Esther, Déborah, Judith et tant d'autres savaient agir, elles faisaient quelque chose : Marie, c'est l'inertie.

Laissez-moi placer ici une réflexion que souvent j'ai eu l'occasion de faire. Toutes les fois que je suis entrée dans une église au moment du Mois de Marie, à l'as-

pect de ces solennités, de toutes ces fêtes dans lesquelles
on prodigue la toilette, les fleurs, les parfums, je me
suis dit toujours : Ah ! Messieurs, c'est ainsi que vous
voulez nous réduire !

Et cependant la vierge Marie a fait son chemin dans
ce monde. Petite bonne femme vit encore ! Car,
Messieurs, mettez-vous cela dans l'esprit : la femme,
toutes les fois que vous voudrez l'annuler, en paraîtra
plus grande.

Voyons maintenant ce qu'a fait la chevalerie. C'était
une institution qui réservait un rôle brillant à la
femme. Mais ne nous faisons pas d'illusions ; la chevalerie ne nous a pas rendu autant de services qu'on l'a
pensé généralement. Je dirai même qu'elle nous a nui
en préparant les faux autels. La femme du moyen âge,
la châtelaine, a fait son mari monseigneur ; elle était
inventée surtout pour panser les blessures du chevalier ; c'est toujours l'idée de la femme charme, de la
femme ornement, créée tout exprès et uniquement
pour l'homme. En retour, le chevalier, il est vrai, en
faisait la dame de ses pensées : il lui fallait une dame
de ses pensées ; s'il n'en avait pas rencontré, il en
aurait plutôt inventé une. Aussi voyez-vous Don
Quichotte se précipiter sur le premier type vulgaire
pour en faire la dame de ses pensées. Cela faisait
partie du harnachement du chevalier ; il lui fallait
son cheval, sa lance, son armure, son casque, et puis
la dame de ses pensées. Dans les tournois, dans les
fêtes, la femme du moyen âge couronnait le vainqueur ;
elle était adorée, respectée ; elle était la reine. Mais, la
la cérémonie terminée, elle rentrait dans l'ombre en
compagnie des tentures.

Je me demande encore ceci : la châtelaine sur le
retour, que faisait-elle ? Elle ne pouvait plus être
dame des pensées. Le page ne pouvait plus être amou-

reux en dévidant la soie. Voyons, la châtelaine sur le
retour, que faisait-elle? Elle s'ennuyait dans son triste
manoir, seule toujours, ayant pour unique occupation
la lecture du Missel et pour plus grande gloire la fondation d'une abbaye. Il faut donc dire qu'au temps de
la chevalerie et plus tard, la femme a été l'objet d'une
adoration fictive; mais en même temps on la privait
de la justice.

Mesdames, la justice vaut mieux que l'adoration.
L'adoration n'est qu'un privilège, et le droit vaut mieux
que le privilège, parce que le droit est une chose qui
ne saurait vous manquer L'adoration, c'est le caprice,
ce n'est pas assez solide. La femme ornement, non!
Cela ne me plait pas, parce que la condition indispensable pour un ornement, c'est la fraîcheur. Que la
femme vieillisse, dans l'hypothèse où elle est un ornement, elle subit le sort des vieilles passementeries;
on les jette au panier ou bien on les relègue au fond
d'un vieux tiroir, comme souvenir d'un temps qui
n'est plus ou d'une fête qui a réussi.

Sans doute, la beauté est un grand don. Je puis
franchement l'avouer; quelque chose de beau me
touche, et je pense que la laideur est une privation.
Mais ne perdons pas de vue que la beauté est un capital que l'on mange tous les jours; c'est un fonds dont
on ne tire pas de revenu. On ne fait pas des épargnes
de beauté, on ne fait pas des économies de jeunesse.
Mais s'il y a un fonds moral, s'il y a un capital intellectuel, scientifique, ce sont là des revenus que vous
recevez tous les jours; avec eux vous pouvez braver
les cheveux blancs. Voilà, Mesdames ce que j'ai à
vous enseigner.

Que disent les philosophies? Nous avons parlé des
religions ou au moins de leurs points les plus sail-
lants. Je n'ai pas voulu vous y arrêter trop longtemps:

ainsi je n'ai pas fait mention de la Réforme, parce qu'elle n'a apporté aucun changement dans le sort de la femme. Cependant les femmes y ont joué un très grand rôle. Mais nous ne traitons pas aujourd'hui des femmes illustres.

La philososophie, qu'a-t-elle fait? Pas grand'chose. Les philosophes sont pourtant des affranchisseurs de la pensée, de libres écrivains; leur mission est de porter le scalpel sur toutes choses, sur les dogmes, sur les idées, sur les doctrines; leur examen ne laisse rien échapper, du moins cela doit être ainsi. Je dois dire cependant, il faut rendre justice à tout le monde, que le philosophe le plus ancien et le plus célèbre, Platon, a soupçonné la vérité. Il a dit que la femme est l'égale de l'homme, qu'il existe entre eux des différences extérieures, mais que le fond est identique. Cette vérité, vous le pensez bien, ces messieurs ne l'ont pas relevée tout de suite; pas si sots! mais enfin Platon l'a dite.

Depuis qu'on fait de la philosophie, on a parlé des passions de l'homme, de l'origine de l'homme, des destinées de l'homme. Toujours l'homme! c'en est agaçant; on le rencontre partout.

Les femmes ont admis, ont accepté tous les préjugés, toutes les lois qu'on leur imposait. Et d'abord elles n'ont rien discuté. Au XVIIIᵉ siècle, alors que se préparait l'œuvre d'émancipation et de nivellement général, c'était certainement l'instant de penser à la nature de la femme et de lui restituer ses droits. Non! Il s'est trouvé qu'un écrivain, un homme d'un grand talent, je le reconnais, mais qui a souvent défendu des idées fausses, Jean-Jacques Rousseau, a dominé la situation. Jean-Jacques s'est dit l'ami des femmes. N'en croyez pas un mot, Mesdames; c'est l'ami le plus perfide et le plus dangereux. Il n'a jamais parlé

de la femme que pour la flétrir. Il n'a jamais crayonné
un caractère de femme ; car sa Julie, sa Sophie,
qu'est-ce que tout cela ? De quel droit lui, philosophe,
lui qui se permettait de faire de la morale, ce qui lui
allait assez mal du reste, de quel droit, ayant dit que
la gloire de la femme c'était sa pudeur et sa vertu,
a-t-il osé mettre en lumière et publier les faiblesses,
les défaillances, les fautes que certaines femmes
avaient commises pour lui, à son profit ? De quel droit
les mettait il au ban de l'opinion ? C'était là non seulement une déloyauté, mais encore une lâcheté.

Rousseau a fait beaucoup d'élèves ; il a imprégné
de son esprit presque tous les hommes de la Révolution ; et si, en 1789 et 1793, la déclaration des droits
de la femme a été repoussée, c'est grâce à l'admiration
qu'on avait pour Rousseau. Les hommes de la Révolution ont été en grand nombre des contrefacteurs, des
imitateurs de Jean-Jacques, et pour le style et pour la
forme de la phrase. Il est vrai de dire que Jean-
Jacques, qui est un séducteur, est parvenu à déguiser
son égoïsme, son orgueil, son ingratitude sous un faux
sentimentalisme. Il a dit : « Femmes sensibles ! Sexe
adorable ! » Et les femmes ont cru cela.

J'ai dit qu'il avait fait école. Nous voyons aujour-
d'hui une foule de ces pharisiens de courtoisie, de ces
faux adorateurs de la femme. Défiez-vous, Mesdames,
de ces hommes qui disent: « Oh ! j'adore les femmes,
je ne peux pas en parler sans pleurer ! » Je vous
assure qu'il y a des gens comme cela. Ce sont ceux là
qui nous marchandent la justice et nos droits ; ce sont
nos plus redoutables adversaires.

Nos adversaires d'aujourd'hui ont inventé un autre
argument, toujours tiré de Jean-Jacques. Ils ont dit :
« Mais nous ne voulons pas être des tyrans ni des
oppresseurs ; c'est parce que nous vous aimons, Mes-

dames, que nous vous donnons de bons conseils.
Vous avez raison sans doute ; mais que voulez-vous ?
La nature vous a faites ainsi. Vous ne pouvez pas
avoir l'autorité. Qu'est ce que cela vous fait ? Vous
êtes tout amour : c'est ainsi que la nature vous a
conformées. Vous êtes tout sentiment, tout cœur, et
nous vous adorons toute la vie. »

C'est touchant. La femme tout amour ! On nous
ressasse la femme tout amour depuis si longtemps que
j'en ai jusqu'à la nausée.

Mon Dieu ! Ce mot amour a une acception tellement
vaste que nous pourrions parfaitement l'accepter et
reconnaître que nous sommes tout amour, si nous comprenons le mot amour comme la faculté de concentrer
ses aptitudes, ses forces, ses énergies sur un objet préféré. Il y a l'amour de la science, l'amour des arts,
l'amour des idées, l'amour de la patrie, l'amour d'une
personne.... Mais quand on a dit que la femme est
tout amour, on a restreint l'acception du mot, on a
voulu dire toute sentimentalité, toute tendresse. Cela
paraît charmant, n'est-ce pas ? Eh bien ! c'est la chaîne
la plus serrée et la plus tyrannique qu'on ait pu nous
imposer.

Voyons donc si c'est vrai. Dès l'instant que vous dites
qu'une personne est tout amour, vous sous-entendez
qu'elle ne possède pas de raison, mais seulement de la
sentimentalité. Aussi, en disant : La femme est tout
amour, on a mis en parallèle ceci : L'homme est tout
raison. Il y a des esprits plus modérés, plus conciliants,
qui ont taxé cette opinon d'exagération et qui ont dit :
« Non ! L'homme a une prédominance de raison, la
femme une prédominance de sentiment. »

Prédominance de sentiment ! Vous comprenez tout
de suite que, dès qu'on admet chez un être la prédominance de la raison, on lui confère immédiatement un

brevet de supériorité et de commandement, parce que le régime de l'impressionnabilité et de la sentimentalité n'offre pas un esprit de direction suffisant.

J'admets la chose. Voilà la femme tout amour ; seulement la société va être forcée de lui fournir un aliment, et il faut avouer qu'en fait d'amour la femme est bien mal partagée. Et pourquoi a-t-on associé à ce mot d'amour le mot de vertu ? Car on dit que la femme est aussi toute vertu. Je confesse franchement que je ne saisis pas la relation entre ces deux choses.

Songez donc que la vertu est la manifestation la plus intense de la raison et de la volonté. La vertu, c'est la lutte contre tout ce qui plaît et contre tout ce qui charme, c'est l'effort ! Y a-t il une façon de sortir de la difficulté ?

L'an IX de la République, lorsqu'on a préparé le Code civil, le citoyen Portalis a écrit, à l'article *Mariage*, à propos de la femme : « Toutes les nations éclairées se sont entendues pour admettre que le sexe le plus aimable devait être en même temps le plus vertueux, pour le bonheur de l'humanité. » Quand un légiste raisonne comme cela, c'est qu'il n'est pas fort : c'est de la pure fantaisie. Non seulement je ne vois pas de relation entre l'amour et la vertu, mais j'y vois même une opposition.

S'il est dans le caractère de la femme, dans sa fonction, d'inspirer l'amour, il faut plaire, et pour plaire il faut avoir des charmes. Quand on en a, et on n'en a pas toujours, il faut tâcher de les conserver. Mais la vertu, justement, c'est l'antagoniste de la beauté ; la vertu implique des idées de devoir, de travail, de labeurs, de veilles... Ah ! les yeux se cernent, le teint perd de son éclat, la beauté est moins fraîche, la plastique générale est moins riche, moins luxuriante. Il s'agit, pour la vertu, d'abandonner bien des choses ;

la .beauté y perdra. La femme honnête, vertueuse, abandonnera la coiffure la plus seyante pour prendre celle qui lui ira le moins bien, parce que celle-ci lui demande moins de temps ; elle ne se fera pas habiller par les grands faiseurs.

On me dira : « La vertu a ses charmes, ses attraits. » Certainement, Messieurs, on estime la vertu. Mais tant qu'on ne pourra pas me prouver que Gabrielle a subjugué, a entraîné Henri IV par sa vertu (et combien pourrais-je en citer, la Montespan. la Dubarry et tant d'autres ?), je déclarerai que vous ne savez pas ce que vous dites.

On ajoute : « Oh ! mais ! il y a un sentiment bien plus fort que tous les autres chez la femme, c'est le sentiment de la maternité. » Oui, c'est un très beau sentiment, nous le savons. Mais peut-on dire qu'il supplée à tous les autres ? Admettons-le. Vous avez voulu contester l'activité de la femme. Soit ! elle se contentera d'amour, de tendresse ; il lui suffira de caresser son enfant. Mais la femme, si elle a un peu de bon sens, de sens commun, se dira : « Voici un enfant : il faut que j'assure son éducation. Si c'est un garçon, je lui donnerai une profession, je l'établirai : si c'est une fille, il faut que je la dote. » Toutes aspirations, tous désirs qui n'ont aucun rapport avec la tendresse maternelle, car ils ont pour objet, quoi ? de s'enrichir. Vous me direz : « Cela regarde le père ». Mais si le père n'existe pas ou s'il est incapable ? Cela arrive. Et s'il n'a pas de conduite ?

J'ai voulu vous faire voir les contradictions dans lesquelles on tombe quand on n'est pas d'accord avec la nature : à présent je reprends et je dis : Jamais je n'accepterai la distribution qui met le sentiment d'un côté, la raison de l'autre. Jamais cette classification n'a été proposée pour les différents ordres de la nature. Dans le règne animal, par exemple, la nature n'a pas fait de distinction, pour les qualités essentielles, entre le mâle et la femelle ; la chienne chasse comme le chien ; la jument court tout aussi bien que l'étalon ; la chatte croque les souris comme le chat... Vous voyez que je prends pour exemple les espèces les plus intelligentes. Pourquoi fait-on une exception pour l'humanité ? Nous sommes tous des êtres raisonnables ; et, il faut le dire, la femme, dont on est toujours prêt à déprécier les facultés et le jugement, est en même temps condamnée à donner toute sa vie des preuves de raison.

Mettons en regard, s'il vous plaît, l'existence d'un jeune homme et d'une jeune fille : nous les suivrons l'un et l'autre. On dit à la petite fille : « Il faut être sage ; c'est bon pour les petits garçons de n'être pas raisonnables ». Comment ? le petit garçon qui doit devenir un homme et par conséquent tout raison ? Je ne comprends plus. — Plus tard, la petite fille a grandi. Que lui dit-on alors ? « Une jeune fille doit être raisonnable ; l'amour ne signifie rien, il faut faire un mariage de raison. Il est vrai que tout amour est dans la femme, mais tu te priveras d'amour Ce monsieur n'a pas de cheveux, c'est vrai, mais c'est un homme très distingué. Nous devrions te laisser faire un choix, mais nous n'en avons pas le moyen, etc. ». Et c'est ainsi tout le temps, c'est pour le coup qu'il faudrait créer à l'usage des jeunes filles des écoles de raison.

Et pendant ce temps, que fait le jeune homme, que fait cet apprenti en sagesse ? Il ne fait que des sottises ; il devient prodigue, débauché, joueur. On dit : « On sait bien ce que c'est qu'un jeune homme ! » Moi, je ne sais pas, si ce n'est qu'il doit être tout raison.

La jeune fille se marie ; autre histoire. Elle a épousé ce Monsieur.... Vous savez, ce Monsieur qui n'a pas de cheveux : va-t elle au moins pouvoir être le conseil de son mari ? Non pas ; ce n'est pas là son affaire ; elle est tout amour, mais la raison n'est pas à sa portée.

Pourtant je connais des femmes qui sont la raison même. Messieurs, je suis désolée de vous déplaire ; mais ici je veux citer des faits. Je ne prétends pas que vous ne puissiez être raisonnables ; mais à ce point de vue, l'éducation qu'on vous donne est bien bizarre, et je voudrais trouver chez les hommes cette vie de raison du matin jusqu'au soir. Oui, vous êtes de profonds politiques, d'habiles financiers, de grands industriels, de grands savants, de grands écrivains ; votre tête est meublée d'un ensemble de facultés très remarquables. Mais dans un petit coin, à une toute petite place, vous trouvez un grain de folie, une petite dose de dévergondage. Ne nous y trompons pas ; et si nos vierges folles ont des hôtels splendides, des appartements et des meubles de luxe, des carrosses capitonnés, elles ne doivent pas toujours tout cela aux jeunes écervelés qui sont sur le turf

On me dira : « Mais la raison de la femme, c'est la raison passive, résignée ; ce n'est pas la vraie raison, qui commande, qui agit, qui dirige. » Je vous assure, Messieurs, que les femmes ont de la raison et de cette raison-là ; à l'occasion, elles savent très bien administrer, elles conduisent très bien les affaires, et beaucoup d'entre elles ont fait fortune. Il en est une entre autres que je puis citer, Mme Lyon-Allemand. Elle a aujourd'hui 86 ans ; elle a si bien fait prospérer sa maison qu'elle possède un château. Et que de services elle a rendus dans le cours de sa carrière commerciale ! On peut justement dire d'elle, qu'elle a fait les affaires des autres en faisant les siennes. Et ne m'objectez pas que c'est une exception dans la masse : je vous répliquerai que ce succès n'a rien d'extraordinaire et que bien d'autres femmes, quoique à un degré inférieur, ont créé de riches établissements, des lingères, des couturières, des modistes.

Elles ne savent pas diriger leur fortune, conduire leurs affaires d'intérêt ! Dit-on que, quand elles ont acquis une fortune, elles ne savent pas la conserver ? J'affirme qu'elles l'administrent très bien et qu'elles savent faire un marché, passer un contrat, aussi bien qu'un notaire. Il est vrai qu'il y a des notaires qui ne sont pas très forts. Mais enfin...

Dans les arts, dans les sciences, en politique, en littérature, des femmes se sont élevées jusqu'au génie. Quand une femme, dans une circonstance déterminée, est inférieure à l'homme, c'est qu'elle n'a pas reçu la même éducation professionnelle. Fournissez à chacun des deux les mêmes ressources, et vous verrez.

Avant-hier, je voyais dans un article du journal *Le Temps* qu'un Docteur P... est allé en Amérique pour y étudier la question de l'éducation des femmes. Vous trouverez sa relation dans le N° du 15 septembre 1869 de la *Revue des deux mondes*. C'est une relation véritablement extraordinaire. Ce qui est dit dans cet article, je l'ai soupçonné. Il y a dans une ville des Etats Unis un collège de femmes organisé sur un très grand pied, comme les collèges d'hommes en Europe. Ce collège réunit jusqu'à 400 jeunes filles et on leur enseigne les mathématiques. Oui ! les mathématiques ; on dit que les femmes ne sont pas construites pour cela ! puis l'astronomie, la physique, toutes les sciences naturelles. Quatre cents jeunes filles qui étudient toutes ces sciences! N'est-ce pas là une exception, un prodige ? Non, c'est comme cela. Est-ce assez bizarre ? nous allons bientôt voir que toutes les qualités qu'on refuse aux femmes, elles les possèdent au plus haut degré, la raison, le sens pratique.... c'est très bizarre.

Messieurs et Mesdames, je vais conclure. Je pourrais citer bien d'autres exemples, mais je crois que c'est assez. Je dis que, malgré des différences formelles, il y a, entre la femme et l'homme, identité et égalité absolues. Nous sommes des êtres *ejusdem farinæ*. Nous sommes, comme vous, capables de discerner la vérité de l'erreur; nous avons la même aptitude, la même activité d'esprit, que l'exercice peut développer au même degré. Pendant trop longtemps, pour nous convaincre de sottise, on a créé un type qui n'existe pas. On avait douté de nous, on n'avait pas expérimenté nos forces. Le jour où l'on voudra faire cette expérience de bonne foi, tout le monde y gagnera; car l'homme sera plus grand quand la femme sera plus grande. On peut s'étonner que les femmes aient si longtemps supporté leur infériorité sociale. Aujourd'hui l'impatience ne les quitte plus. Oui, Messieurs, oui, Mesdames, nous voulons être enfin ce que nous sommes et non plus ce que l'on nous fait.

LA FEMME
DEVANT LES TRIBUNAUX[1]

~~~~~~~~~

MESSIEURS, MESDAMES,

Les tribunaux trouveront toujours dans la propre nature du genre humain, dans les conditions de notre organisme et de notre constitution sociale, des motifs légitimes d'existence. Toutes les fois que la passion ne se trouvera pas d'accord avec la raison, ce qui est très fréquent, comme vous le savez, toutes les fois qu'il y aura antagonisme entre le désir et le devoir, à mesure que la conscience perdra ses forces et se trouvera plus impuissante à opposer une résistance efficace, les faiblesses se convertiront en fautes, en délits, en crimes même. En dehors de ces défectuosités naturelles qu'il est difficile de combattre, mais que cependant on peut

---

1. Cette conférence, qui a été faite en 1869, est publiée pour la première fois.

essayer de faire disparaître, les tribunaux trouvent une
ample pâture dans notre fausse organisation sociale.
Les tribunaux ne sont que le terme d'une échéance où
se paient les sottises convenues et légiférées ; ils sont
le dernier degré, la conséquence finale d'un principe
faux, d'une loi inique, d'une constitution arbitraire ;
et si nous voulions étudier avec attention les débats
judiciaires, nous reconnaîtrions bientôt que les trois
quarts des actes subversifs sont dus à une législation
contradictoire avec la nature.

De cette étude jaillirait une vive lumière ; car, pour
connaître la valeur d'une faute, il est bon de l'examiner
dans ses conséquences et dans ses résultats : les lois,
et surtout les lois humaines ne sont pas nécessairement
immuables ; non, elles sont constamment perfectibles
et l'on doit constamment les remanier. Il est à cela des
inconvénients et des avantages ; c'est le caractère de
toute institution humaine ; ce qu'il faut savoir, ce qu'il
faut rechercher, c'est si pour une pareille modification
les inconvénients priment les avantages. A qui ce travail sera-t-il confié ? A ceux qui interprètent les lois ?
Mais il est à remarquer que ceux qui rendent la justice
ne sont pas toujours ceux qui la comprennent le mieux.

C'est là une infirmité commune à beaucoup de corps
de l'Etat. Les médecins ont pour mission de soulager
les malades ; c'est leur profession, c'est leur devoir.
Eh bien ! ils sont moins accessibles à la pitié que les
autres. Et les ministres de la religion ne sont pas ceux
qui comprennent le mieux la grandeur et l'étendue de
leur sacerdoce. Est ce un blâme que je formule ici ?
Hélas ! non : je constate un des côtés du caractère humain. Toutes les idées sublimes ne peuvent pas entrer
dans le moule étroit de ce qu'on appelle un Etat, et
toutes les fois que l'on voudra les ériger en métier, le
métier éteindra le sublime de la mission. On finit par

manier les idées comme un ustensile journalier, c'est-
à-dire un peu cavalièrement; avocats et juges se trouvent au milieu de circonstances terribles, je pourrais
dire horribles, quand ils assistent à toutes les séances
d'un procès, surtout d'un procès criminel ; toutes leurs
idées sont portées sur des objets terrifiants : ce sont les
instruments du crime, ce sont le cœur, les entrailles de
la victime, la tenue de l'accusé, les détails de l'assassinat. Ils vivent là-dedans tous les jours, ils s'y
habituent, et, dans les intervalles que leur laissent les
suspensions d'audienc', ils vont à la parlotte, font des
mots, plaisantent, rient même quelquefois comme des
bienheureux. Cela se comprend : ils ne peuvent pas
toujours s'attrister. Une condamnation capitale intervient. Eh ! ce n'est pas la première fois qu'ils l'entendent prononcer. Il est vrai que la culpabilité n'est pas
toujours évidente ; mais, pour protester, il faudrait
étudier la question.

Du reste, toutes les impressions de l'homme, même
les plus vives, sont d'une durée très limitée. Permettez-moi de vous citer un petit fait personnel. En 1848,
après les terribles événements du mois de juin, — je
n'étais encore qu'une enfant, mais je puis parler
aujourd'hui de ce que j'observai alors en toute connaissance de cause et surtout avec un souvenir qui
m'est bien présent, — donc, après les journées de
juin, une cérémonie religieuse pour le repos des victimes se célébrait à Notre-Dame. Toute cette magnifique et majestueuse cathédrale était tendue de noir ;
les cierges étaient allumés ; les mugissements de
l'orgue, les roulements de tambours funèbres au milieu
d'une foule recueillie, toutes ces familles en larmes,
tout contribuait à donner à cette assemblée un caractère solennel ; dans toutes les âmes un sentiment
unique, sur tous les visages une même expression, la

pitié, la douleur ; tout le monde pleurait. Pendant
longtemps l'on garda tristement ce maintien. Mais le
service se prolonge et peu à peu l'immobilité fatigue.
Il y a dans cette foule des gens qui se connaissent,
qui se reconnaissent, et chacun, autant que possible,
cherche à se placer en face de ses connaissances ; et
puis on rit un peu en tapinois de quelques gardes
nationaux qui ne sont pas précisément des modèles
d'élégance. Enfin, la cérémonie se prolongeant toujours, on devient très gai. Que voulez vous ? Le
sentiment de la douleur s'est usé, le chagrin a dévidé
toute sa bobine, le grotesque a remplacé le tragique,
et on va jusqu'à se partager de petites tranches de
saucisson que l'on porte à sa bouche. Il y a des gens
prévoyants qui connaissent cette transition de la première heure à la seconde. Pour la première heure, ils
ont emporté des mouchoirs dans leur poche ; pour la
seconde, ils y ont mis des victuailles, afin de parer à
toutes les nécessités.

Le public ! comment pourrait-on compter sur lui ?
A l'atroce affaire de Pantin n'avait-on pas organisé
des sortes de trains de plaisir pour aller visiter le
champ du crime ? Il y avait là des buvettes et l'on y
tirait des macarons ; des gens venaient pour voir la
fosse et pour manger du pain d'épice. C'est comme
cela ; le public voit dans ces spectacles lugubres un
prétexte à sensations, mais une idée philanthropique,
jamais.

Pour en revenir aux gens de justice, avocats et juges
suivent la routine. Ils connaissent sans doute leur
Code, article tel ou tel : mais si l'on devait y changer
quelque chose, songez donc qu'il leur faudrait refaire
leur droit ! C'est là une idée effrayante et c'est pourquoi
jamais ils ne consentiront à une modification. Et
n'est-ce pas aussi l'histoire de toutes les vieilles

Universités, l'explication de leur amour pour tout ce qui est immobile, de la terreur que leur inspire tout changement ? Voilà qui explique pourquoi la marche du progrès est si lente.

Parmi les lois iniques que je vous indiquais tout à l'heure, lois qui fournissent tant d'affaires aux différentes Chambres du Palais, nous citerons la loi d'assujettissement des femmes dans la société.

Je devais fatalement arriver à cette loi néfaste : vous vous y attendiez, n'est-ce pas ? Oui, je vais l'examiner à un triple point de vue et considérer la femme *victime*, la femme *complice*, la femme *accusée*.

En thèse générale, le meilleur mode de progression sociale serait de diminuer incessamment les moyens, les possibilités d'exploitation, dont certains individus disposent envers leurs semblables. Que l'on donne à un homme la facilité de faire de l'injustice à son profit, quatre-vingt-dix-neuf fois sur cent il usera de cette permission. C'est là le malheur des princes : ils arrivent au pouvoir absolu avec une bonne intention, mais au bout de quelque temps d'exercice, infatués d'eux-mêmes, ils se croient infaillibles. Si nous ne voulons pas accepter l'absolutisme en politique, nous ne voulons pas davantage de cette infaillibilité tyrannique dans la vie privée : toute la question est là.

La loi d'infériorité prononcée contre la femme l'a mise sous la puissance de l'homme et a ouvert à celui-ci une vaste carrière pour son égoïsme, ses passions, sa tyrannie. En effet, la femme étant déclarée inférieure, c'est à l'homme que la loi a dû conférer le commandement qui implique le droit d'exiger l'obéissance. La femme obéit donc ! Et notez bien que la loi est expresse, qu'elle ne fait aucune réserve, aucune restriction, qu'il faut obéir. La femme la plus intelligente, la plus instruite épouse l'homme le plus médiocre, et, par le fait seul de son mariag', elle se fait inférieure, elle se fait subalterne.

On me dit : « Elle s'en tirera toujours, elle aura pour elle son influence de femme. » C'est toujours la même chose, ce sont toujours les mêmes procédés de discussion. Je n'y reviens plus.

Il est un article dans le Code qui permet à la femme de poursuivre en justice sa séparation de biens, quand sa dot est menacée. Mais c'est seulement pour sa dot. Et si elle n'en n'a pas ?

En outre, c'est l'homme qui a la gestion des affaires, qui peut administrer comme bon lui semble, qui a le droit de se tromper, de ruiner sa femme, quelle que soit la supériorité de celle-ci. La loi dit à l'homme qu'il est supérieur ; il le croit, il veut avoir raison toujours. C'est si agréable de s'entendre dire : « Vous êtes supérieur ! » Aussi, il persiste dans sa volonté ; si une observation lui est faite, il impose silence, il menace ; on n'en tient pas compte, il lève la main.

Voulez vous entendre sa justification ? Il se dit : « Je suis le maître ou je ne le suis pas ; or je suis le chef du ménage parce que je suis homme. » Pour nous autres femmes, ce n'est pas toujours une raison, mais pour lui, c'en est une. « Je dois, se dit-il toujours, être obéi, puisque je suis le chef, le maître ; on m'a résisté, j'ai employé les moyens coërcitifs ; on me devait l'obéissance et on me l'a refusée, j'ai employé la force pour faire triompher mon droit. »

Eh bien ! il a raison et c'est la loi qui a tort : seulement on pourrait changer la loi.

Vous voyez tout de suite que cette loi d'obéissance conduit aux sévices, à l'oppression, à l'arbitraire, de telle sorte que c'est une pente naturelle vers les tribunaux. D'autre part, autant la femme est mineure dans le mariage, et soumise pour sa conduite et ses actes à la juridiction de l'homme, autant l'homme a d'indépendance ; sa liberté est illimitée. Qui a le droit de contrôler ses démarches. Qui peut contredire ses volontés ? Est il obligé de dire où il va, d'où il vient ? S'il ne veut pas le dire, il ne le dira pas : c'est son droit d'homme, le droit d'un être humain ; mais il y ajoute par surcroît le droit que nécessite la résistance de la femme, le privilège, l'abus, la licence.

Qu'est-ce qui nous retient donc dans nos actes ? Il ne faut pas trop compter sur notre générosité. Ce qui nous retient, c'est le respect du droit d'autrui. Si nous ne le rencontrons pas chez nos adversaires, nous suivons nos passions, notre égoïsme. Nous pouvons le dire ici : le respect du droit d'autrui, l'égal té des droits, c'est l'acheminement vers la justice.

L'homme qui profite de toutes les occasions de la vie, et on rencontre beaucoup d'occasions dans la vie quand on veut les suivre, l'homme qui se livre à la débauche, à la licence, c'est une seconde pente vers les tribunaux.

Sans doute, si cette loi d'infériorité de la femme porte le désordre dans la société, là où le fléau sévit le plus, c'est dans la classe populaire. Dans les hautes classes, rien ne se manifeste d'une façon bruyante, et le seul symptôme auquel on reconnaisse les résultats de cette loi odieuse, c'est une polygamie scandaleuse et très affichée.

Dans le peuple, l'homme méprise souverainement la femme, et c'est là que l'inégalité se fait le plus sentir, parce que, dans les classes populaires, il y a parité, non pas d'éducation, mais de science. Comme la femme commet moins d'excès, elle conserve sa finesse, son tact, sa délicatesse. Mais l'homme n'en tient pas compte, il ne connaît pas la femme. Dans le monde, dans les relations de salon, la femme peut briller avec un certain talent ; l'homme du peuple ne la connaît que dans les bouges, ou, plus tard, il la connaît dans la mansarde ; mais alors il la voit sans charmes, parce qu'elle est criarde, parce qu'elle est inquiète et préoccupée.

L'homme du peuple a un vocabulaire composé tout exprès pour humilier la femme. Allez dans un quartier populeux, le soir ; choisissez un samedi, le jour de la paie, le jour des grosses joies ; suivez les groupes qui passent et vous entendrez des dialogues, que je ne puis pas répéter ici ; cela se dit dans une langue verte que je n'ai pas l'habitude de parler.

On me dira : « Mais dans l'intimité de deux êtres, dont l'un est fort et l'autre faible, quelle que soit l'égalité des droits, il n'est pas étonnant qu'une querelle s'engage ; et d'ailleurs une querelle dans ce cas n'a pas d'importance. » Mon Dieu, nous ne nions pas l'influence morale ; mais nous disons que l'homme aura plus d'égard, plus de complaisance, plus de respect même pour son camarade, pour son compagnon, parce qu'il se dira : « Celui-là est mon semblable », tandis que sa femme, c'est son inférieure et il trouverait indigne.....

(Un grand tumulte se produit dans l'auditoire ; des interpellations se croisent).

Une voix : Vous insultez le peuple.

Autre voix : N'interrompez pas l'orateur.

Mlle Deraismes : Cette tribune aujourd'hui m'appartient. J'ai le droit de dire toute ma pensée. Demain on pourra exposer une théorie contraire. Je répondrai, s'il y a lieu.

Je continue donc et je reprends : L'homme du peuple méprise la femme. Dans les classes ouvrières, il est bien certain que, pour un mari, frapper sa femme n'est pas chose extraordinaire ou coupable : c'est dans les cœurs, c'est dans les habitudes. Je vous parle principalement des quartiers occupés par des fabriques et habités par les ouvriers qui y travaillent. Dans ces maisons, qu'une femme soit battue, le voisin écoute, prête une certaine attention et, aux coups les plus retentissants, combien disent ou sont tentés de dire : « Bien touché ! »

. Les mots sont tous de cette force, et, devant les tribunaux, on en entend que je puis vous citer. En police correctionnelle, dans un procès concernant une femme battue par son mari, qui l'avait mise dans un état pitoyable, le président adressait au prévenu l'admonestation d'usage : « Vous avez été brutal envers votre femme, etc. » L'autre de dire : « Ah ! monsieur le président, si vous saviez comme elle est obstinée ! » Puis venait le principal témoin à charge qui disait : « Si j'avais une femme aussi obstinée que cela, je lui en ferais autant. » Bien obstinée en effet, la pauvre femme : elle s'obstinait à empêcher son mari d'aller au cabaret.

Et cet autre témoin qui disait : « J'ai déposé la vérité ; il bat sa femme, c'est vrai : mais je ne dis pas qu'un tel n'a pas le droit de battre sa femme, seulement il la bat la nuit, et cela m'empêche de dormir. »

A Versailles, j'ai entendu une pauvre femme à qui son mari avait cassé je ne sais plus combien de membres, dire : « Je sais bien qu'il faut qu'une femme soit battue, mais... » C'est épouvantable !

Je voudrais bien ici que nos faiseurs de paradoxes vinssent me dire : « La faiblesse de la femme, c'est sa force. » Sa force ? Elle la prendra donc chez les autres ? Quand on prend chez ses voisins ce qui vous manque, on ne manque de rien : c'est clair.

Hélas ! que d'infamies se passent encore sans que les tribunaux s'en occupent, sans que la loi intervienne !

J'ai connu une pauvre femme martyre de son mari. Elle venait parfois toucher des notes chez nous. Son mari était établi dans une sous-préfecture de Seine-et-Oise, au voisinage d'une campagne où je passe six mois de l'année. Une nuit, les habitants d'un certain quartier sont éveillés par un vacarme horrible ; on frappe à coups redoublés à la porte d'une maison. C'est un homme qui veut rentrer chez lui, et sa femme ne répond pas à ce bruyant appel. Aussi le mari recommence son tapage ; il menace sa femme, il la tuera, c'est une gueuse, une coquine ! Enfin, comme le carillon continue, les voisins se lèvent et demandent ce qui se passe. Aucun bruit ne se fait entendre dans l'intérieur, aucune lumière ne se fait voir. Le mari est aux trois quarts ivre et toujours furieux. Enfin on enfonce la porte, on entre. Dès les premiers pas, on est étouffé par une épaisse vapeur d'acide carbonique. On pénètre dans l'arrière-boutique et l'on trouve, spectacle affreux, une femme et son enfant morts à côté d'un fourneau encore allumé.

Cette malheureuse femme, depuis longtemps maltraitée par son mari, était allée trouver son père et lui avait dit : « Jusqu'à ce moment j'ai supporté tout ce qu'il était possible de supporter, j'ai fait tous mes efforts pour endurer ces supplices ; mais aujourd'hui cela m'est devenu impossible. Je vous en supplie, mon père, reprenez-moi, prenez mon enfant ; si vous me laissez avec mon mari, il me tuera. Je ne vous demande pas asile pour bien longtemps, seulement le délai nécessaire pour obtenir ma séparation : tous nos voisins témoignent en ma faveur. » Elle se met aux genoux de son père ; elle dit tout ce qu'une femme peut dire en pareille circonstance. Et ce père, ce misérable, plus coupable encore en raison de sa qualité de père, se contente de lui répondre : « Je t'ai mariée, reste chez toi : ici, tu me gênerais, tu m'embarrasserais ; va où tu voudras ! »

La pauvre femme s'en va exaspérée, et le soir même, elle se tue avec son enfant ; elle n'avait laissé qu'un mot, un seul, pour expliquer sa funeste résolution : « J'ai voulu me soustraire, moi et mon enfant, aux mauvais traitements que mon mari nous faisait subir tous les jours. »

Le reste, je ne puis vous le dire sans émotion. Ce fut d'abord dans 'la ville un *tolle* général contre le mari, ce gueux, ce gredin ! Puis, comme toujours, un procès-verbal fut dressé, et, comme toujours, il fut constaté que le corps de la malheureuse femme était couvert d'ecchymoses, et puis... Vous croyez qu'une enquête fut faite ? Je ne sais par suite de quelle pusillanimité du public, par quelle coupable inertie des magistrats, rien ne fut fait, le crime demeura impuni. Encore aujourd'hui, je ne puis en parler froidement.

Hélas ! Ce spécimen du sort des femmes se reproduit souvent. On dit à la femme : « Invoquez les lois. » Mais comment ? Voyez les risques qu'elle encourt. Je suppose qu'elle obtient d'un tribunal la punition de son mari qui l'a maltraitée. Mais, quinze jours après, celui-ci revient chez lui, et voilà la femme qui retombe sous l'autorité d'un homme rempli de rage, de désir de vengeance.

Je n'insiste pas davantage. En voilà assez sur la femme victime. De là à la femme complice le trajet est court. Je le déclare, le serment d'obéissance est immoral : nul ne doit aliéner sa conscience, nul ne doit abdiquer ce moi qui est toute la force de l'être et qui en est toute la responsabilité. Du moment que vous trouvez naturel que la femme reçoive son opinion toute faite de son mari, qu'elle ne doit en rien se fier à son propre raisonnement, quoi de plus naturel encore que

les maris emploient une sorte de pression pour faire
dévier la conscience de leurs femmes ? Combien n'en
est-il pas qui ont obtenu d'elles certaines manœuvres
déloyales, indélicates destinées à tromper quelques
créanciers ? Qu'avez-vous à reprocher à ces pauvres
femmes ? On leur avait dit que le mari était supérieur ;
elles l'ont cru. Et puis, il y a encore pour influer sur
elles la crainte des mauvais traitements. Voyez : un
jury belge a acquitté Mme de Bocarmé, parce qu'il a fait la
part de la puissance maritale. La complicité de sa femme,
il avait pu l'exiger, l'ordonner, l'obtenir par la terreur.
Je sais bien que la loi belge n'admet pas de circonstances
atténuantes et que cela a pu entraîner l'acquittement,
mais enfin, cette femme a été acquittée ; c'est un fait.

Je passe à la femme accusée et je dis que cette situation
est une suite des deux premières. De victime ou de
complice, la femme se transforme en accusée : c'est
une gradation fatale. Quelle que soit la capacité de la
femme, elle se trouve expulsée de toute carrière
lucrative et avantageuse ; sur l'échelle du travail, elle
ne peut gravir que les degrés les plus bas. Que la
femme travaille ou ne travaille pas, elle ne peut
arriver à se suffire ; elle vit au jour le jour, et il ne lui
est pas permis d'entrevoir une perspective de repos
et de confortable. Quant à l'ouvrière, son travail ne
lui apporte qu'un gain dérisoire. Rappelez-vous les
pages de Jules Simon dans l'Ouvrière. Ferons-nous
l'historique de la vie de la travailleuse ? La suivrons-
nous dans la manufacture où elle se livre à des travaux morbides pour une rémunération humiliante ?
Dans les fabriques d'allumettes chimiques, par exemple, c'est l'ouvrière qui gagne le plus vite l'horrible nécrose, une carie des os maxillaires, une maladie qui entraîne des suites affreuses, des opérations que
l'on n'ose décrire. Et tout cela pour quel salaire ?

En somme, que l'ouvrière se livre à n'importe quel travail, que peut-elle gagner ? Jamais l'équilibre ne saurait s'établir entre ses frais et son salaire. Alors en dehors des sollicitations du cœur, et même des sollicitations des sens, cette malheureuse se livre aux obsessions de la misère, et, si elle ne cède pas par entraînement, elle cède par nécessité. Je sais bien que je ne vous dis rien de nouveau ; mais ce n'en est pas plus consolant pour cela.

Voyons les autres professions que la femme peut embrasser.

Elle peut être institutrice ou professeur. Je me sers des deux mots, parce qu'il y a une distinction à faire. L'institutrice est dans un pensionnat ; elle a un traitement de 400 fr., elle est nourrie, et quels repas ! Elle se rattrape, il est vrai, sur cette boisson qu'on nomme l'abondance, célèbre par les rinçures de brocs qui en font la base et par la quantité d'eau qu'on y ajoute.

Les femmes professeurs ? Elles donnent des leçons en ville ; elles sont plus indépendantes ; mais leur sort n'est pas magnifique. Il y a tant de femmes qui, par dignité, préfèrent cet état, que bientôt il y aura plus de professeurs inoccupés que d'élèves à instruire. Pour le moment, il en est un grand nombre qui n'ont pas même de souliers aux pieds.

Outre ces femmes qui professent des états, il y a des filles qui appartiennent à des familles honorables ; les pères, des chefs de bureau, des avocats, des médecins, tous sans fortune, se figureraient néanmoins se déprécier, si leurs filles travaillaient pour vivre. Alors ces filles attendent ..... attendent quoi ? Des maris qui ne viennent pas. Ceux qui se présentent ne leur conviennent pas à cause de la différence de l'éducation. Les parents promènent leurs filles dans le monde, dans les

bals ; mais au bal on trouve des polkeurs, des lor-
gneurs, mais pas de marieurs !

Si nous faisons l'addition de tous ces espoirs déçus,
nous voyons sur le pavé une légion de femmes complètement dénuées de ressources. Quelques-unes s'arran-
gent comme elles peuvent à l'aide d'une petite place
qu'elles obtiennent dans un bureau de poste cu de télé-
graphe ; là, elles s'étiolent, elles s'atrophient ; d'autres
se rapetissent pour leur cadre..... Et puis le reste ? Ce
sont des natures vigoureuses qui ont une dose cérébrale considérable, qui se sentent la vigueur, le courage nécessaires pour réussir sans le concours de qui
que ce soit : ce besoin d'expansion cherche une issue,
et, au milieu de ce luxe effréné, elles sentent qu'elles
ne peuvent rien par leur travail, et elles vont du côté
de l'immoralité, parce que, je vous l'ai déjà dit, il
n'est au pouvoir de personne d'anéantir une force ;
comprimée d'un côté, elle agit de l'autre ; elle pouvait
amener le bien, elle devient nuisible ; c'est la loi.
Alors devant la loi et ses mystères se dresse toute une
cité subversive, peuplée d'agences de corruption, de
scandales, d'escroqueries, qui ont à leur tête des
femmes : ce sont ces filles sans ressources qui tirent
leur subsistance de toutes les turpitudes humaines.
C'est là que nous voyons se jouer le drame si commun et si lamentable de la fille-mère. Enfin, nous
sommes et nous restons serves, taillables et corvéa-
bles à merci. Il est bien certain que dans ces
questions l'homme est désintéressé : la femme court
tous les risques ; la recherche de la paternité étant
interdite, il se trouve que toutes les charges retombent
sur elle qui est la moins capable de les supporter.
Elle ne peut pas vivre elle-même, et la voilà obligée
d'en faire vivre un autre !

Il me reste à conclure. C'est un fait reconnu que la

loi d'infériorité des femmes, en société, est une cause inévitable de perturbation et d'injustice, une provocation à la corruption, au crime même. Y a-t-il quelque chose à faire? Oui. Je n'ai pas besoin pour cela de renverser la société, de mettre le monde aux antipodes. Nos contradicteurs ne manquent jamais de nous dire : « Vous voulez intervertir les rôles, prendre la place des hommes et leur donner la vôtre. » Notre place, notre place! Cela prouve au moins que les hommes la trouvent si bonne qu'ils n'en veulent à aucun prix. Non, Messieurs, nous ne voulons pas une injustice nouvelle, nous voulons mettre fin à l'injustice. Ce que l'homme appelle son droit, c'est la licence. Son droit véritable n'est pas antagonique avec le nôtre; tous deux sont au contraire harmoniques entre eux; et le jour où la femme aura repris son droit, elle pourra utiliser ses capacités et suivre une foule de carrières; j'entends qu'elle pourra prendre celles qui ne sont pas contraires à son organisation, à son sexe : mais il faut qu'elle travaille. Elle a un mari: c'est très bien. Mais un homme est mortel, il est vulnérable. S'il meurt, s'il tombe malade, s'il subit un chômage, que deviendra la femme ? Il faut d'abord qu'elle reçoive une éducation professionnelle ; c'est là ce qui manque à l'ouvrière et c'est ce qui est la cause de son infériorité dans certains états. Le travail n'est pour elle ni honoré ni lucratif; l'homme, au contraire, peut par le travail s'élever aux situations les plus hautes et les plus glorieuses. Depuis le commencement du monde, l'intelligence de la femme est un capital sans rapport, un bien-fonds sans revenus, un terrain en friche. Je demande qu'on emploie cette force. Si la nature a donné des aptitudes à la femme, c'est pour que l'on s'en serve.

On nous répond qu'il y a encombrement dans toutes les carrières, que si la femme augmente encore le nom-

bre des postulants, cela n'augmentera pas le nombre
des emplois et que la société n'y gagnera rien. Je
réponds que cet encombrement n'est pas réel ; il a
précisément pour cause la foule se portant aveuglément
dans la même voie ; lorsqu'il y a encombrement d'un
côté, il y a nécessairement solitude de l'autre ; ainsi il
est incontestable que les bras manquent à l'agriculture.
Je regrette qu'en matière sociale on n'ait pas recours
à la meilleure de toutes les méthodes, l'expérimenta-
tion. Faisons quelque chose. Si nous nous contentons
toujours de formuler nos théories, nous ne pouvons
pas les juger. On dit : « Le mal est irrémédiable ». Eh
bien ! qu'on se dispense de toute recherche. C'est la
faute de notre temps si rien encore n'a été expérimenté.

Le tempérament de la femme, nous dit-on, ne lui
permet pas un travail régulier. Oui, il est évident que
son état général de santé, la maternité, le temps de la
gestation la rendent moins apte à certains travaux.
Mais qu'elle soit forcée de les interrompre, je ne puis le
reconnaître. La femme n'est-elle pas blanchisseuse,
repasseuse ? Dans la campagne, ne se livre-t-elle pas
aux travaux des champs ? Dans le midi, elle porte des
fardeaux. Est-ce qu'elle interrompt son travail lorsqu'elle
va être mère ? Pas le moins du monde : l'ouvrière va à
sa journée, la domestique fait son service. La femme
du monde seule, dans ce cas, abandonne toute occupation :
toutes les autres continuent à travailler ; elles pourraient
continuer à plus forte raison si elles étaient, par
exemple, employées dans la bureaucratie, si elles
avaient une profession qui leur permît d'être assises.

D'autres personnes, et ici c'est le faux sentimentalisme
qui accorde sa vieille guitare, s'écrient : « Mais la mère !
Mais l'enfant ! Mais ses baisers ! Mais son doux sourire ! »
Cela n'en finit pas.

> Laissez les enfants à leurs mères,
> Laissez les roses aux rosiers.

Vous connaissez cette romance qui est devenue célèbre, sans doute parce qu'elle n'a pas le sens commun; car ces deux propositions n'ont pas la moindre harmonie.

Je dirai, moi, qu'il faut que l'enfant soit bien nourri, bien vêtu et placé dans les meilleures conditions viables: voilà son véritable intérêt; cela lui vaut mieux que d'être embrassé à tous les instants. Ce qu'il faut à l'enfant, c'est l'aisance dans l'intérieur; car il ne peut exister qu'avec le travail de la femme, non pas comme il est organisé aujourd'hui, mais comme il devrait l'être. Le Minotaure qui dévore les ménages et les enfants, c'est la misère: c'est là le ferment de discorde.

Nous arriverons certainement à une meilleure organisation du travail; car de notre temps il se produit dans ce sens un mouvement considérable, dont on ne saurait nier la puissance. Nous n'aurons pas l'honneur de l'initiative: nos voisins d'outre-Manche s'en occupent. La chose va bien chez eux: M. Stuart Mill a déjà posé la question dans ses écrits; il a planté les jalons. Nous espérons que nos députés le suivront. Ces jours-ci, je lisais dans le journal *La Liberté* une appréciation très sérieuse d'un discours de M. Jacob Bright sur le rôle de la femme. M. Wilfrid de Fonvielle a repris cette tâche avec des idées sympathiques aux nôtres. M. de Girardin a beaucoup écrit sur ce sujet dans un ouvrage intitulé *Questions de mon temps*; mais nous sommes loin encore du mouvement anglais. Récemment, à Londres, la femme d'un représentant du Parlement a soutenu, dans un éloquent discours, une candidature radicale. Son candidat n'a pas réussi, c'est vrai, mais il a obtenu un triomphe relatif: 300 voix de plus lui auraient donné la majorité.

Vous voyez donc que la femme est une valeur sociale, qu'elle a des qualités égales à celles de l'homme, que, malgré l'asservissement où elle est tenue, elle s'impose parfois par son mérite et exerce une influence. Si elle a des défaillances, si elle est avilie par la misère, la faute en est généralement à l'homme qui en fait sa victime ou sa complice, souvent l'une et l'autre, et en lui ôtant les moyens de gagner sa vie par un travail honnête et rémunérateur, la pousse devant les tribunaux. Mettons la femme à sa place dans la société; donnons-lui les droits qu'elle tient de la nature et qu'elle est apte à exercer; qu'elle soit devant la loi l'égale de l'homme, et non plus son esclave, sa chose. Ce sera le règne de la justice, la moralité générale en deviendra meilleure et les tribunaux auront moins de scandales à punir.

LES GRANDES FEMMES[1]

~~~~~~~~~~

Cette qualification de grande, d'illustre, de célèbre, attachée à un nom féminin, dérange pour beaucoup de gens l'idéal qu'ils se sont fait de la femme Car illustration, célébrité, grandeur, impliquent des idées d'énergie, de savoir, de volonté, de publicité et d'autorité, tandis que le mot femme sous-entend timidité, ignorance, soumission, effacement.

En effet, depuis le commencement des sociétés, religions et philosophies prêchent à la femme, dans tous les idiomes, que sa grandeur est en raison inverse de celle de l'homme ; que la gloire masculine est dans une existence brillante ; que sa gloire, à elle, est dans une

---

(1) Des extraits de cette Conférence, qui a été faite à la salle du boulevard des Capucines en 1869, ont été publiés par la *Revue des Cours Littéraires* (n° du 14 août 1889).

vie obscure ; que science, courage, dignité, pouvoir, sont les attributs exclusifs de l'homme ; que simplicité, humilité, subordination sont les signes caractéristiques de la femme.

En fin de compte, on a décidé que moins sa vie est apparente, plus elle est conforme à sa mission.

La cause de cette étrange distribution est tout entière dans ce que nous avons dit précédemment. On a mesuré les facultés intellectuelles sur la dimension des facultés physiques et musculaires. Alors, on s'est livré à la classification la plus arbitraire. On a posé en principe que l'homme possédant la force, représentait nécessairement la raison, et que la femme n'ayant en partage que la faiblesse, personnifiait le sentiment.

De là on a tiré la conséquence suivante : l'homme est grand par le génie, la femme est grande par la vertu.

Nous allons démontrer, sans recourir à des subtilités, mais à l'aide du simple bon sens, que cette déduction est grosse d'erreurs et de contradictions flagrantes.

Et d'abord, nous prouverons que génie et vertu ne sont pas aussi distincts qu'on le prétend ; une relation intime les unit. Il y a entre génie et vertu communauté d'origine, communauté de but, similitude d'essence. Communauté d'origine, car génie et vertu sont deux forces, et comme forces, ils ne peuvent jaillir d'une nature faible ; communauté de but, car génie et vertu servent les intérêts d'autrui ; similitude d'essence, puisque le génie n'est que l'intelligence poussée à son extrême limite, et que, de son côté, la vertu n'est que la raison parvenue à son point culminant.

Or, intelligence et raison, raison et intelligence sont proches parentes dans une même famille.

Aussi est-il manifestement absurde d'affirmer que la femme étant un être de faiblesse et de sentiment, doit reproduire la vertu, puisque la vertu, au contraire, se base sur la raison.

Chez un être sentimental, le sentiment le plus vif l'emportera sur tous les autres : et le sentiment le plus vif n'est pas toujours le meilleur. La vertu s'accroît en proportion de la raison. Plus il y a de raison, plus il doit y avoir de vertu.

On me dira que la vertu n'est que l'accomplissement du devoir. J'en conviens. Mais le devoir contrarie presque toujours la sympathie et le sentiment ; de plus, il n'est ni fixe ni déterminé. En fait de devoir, il n'existe point de spécialités à étudier. Le hasard, ou la providence, comme on voudra, déroute toute préparation. Nul ne peut dire : Un tel fera ceci, un tel fera cela. Tout à coup, les circonstances, les événements mettent les gens en demeure de remplir des fonctions inattendues. L'accomplissement des devoirs ne demande pas seulement de la droiture et de la bonne volonté, il exige aussi des capacités.

Il est donc nécessaire que chacun exerce ses facultés pour être à la hauteur de toutes les situations ; et la première obligation de la vie est de se disposer à remplir tous les devoirs qui se présentent.

Génie et vertu n'atteignent la grandeur qu'autant que leur action est étendue.

Si le génie ne procurait des avantages qu'à son possesseur ou qu'à sa famille, il pourrait être estimable, mais il ne serait jamais grand, son mérite n'excédant pas une courte durée.

Le génie est grand parce qu'il sert, par ses travaux, par ses inventions et ses découvertes, les intérêts collectifs du présent et de l'avenir. De même la vertu. Elle s'illustre de plus en plus, suivant l'importance de l'objet auquel elle se dévoue.

7

Il est moins beau de se sacrifier pour l'un des siens que de se sacrifier pour sa patrie ou sa nation.

Quelques-uns s'écrient : Ceci est injuste, car si la valeur du sacrifice est la même, si par exemple l'individu donne sa vie, il est certain qu'il ne peut faire plus et qu'ici son dévoûment est complet et sans réserve, quelle que soit la portée des bienfaits qui en découlent.

Eh bien, non. Le sacrifice est identique, soit ; mais les motifs qui le déterminent sont différents.

Dans le premier cas, l'individu est entraîné par des attaches directes, par des sollicitations immédiates. Il lui semble, tout en décidant sa perte, sauver encore quelque chose de lui-même.

Dans le second, il s'agit de se dévouer à une collectivité, à la patrie, à l'humanité, à un principe, à la science. Alors l'attraction cesse d'être passionnelle, elle s'éloigne. Il faut une surélévation de l'âme pour quitter le concret et monter à l'abstrait. C'est sur les ailes d'une raison transcendante que le dévouement atteint cette région sublime.

Telles sont donc les conditions de la grandeur ; elles sont invariables et ne changent pas suivant la nature des sexes.

Toutes les femmes célèbres dans l'histoire n'ont été grandes que parce qu'elles ne se sont pas restreintes au rôle domestique et qu'elles ont accompli des devoirs sur un théâtre plus large.

Lucrèce, par respect pour la foi conjugale, se tue après l'attentat de Sextus. Est-ce précisément cette fidélité poussée au fanatisme qui perpétue son nom dans toutes les mémoires, depuis plus de deux mille ans ? Non. A dire vrai, le retentissement de Lucrèce vient de ce qu'elle a été le prétexte d'une révolution contre la tyrannie. Que le coupable soit autre que Tarquin, et cette matrone romaine sera ignorée de toutes les époques ultérieures. Le mérite d'un fait domestique s'épuise et disparaît avec la personne qui en a cueilli les fruits.

Est-ce seulement la tendresse maternelle de Cornélie qui l'a rendue grande dans l'histoire? Non. Il y a eu et il y a des milliers de mères dévouées qui ne sont pas passées et ne passeront jamais à la postérité.

La cause de l'illustration de Cornélie gît tout entière dans l'éducation qu'elle a su donner à ses fils : elle a formé deux champions pour la liberté.

Cornélie ne s'est point contentée de filer de la laine; elle possédait une érudition égale à celle des hommes les plus remarquables de Rome; sa correspondance en fait foi. Fille de Scipion l'Africain, elle en avait l'éloquence. Elle éleva ses fils dans des principes de raison, en les incitant à s'y sacrifier au besoin.

Après la fin tragique des Gracques, Cornélie, bien que profondément blessée dans son cœur, n'en continua pas moins de vivre comme par le passé, au milieu des célébrités de son temps.

Une mère ordinaire n'eût peut-être pas survécu. La grande force d'âme de Cornélie triompha de son désespoir.

Pourquoi, dans l'Ancien Testament, parle-t-on toujours d'Esther et si peu de Vasthi?

Vasthi et Esther sont deux figures contemporaines et volontiers symétriques. Toutes les deux sont reines, toutes les deux s'exposent à un même danger : toutes les deux désobéissent au souverain, Vasthi en refusant de paraître devant lui, Esther en paraissant sans son ordre.

Ce qui distingue l'héroïne juive de Vasthi, c'est que cette dernière, en transgressant la loi de soumission, suit un sentiment personnel, tandis qu'Esther ne désobéit que pour sauver sa nation.

Laissons le fait tel qu'il est, changeons-en seulement les conditions. Admettons qu'Esther se soit violemment éprise d'un capitaine des gardes de l'armée d'Assuérus, et que pour sauver son amant elle risque sa vie, la figure d'Esther diminue aussitôt ; elle n'est plus qu'une héroïne de roman ou de théâtre ; elle tombe de la hauteur du fait historique à la platitude du fait divers.

Elle passe dans le temps sans laisser de trace.

Ces exemples confirment une fois de plus que la grandeur de la vertu est en raison de la cause qui a déterminé l'acte, et de l'importance des avantages qui en dérivent.

Malgré l'influence énorme qu'exerça le christianisme, malgré les prescriptions de saint Paul enjoignant aux femmes de se couvrir la tête, de ne point enseigner, d'obéir, de s'abstenir de tout devoir public, toutes les femmes illustres de la chrétienté n'ont été grandes qu'à la condition de ne pas tenir compte des arrêts du fougueux apôtre.

Sainte Geneviève, Blanche de Castille, Jeanne d'Arc, sainte Thérèse, ont harangué, commandé, régné, combattu, philosophé, enseigné.

Puisque nous venons de citer sainte Geneviève, elle va servir de point de départ à la revue historique, rapide et concise, que nous allons faire des femmes célèbres. Nous aurions pu remonter plus haut dans l'histoire et vous parler des Sémiramis, des Judith, des Corinne, des Sapho. Mais leur nom seul indique la nature de leurs travaux, et les documents un peu circonstanciés manquent sur leur œuvre. Il est impossible de s'arrêter longtemps à considérer ces grandes figures. Revenons à Geneviève.

Attila, ce barbare formidable, ce fléau de Dieu, comme on l'appela, venait d'entrer en Gaule. La terreur était partout. La petite ville de Lutèce, à son approche, était

en proie à un effroi qui paralysait tous les courages.
Songer à la défense eût été dérisoire : la panique qui
précédait Attila énervait les plus braves. Après main-
tes délibérations, on prit le parti de fuir en emportant
le plus qu'on pourrait, comme le raconte Jean Bolland,
l'historiographe de Geneviève (1). Les barques étaient
à flot ; on ne voyait que meubles entassés sur les places, que maisons désertes, que troupes d'enfants et de
femmes en pleurs qui allaient dire un dernier adieu à
leurs foyers. Qui entreprend d'arrêter l'émigration ?
C'est la petite Geneviève, la chétive, la maladive fillette
de 15 ans ; elle ose affirmer qu'Attila n'approchera pas
de Lutèce si les habitants se repentent et se confient à
Dieu ; elle entreprend une sorte de prédication ; elle ne
se borne pas à prier, elle suit son activité naturelle.
Elle va d'abord exhorter les hommes : elle n'en reçoit
que des injures et des huées. Elle ne se rebute point et
elle s'adresse aux femmes. Sa parole est chaleureuse,
véhémente, inspirée ; tout ce qu'elle a de foi et de charité découle de ses lèvres. Les femmes s'émeuvent à sa
voix, elles sont ébranlées, elles la suivent au temple
élevé en l'honneur de saint Etienne. Là, elles se barri-
cadent et se livrent à la prière. Les hommes surviennent pour chercher leurs femmes ; elles ont disparu.
Fureur des hommes : ils s'apprêtent à percer les portes
du temple, décidés à s'emparer de Geneviève, à la
lapider ou à la jeter dans la Seine. Geneviève ne perd
pas son calme. Un diacre fuyant les barbares passe par
là : il reproche aux habitants de Lutèce leur cruauté et
leur ingratitude. Les hommes, à leur tour, subissent
l'influence du courage de la jeune fille ; ils restent

---

(1) Terrore perculsi Parisiorum cives bona ac stipendia faculta-
tum suarum in alias tutiores civitates deferre nitebantur. (Vita
sanctæ Genovefæ, 10).

Attila retourne sur ses pas : Lutèce est sauvée. Plus tard Geneviève sauvera une seconde fois la ville. Lutèce est menacée d'une nouvelle invasion, celle des Francs ; elle est environnée de toutes parts : le siège dure depuis longtemps ; la famine est grande. L'âme sublime de Geneviève s'émeut ; elle prend en pitié les misères du peuple ; elle fait remonter quelques bateaux sur la Seine et procure des vivres à la ville.

Geneviève est le précurseur d'une héroïne plus surprenante encore. Huit siècles après rayonne Jeanne d'Arc, offrant au plus haut degré le type de la valeur mise au service du plus ardent patriotisme. Il y a, dans le procès de la martyre, certaines réponses qui sont des chefs-d'œuvre de logique. Ce qui frappe dans Geneviève et Jeanne, c'est l'initiative. Ce sont des natures vigoureuses. Riches de leur propre fonds, elles n'empruntent rien à leur entourage ; elles sont douées de la force subjective ; chacune d'elles agit *suâ sponte*. En plein moyen âge, alors qu'elle est placée dans un rang subalterne, la femme ne se tient pas pour battue, malgré la doctrine religieuse qu'elle professe, malgré la loi salique qui annule les femmes françaises. Du reste, c'est par une interprétation astucieuse que l'on tire de la loi salique l'exclusion des femmes du trône : la loi salique ne parle que des alleux, c'est-à-dire des terres de conquête. Les femmes cherchent par tous les moyens à sortir de la position inférieure qu'on leur a faite. Elles produisent des vertus, des actes capables d'éblouir le monde. Elles ne se contentent plus de la vie de châteaux, elles aspirent à voir leur influence outrepasser les frontières domestiques et s'exercer sur les affaires générales. On les voit alors recevoir des hommages, présider des tribunaux, veiller à la garde et à la défense des manoirs, conduire les armées, remplir envers leur suzerain tous les devoirs de vassalité.

Les xiiie, xive, xve et xvie siècles fourmillent en héroïnes. Le courage et la capacité des femmes se manifestent individuellement et collectivement. Blanche de Castille sait satisfaire à sa double tâche de mère et de régente. Jeanne de Flandre administre avec fermeté et sagesse les états de son mari prisonnier et porte l'épée nue au sacre de Louis IX. La comtesse de Champagne règne au nom de son jeune fils. Jeanne de Navarre et Marie de Brabant sont les protectrices éclairées des savants et des poètes. Au xive siècle apparaît une pléiade de femmes supérieures et vraiment extraordinaires. Une des plus étonnantes est Jeanne de Flandre, comtesse de Montfort. Jean de Montfort, compétiteur de Charles de Blois à la succession de Bretagne, était retenu prisonnier dans Rennes par le duc de Normandie, fort ami du roi de France. Cette captivité semblait devoir mettre fin à ses compétitions, quand un événement imprévu releva ses affaires désespérées. La comtesse de Montfort, abandonnée par la fortune, ne s'abandonna pas elle-même : elle tenta à elle seule de réparer les désastres de sa maison.

C'était une de ces natures énergiques qui se disent : Aide-toi, le Ciel t'aidera. Accoutumée jusque-là à des soins domestiques, la comtesse les quitta aussitôt ; elle mit de côté la quenouille et la tapisserie ; elle prit l'épée, elle commanda les hommes d'armes et leur communiqua son courage. Anne de Beaujeu, à 22 ans, fut appelée à la régence de France par son père Louis XI ; elle développa des capacités inattendues ; elle continua cette grande œuvre de la destruction de la féodalité ; elle triompha du duc d'Orléans à St-Aubin-du-Cormier. Par grand malheur pour la nation, la loi salique ne lui permit pas de rester au pouvoir ; elle dut remettre le royaume à son frère Charles VIII, un assez piètre sire. En Angleterre,

Philippine de Hainaut, femme d'Edouard III, remporta une victoire sur les Ecossais qui avaient envahi les provinces septentrionales. Au XVe siècle nous voyons les femmes sur les remparts, à la brèche. A St-Riquier, à Beauvais, à St-Lô, à Perpignan, à Metz, à La Rochelle, partout elles déploient une énergie et une vaillance extraordinaires. Le Dauphin, plus tard Henri II, au siège de Perpignan, voulut voir un brave capitaine dont les prouesses étaient venues à ses oreilles. On le connaissait dans le camp français sous le nom de Capitaine Loys. Il le manda sous sa tente. Mais lorsque le héros eut ôté son casque, on fut bien étonné de voir une jeune fille de 16 ans, Louise Labé, dite plus tard la belle Cordière. Elle maniait d'ailleurs la plume aussi bien que l'épée. C'était elle qui disait : « Je ne puis faire autre chose que de prier les vertueuses dames d'élever leur esprit un peu au-dessus de leur quenouille. » Dans un bref discours du siège de Metz (1552) rédigé par un soldat à la requête d'un sien ami, on voit que les gens de la ville réédifient leurs murailles à mesure que l'ennemi les abat. « Et ne laissa-t-on point, lit-on, qu'on n'y travaillât jour et nuit, autant bien les femmes comme les hommes, et, qui est encore beaucoup plus admirable, les filles qui étaient encore bien jeunes et les femmes, lesquelles continuellement apercevaient les pièces de murailles, qui étaient d'artillerie frappées, volant en l'air bien souvent ou choir, tuer maintenant l'une tantôt l'autre, non seulement n'en recevaient ébahyssement, mais comme de chose de petit moment. » A La Rochelle, les huguenotes combattent avec une égale valeur et un égal enthousiasme contre les massacreurs de la St-Barthélemy.

L'amour de la liberté, le triste spectacle des malheurs de la patrie animaient ainsi plus d'une nouvelle Clorinde. Duguesclin savait bien, quant aux femmes de notre pays, qu'il n'y a rien de plus français en France que les Françaises. « Il n'y a pas une fileuse, disait-il, qui ne file une quenouille pour ma rançon. »

. . . .

Ici se trouve une lacune. Le passage suivant concerne le rôle et le caractère d'Élisabeth d'Angleterre et de Marie Stuart.

Alors se produit un fait assez singulier et très digne de remarque. A la même époque, dans le même pays, avec le même titre, surgissent deux femmes qui symbolisent à elles seules la grande lutte des deux types féminins : Élisabeth Tudor, Marie Stuart.

Le génie écrasant de la première, la profondeur de ses vues et son aptitude à la politique, — la science la plus générale après la philosophie, — lui ont donné beaucoup d'adversaires parmi les hommes. Ils ont senti que s'ils acceptaient ce caractère comme un spécimen de la femme, leur supériorité croulerait à jamais et qu'ils ne seraient plus dorénavant que ses égaux.

Cette considération a fait la fortune de Marie Stuart. Les hommes, sans s'occuper si elle est rousse ou brune, ont pris son parti rien que pour servir leur propre cause.

En admirant Élisabeth, les hommes perdent de leurs privilèges ; en exaltant Marie Stuart, ils les accentuent et les confirment.

Élisabeth, c'est la femme dominée par la raison ; sentiments, passions sont régis chez elle par le jugement. Croyante dans l'autorité légale des rois, elle pousse l'autocratie aussi loin que possible ; mais cette autocratie s'exerce au bénéfice de son peuple. Elle a vraiment l'amour national. La grandeur et la prospérité de son pays passent avant ses satisfactions intimes et personnelles ; aucun intérêt collectif n'est sacrifié à ses favoris.

Tandis qu'Édouard III discrédite la fin de son règne par ses faiblesses pour Alice Pierce ; tandis que Henri VIII suscite les fureurs religieuses et se vautre dans les crimes pour assouvir ses lubriques instincts ; tandis qu'Henri IV se dispose à entreprendre une guerre pour satisfaire un caprice amoureux, Élisabeth continue jusqu'à la dernière heure de mettre un frein à ses tendances et à ses sympathies particulières.

Aucun roi d'Angleterre n'est à la hauteur d'Élisabeth. Et pourtant jamais souverain n'est monté sur le trône dans des circonstances aussi difficiles.

Est-elle donc une exception, une organisation à part ? Est-ce un *homme manqué ?* comme certaines gens se plaisent à le dire. Non. Elle est femme dans toute l'acception du mot : elle aime à plaire, elle recherche la parure, elle mène tout de front. « Élisabeth a toutes les grâces de son sexe, dit l'historien ; si elle n'en a pas toutes les beautés, elle en possède tous les charmes ; elle a l'affabilité, la bienveillance, le tact, le sourire ; et sa seule présence ravit le peuple anglais. »

Élisabeth règle tout, pense à tout. Elle administre avec tant de sagesse, tant de prudence, qu'elle accomplit des travaux immenses bien qu'en faisant des économies. — Problème à résoudre de nos jours.

Les évêques la gênent, outre-passent leur juridiction. Avec quatre lignes bien senties, elle les remet à leur place. Jamais on n'a vu réuni dans une seule personne plus de présence d'esprit, de volonté et d'intelligence.

Marie Stuart est spirituelle, instruite ; elle est plus belle qu'Élisabeth. Son ambition n'est pas moindre : elle aspire à la couronne d'Angleterre ; elle prétend, en vertu d'une parenté éloignée, avoir plus de droits au trône que la fille de Henri VIII. Telle est l'origine de l'antagonisme des deux femmes.

Autant Élisabeth a de calme et de réflexion, autant Marie est emportée par des impressions. Ses senti·ments, ses fautes, ses chutes, elle les efface non par des arguments, des motifs explicatifs, mais par la sé·duction. Elle séduit, séduit encore, séduit toujours et croit que tout est racheté.

Elle séduit François II, elle séduit Darnley et le fait assassiner dans la suite, elle séduit Bothwell, elle séduit Douglas, elle séduit Norfolk et le pousse du même coup à la conspirat'on et à l'échafaud : son amour est fatal. C'est par la fascination qu'elle se fait des partisans et qu'elle affirme ses droits. Devant une passion, un désir à satisfaire, rien ne l'arrête. Elle pleurera la France en présence des Écossais irrités ; un mari la gêne, elle s'en débarrassera : elle ira jusqu'à épouser l'assassin et voudra le faire accepter par la nation entière. Intérêts publics, dignité royale, récla·mations du peuple, rien ne la touche. La royauté, pour elle, c'est la facilité de contenter ses caprices, c'est le prestige du pouvoir ajouté au prestige de la femme.

Le prestige qu'exerce Marie Stuart est de convention. Ce n'est pas sans préméditation que les hommes exaltent ce caractère ; il caresse leur orgueil, il légitime leur ascendant.

Les femmes ainsi organisées ont besoin de tutelle et de maître.

A cela, je ne répondrai qu'un mot. Les hommes se figurent être d'autant plus forts que la femme est plus faible. Erreur ! La faiblesse de celle-ci annule la force de ceux-là. Du reste, pour juger de la valeur d'un caractère, il faut le généraliser. Multipliez les Marie Stuart, les Héloïse, les Juliette, les Margue·rite, c'est-à-dire des natures où la volonté est toujours dominée par le sentiment, par la passion, et vous verrez ce que deviendront la famille, la cité, la nation.

Les filles ouvriront les portes à l'ennemi de leurs pères ; les femmes quitteront leurs maris pour leurs amants ; les mères, aveuglées par la tendresse, encourageront les désordres de leurs fils ; enfin toute femme trahira sa patrie, reniera sa nationalité, ses principes, ses croyances, pour obéir à l'impulsion de ses sens et de son cœur.

. . . .

Ici se trouve une autre lacune.

Il y avait, au temps du polythéisme, en sus des temples dédiés aux divinités du panthéon, un autel au frontispice duquel était gravée cette inscription « *Deo ignoto* ». A mon tour, aujourd'hui, après avoir parlé des femmes célèbres dont le nom est resté dans l'histoire, j'élèverai un autel aux grandes femmes inconnues.

Nous appellerons grandes femmes inconnues toutes les femmes qui participent à une œuvre sans avoir la gloire de la signer, qui y coopèrent dans le silence et dans l'obscurité. Leur collaboration est latente, occulte; elles s'absorbent dans une personnalité qui n'est pas la leur ; elles abdiquent en sa faveur ; elles ont le labeur et non la récompense.

On admire un poète, un écrivain, un orateur, un artiste, et l'on oublie peut-être que la moitié de son mérite revient à un autre, à un associé invisible et mystérieux qui ne se nomme jamais, une femme, épouse, mère, sœur ou fille.

Cette femme est la gardienne de votre gloire, elle veille à ce que vous ne la compromettiez pas ; elle

prend des notes, elle consulte des dictionnaires, corrige
des épreuves, scrute une phrase, l'adoucit ou l'accentue ; elle substitue un mot à un autre ; elle suggère une
idée, fournit en substance un aperçu nouveau ; elle est
scrupuleuse à l'excès, par amour et par dévouement.

Mais combien elle a de tact ! comme elle voit juste !
Un avocat distingué me disait, ces temps derniers, que
ses causes les plus difficiles, il les portait à sa mère.
Elle examinait le dossier, l'étudiait et lui fournissait
presque toujours ses meilleurs arguments.

J'ai connu une femme qui apprit l'anglais et l'allemand pour procurer à son mari de consciencieux
renseignements.

J'ai connu un jeune officier qui perdit son bras droit
à Balaklava. Il avait une mère assez âgée parce qu'il
était le dernier de ses enfants, et elle en avait beaucoup.
Dès qu'elle sut le malheur de son fils, elle ne se servit
plus que de son bras gauche, et peu de temps après elle
écrivait à son enfant: « Mon ami, console-toi ; le
malheur qui te frappe est réparable. Aujourd'hui je
cesse de me servir de mon bras droit pour travailler,
pour m'habiller. La première quinzaine a été un peu
pénible : songe que j'ai soixante-dix ans ! Mais au
bout du compte, j'y arrive, je t'écris ; mon intelligence
n'en est pas ébranlée pour cela. Prends donc espoir.
Se servir du bras droit est une manie : je m'en
déshabitue. »

Je range encore parmi les grandes femmes inconnues celles qui, dans les affaires, font la fortune de
leur maison, sans que personne s'en doute. Toutes les
louanges sont dévolues au mari. On dit: Un tel est
bien fin, bien habile, il a l'entente des affaires. En réalité, que de maris se trouvent bien de ne rien entreprendre sans l'avis de leurs femmes, de s'éclairer de
leurs lumières, de se laisser guider par leur clair-

voyance et leur finesse! Et d'autre part, que de femmes,
malgré leur intelligence et leur travail, assistent à la
déchéance de leur maison, quand elles donnent en vain
de sages conseils ou qu'elles ne sont pas intimement
associées à la direction des affaires! Si le mari, qui
a la haute main, le droit de signature, l'initiative des
entreprises, est un incapable ou un débauché, la sagacité de la pauvre femme, ses labeurs, ses conseils se
heurtent contre une borne; ses économies ne feront que
retarder la catastrophe. Et pourtant elle avait tout ce
qu'il fallait pour prospérer et réussir! Que] de fois la
femme, témoin d'opérations stupides, sait qu'à elle
seule elle pourrait tout conjurer, et se voit, par l'arbitraire ou l'obstination du mari, condamnée à la ruine!

. . . .

La conclusion de cette Conférence n'a pas été retrouvée.

ÈVE CONTRE DUMAS FILS

~~~~~~~

RÉPONSE A L'HOMME-FEMME DE DUMAS FILS (1)

~~~~~~~

Et d'abord, il y a des hommes qui savent et des hommes qui ne savent pas.

M. Alexandre Dumas fils est l'homme *qui sait*. C'est pour cela qu'il a été chargé d'une mission providentielle afin de faire cesser les *malentendus* et de remettre *tout en place* ici bas.

Donc, il nous déclare que si la société va tout de travers, c'est parce qu'on oublie de tenir compte des tendances et des fatalités originelles.

Or, comme M. Dumas a pour mandat de tout rétablir d'après le plan primordial, il commence par étudier la nature et nous dit avec la logique et la science qui lui font défaut, les choses qui suivent. — Page 12 de son livre :

---

(1) Cette étude a paru pour la première fois en 1872.

« Les deux manifestations extérieures de Dieu sont la forme et le mouvement.

« Dans l'humanité, le masculin est mouvement; le féminin est forme. De leur rapprochement naît la création perpétuelle; mais ce rapprochement ne se fait pas sans lutte. Il y a choc avant qu'il y ait fusion. Chacun des deux termes trouvant en l'autre ce qu'il n'a pas en soi, cherche à s'en emparer. Le mouvement veut entraîner la forme avec lui, la forme veut retenir le mouvement. »

Examinons :

« Les deux manifestations extérieures de Dieu sont la forme et le mouvement. »

Comment ! Monsieur ! vous qui vous basez sur la Bible, vous omettez de Dieu la manifestation la plus considérable, l'acte le plus puissant, — la création ! — Vous le réduisez au rôle de Démiurge — artisan; — et la matière donc ? Créée ou incréée, n'est-elle pas manifeste, visible, divisible, tangible, palpable ? Sans elle, sur quoi s'exerceraient donc le mouvement et la forme ? N'est-elle pas le fondement, l'élément, l'essence de toute chose ? N'est-elle pas le substratum nécessaire, susceptible de recevoir les modifications possibles ?

Maintenant, pourquoi séparer la forme du mouvement d'une façon si distincte ; pourquoi ne pas signaler le lien qui les attache nécessairement l'un à l'autre, puisque le mouvement est le générateur de la forme, et que la forme n'existerait pas sans le mouvement ; que tout mouvement décrit une configuration et qu'il la fait et la défait, la modifie et la change suivant les conditions dans lesquelles il opère ? « Donnez-moi de la matière et du mouvement et je ferai le monde », s'écriait un savant illustre. La forme est donc la résultante du mouvement. Continuons.

« Dans l'humanité, le masculin est mouvement, le féminin est forme. »

Qu'est-ce que cette classification fantaisiste ? Sur quoi se base-t-elle, par quels arguments peut-on la justifier, quelles preuves viennent à l'appui ?

Il est avéré, il est évident que tous les êtres, tous les individus sont matière, forme et mouvement. Prenez le rotifère, l'infusoire, enfin le dernier degré de l'animalité, et vous rencontrerez en lui ces trois conditions.

Bien que privé de moyens de locomotion, l'animal le plus élémentaire a un mouvement intérieur, une circulation qui est la vie.

La femme, pas plus que l'homme, ne spécifie la forme.

Qu'une forme soit plus ou moins ronde, plus ou moins anguleuse, plus ou moins parfaite, elle est toujours forme.

Et l'homme, de son côté, pas plus que la femme, ne caractérise le mouvement.

La femme, physiquement et moralement, dans l'ordre privé comme dans l'ordre social, a son activité, son action propre, qu'elle tient d'elle-même et qu'elle ne reçoit pas de l'homme. Et dans l'œuvre de la reproduction, elle apporte son action dynamique, son mouvement virtuel ; puisque, à l'égal du père, elle transmet à ses rejetons non seulement sa forme, son sang, mais encore son caractère, ses facultés, ses goûts, etc., etc.

Ces faits positifs et si fréquents dérangent toutes les théories qu'ont échafaudées, tant bien que mal, des philosophes bouffis d'orgueil, qui prétendaient que la femme n'est qu'une réceptivité ; qu'elle ne donne que la chair, les os à l'enfant, dont l'intelligence est de provenance paternelle ; que, par conséquent, la emme ne joue qu'un rôle subalterne dans l'humanité.

L'expérience a fait justice de toutes ces sottises.

Je reprends :

« De leur rapprochement naît la création perpétuelle.

Mais le rapprochement ne se fait pas sans lutte ; il y a choc avant qu'il y ait fusion. »

Je ne chicanerai pas cette expression de *création qui naît*, le langage de M. Dumas fils étant souvent quelque peu bizarre ; je ne cherche que le sens, peu m'importe le reste.

Pourquoi y a-t-il choc avant qu'il y ait fusion ? Où a-t-il pris cela ?

Nous voyons, depuis que le monde existe, que de toutes les combinaisons humaines, c'est l'alliance des deux sexes qui s'effectue le plus rapidement, le plus facilement ; trop *facilement même*, tant l'attraction est spontanée.

> ...... La faim, l'occasion, l'herbe tendre et je pense
> Quelque diable aussi me poussant.

« Chacun des termes trouvant en l'autre ce qu'il n'a pas en soi, cherche à s'en emparer ; le mouvement veut entraîner la forme ; la forme veut retenir le mouvement. »

Dieu ! que c'est ingénieux ! Cet homme sans forme, cette femme sans mouvement, se livrant à un pugilat pour s'approprier les qualités qui leur manquent ! C'est donc pour nous raconter de ces histoires-là que notre *grand* docteur monte sur son trépied ?

« Or, dans cette humanité, le mouvement et la forme, les sexes se rapprochent, s'accouplent sans savoir pourquoi ».

Et dire que cette humanité se livrait ainsi à une foule d'opérations familières depuis qu'elle existe, sans en avoir le sens précis, sans en comprendre le *pourquoi* ; et que le grand docteur Alexandre Dumas, fils, va le lui donner !

« Ces unions, pour la plupart, n'offrent qu'antagonisme, ajoute-t-il ; mais quand l'homme est conscient et la femme harmonique, la lutte n'est pas longue et le couple prédestiné n'a pas besoin de la mort pour commencer à être divin. »

Il paraîtrait qu'on ne peut être à la fois conscient et harmonique ; qu'harmonie et conscience sont deux qualités qui ne sauraient convenir qu'à deux sujets ; et que lorsqu'on a l'une, on ne peut avoir l'autre.

Tel est le support, la base, la vérité fondamentale de la théorie de M. Dumas. Tout le reste va pivoter sur cet énoncé. Voyez s'il présente toutes les garanties désirables pour accepter ce qui va suivre :

L'auteur nous met sous les yeux le plan primordial de l'humanité auquel il faut revenir ; sinon, on ne fera rien qui vaille.

Et avec ce ton dogmatique qui convient à un envoyé de Dieu, il nous recommande de ne point oublier que les empires meurent, que les civilisations se transforment, que les religions se divisent ; mais que *Dieu*, l'*homme*, la *femme*, *principes du monde*, subsistent toujours les mêmes.

Erreur ! orreur ! sacrilège ! docteur fantaisiste.

Dieu seul est le principe du monde.

L'homme et la femme ne sont que des moyens créés et employés par lui pour cette fin.

Continuons.

Il paraîtrait que le triangle sacré, tel que nous le connaissons, figure, symbole de la divine Trinité, est absolument démodé, et qu'il est remplacé avec avantage par le triangle de l'auteur de la *Visite de Noces*, qui l'a arrangé à sa guise. Il a évincé deux dieux qui le gênaient, les a relevés poliment de leurs fonctions, les a mis en disponibilité et les a invités à la retraite. Puis, façon tout à fait neuve, il loge l'homme et la femme aux deux angles vacants et plaça Dieu au sommet. C'était bien le moins qu'il lui accordât la place d'honneur.

Voici donc les représentants des deux sexes dans une position égale à l'égard l'un de l'autre.

Cependant tel n'est pas le dessein divin. « Dieu tout-puissant, l'homme médiateur, la femme auxiliaire. »
Voilà l'ordre immuable *suivant* M. Dumas.

Et c'est ainsi et continuellement que l'auteur s'embarrasse.

L'homme ne peut rien sans Dieu ; la femme ne peut rien sans l'homme. Voilà la vérité absolue, éternelle, immuable.

Mais, je me le demande, si la femme ne peut rien sans l'homme, qu'est ce donc que l'homme peut sans la femme ? Et n'est-ce pas s'avancer inconsidérément en assurant que l'homme est médiateur nécessaire entre Dieu et la femme et que celle-ci ne peut recevoir la parole divine que par l'entremise du masculin, lorsqu'au premier pas que je fais dans la connaissance de la doctrine, j'apprends que la femme, sans se préoccuper de son voisin de *l'angle* opposé, a communiqué avec l'Être suprême, et cela si intimement, si efficacement, qu'elle en est devenue mère d'un Dieu, au grand ébahissement de Joseph, qui n'entrait pour aucune part dans cette collaboration ?

Douze cents ans avant Marie, la chaste Ao-ssée passa sur la trace de l'Esprit Saint et enfanta le grand Fo-hi.

Ce que je remarque et que je souligne avec plaisir,

c'est que la tradition, de quelque latitude qu'elle vienne, n'enregistre jamais du fait de l'homme semblable exploit.

Pourquoi Dieu a-t-il fait alliance avec la femme plutôt qu'avec l'homme ?

Miracle pour miracle, ne pouvait-il pas faire surgir un sauveur des entrailles ou du cerveau du sexe fort, soi-disant *noble* ?

Que signifie cette préférence ?

Du reste, est-il juste, est-il vrai d'assumer sur le féminin toute la responsabilité de la déchéance humaine ?

D'où vient la rébellion, d'où vient la transgression à la loi ? D'un esprit masculin, d'un mâle séraphique, d'un ange. Otez la faute masculine, et du même coup celle d'Ève disparaît.

Mais reprenons la narration.

« Dès que la femme prend l'initiative, tout est perdu. Pour rétablir l'ordre, il est donc urgent que l'homme reconquière sa position prépondérante, qu'il soit l'initiateur de la femme. Malheureusement, — c'est l'auteur qui parle, — l'homme n'est le plus souvent que *laid, ignorant, grossier, brutal, bête,* — M. Dumas ne traite pas ses pareils avec du sucre, — il est incapable de diriger l'âme de sa femme », tout cela parce qu'il ne sait pas ce que M. Dumas *sait*.

« Que fait l'homme qui ne sait pas ? Il envoie sa femme à l'homme qui sait d'une autre façon que M. Dumas, au *prêtre, ce berger du troupeau humain, qui s'est soustrait au féminin,* — ici, sourires et réclamations — *ou qui se l'est subordonné par l'alliance purement spirituelle.*

« *Il pénètre dans l'âme de la femme qu'il ferme à l'homme,* — le mari, — *si bon lui semble. Il disparaît avec elle dans des régions où l'homme — toujours le mari, — n'est pas admis, et ils se disent là des choses qui ne le regardent pas, — encore le mari.*

« Il paraîtrait que le prêtre, dont l'homme s'est dégagé, s'efforce, à son tour, de dégager l'humanité catholique de la religion du masculin, c'est-à-dire, du Père et du fils, et de l'amener, par l'Immaculée-Conception, à la religion de Marie, de la Vierge-Mère, de l'épouse spirituelle, de la femme enfin. »

L'accusation n'est pas mince. Le prêtre ne donnant plus qu'une attention secondaire au PÈRE, au FILS, au SAINT-ESPRIT, pour glorifier uniquement Marie, la femme enfin ! Comme il faut être trois fois béatifié pour s'exposer ainsi aux foudres d'*Orléans*, de l'*Univers* et de la *Gazette de France* !

Quant à cette expression de Vierge-Mère, de *femme enfin*, elle me jette dans un trouble indicible ; elle me plonge dans un océan de suppositions toutes plus étranges, plus extraordinaires les unes que les autres ; un million d'idées utopiques, bizarres, folles traversent mon cerveau. Dieu ! que les gens de théâtre sont heureux de pouvoir être impunément inconséquents avec eux-mêmes ! D'une part, notre missionnaire nous déclare que la femme ne peut rien sans l'homme ; de l'autre, il affirme, avec la même autorité, que la *femme enfin*, la vraie, la *femme-type*, c'est la Vestale, en un mot, la femme qui se soustrait au masculin, la Vierge-Mère.

Vestalat pour la femme, célibat pour l'homme : tel est l'idéal suprême de l'humanité.

« Mais qu'entends-je ? le vestalat féminin est fécond, fertile, virtuel ! »

Dieu renouvellera-t-il tous les jours, à toutes les heures, à toutes les minutes, le mystère de la conception spirituelle, ou bien la femme, grâce au progrès de la science, comme le prévoyait Auguste Comte, pourra-t-elle, dans un temps prochain, fournir les éléments suffisants pour accomplir sans auxiliaire l'œuvre de la reproduction ?

Que devient dans ce cas la supériorité de l'homme ? A quoi sert-il désormais, ce fameux générateur, ce fameux initiateur? En réalité, le voici en dehors du triangle susdit. Il passe à l'état de superfluité ; il ressemble à la mouche du coche. Conséquemment, ce monsieur de l'angle d'en face n'a plus qu'à faire ses malles et à décamper au plus vite dans une autre patrie où la *femme enfin*, la vierge-mère, n'aura pas encore fleuri.

Evidemment, en prônant le vestalat, M. Dumas a contrefait l'apôtre Paul. En cela, il a erré. Saint Paul ne conseillait pas le mariage, il ne faisait, disait-il, que le tolérer. « Si vous vous mariez, vous faites bien ; si vous ne vous mariez pas, vous faites mieux. »

En parlant de la sorte, saint Paul obéissait à une conviction profonde. Il croyait à une fin du monde prochaine, et engageait, dans cette perspective, la totalité des humains à se détacher de toute affection terrestre, pour laisser rayonner, dans son entière plénitude, le sentiment religieux, l'amour divin. S'il eût su ce qui devait advenir, à coup sûr, il eût tenu un autre langage. Sans quoi il eût été parfaitement absurde.

Le célibat dans le monde ne peut et ne doit être qu'une exception, sans quoi l'humanité ne tarderait pas à rentrer dans le néant.

Ici, l'homme qui *sait* a parlé comme l'homme qui ne sait pas ; il s'est embrouillé dans sa logomachie et a embrouillé le lecteur. Il a dit cela comme il aurait dit autre chose : et il ne faut pas lui en vouloir s'il ne s'entend pas bien lui-même.

Les gens qui communiquent avec les esprits ne sont pas forcés d'être logiques. S'élevant dans les sphères supérieures, ils s'honorent de procéder autrement que les humbles mortels.

Vous sentez bien que si notre missionnaire a découvert que l'homme est mouvement et que la femme est forme ; que s'il les a fait asseoir dans un triangle, avec le Père Eternel au sommet, ce n'est point pour en rester là. Il revient donc à sa marotte ; il veut rétablir la distribution des fonctions.

Si le désordre règne dans la société ; par exemple, si la femme réclame ses droits civils ; si elle demande le libre exercice de ses facultés ; si elle prétend qu'elle doit recevoir une instruction égale à celle de l'homme, c'est parce que le plan primordial est sens dessus dessous ; que l'homme qui s'est obstiné à être encore plus sot que l'ancêtre Adam, ignore ce qu'il doit savoir, et demeure, partant de là, incapable d'être pour sa femme : *père, frère, époux, ami, prêtre,* en un mot son directeur spirituel.

Or, besoin n'est pas de changer l'éducation de la femme, de lui donner plus de dro ts qu'elle n'en a ; l'important, l'essentiel, toujours d'après notre nouveau docteur, c'est de refaire l'éducation de l'homme, afin qu'il *sache.* »

« Et cependant, ajoute-t-il, Jésus est venu pour remettre *tout en place.* A cette intention, il fit aux noces de Cana cette réponse célèbre à sa mère : «Femme, qu'y a-t-il de commun entre vous et moi ? » — pour bien faire sentir la différence qui existe entre les deux sexes et reconstituer la hiérarchie. »

Les écrivains sacrés n'ont guère vu dans cette réponse assez bizarre de Jésus qu'une manière d'affirmer en

publie son origine divine et sa consubstantialité avec
les personnes de la Trinité. M. Dumas, lui, y voit
autre chose. Imaginez-vous qu'un fils conçu et engendré suivant le mode naturel, le seul que nous connais-
sions, aille dire à sa mère : « Femme, qu'y a-t-il de
commun entre vous et moi ? » Ne serait-ce pas à rire
à sa barbe ?

Comment, lui dirait-on, tu demandes ce qu'il y a de
commun entre toi et ta mère ? Mais tu es formé de sa
chair, de son sang ; tu as hérité de sa santé ou de sa
maladie, de ses qualités ou de ses défauts. Imbécile !
n'aperçois-tu pas qu'en la rabaissant, tu te rabaisses
toi-même ?

Comment se fait-il que Jésus n'ait pas fait cesser ce
malentendu, et qu'il faille que M. Alexandre Dumas
vienne à la rescousse pour donner un coup de main à
l'entreprise et la mener à bonne fin ? Voilà ce que cet
homme modeste ne nous dit pas. Il se contente de nous
promener de la physiologie à l'ethnologie, de l'ethnologie à l'affaire Dubourg, après quoi il pose les conclusions suivantes :

« Tant que l'homme ne *saura* pas, la femme sera en
droit de se plaindre ; elle ne sera pas responsable de
ses errements, puisqu'elle aura été privée de la direction masculine dont elle ne peut se passer, n'étant née
que pour être auxiliaire et subordonnée. »

C'est à ce propos que le sieur Dubourg n'est qu'un
affreux coquin d'avoir assassiné sa femme, puisqu'il
est l'homme qui ne *sait* pas.

Mais à l'encontre, quand *l'homme sait* et qu'il lui
échoit en partage une femme cacophonique, — je ne
sais pas d'autre expression à opposer à harmonique,
— s'il l'a initiée suffisamment, s'il lui a expliqué
qu'est-ce que la vie et *qu'est-ce que la mort* ; s'il lui a
déroulé le système de la nature ; s'il lui a fait connaître

le plan primordial, les propriétés du *fameux triangle* et les intentions divines ; et si, malgré tous ses soins, cette femme résiste à la bonne parole, si elle le trompe, le dupe, le joue ; alors cet homme, voyant que cette femme est perturbatrice de l'ordre initial, juge qu'elle doit être rayée du grand livre de la vie.

Et ici, en auteur dramaturge qu'il est, M. Dumas se suppose un fils qui *sait*. Il le fait monter sur la montagne à l'instar de Belzébuth et lui dit d'une voix de cuivre : « Cette femme qui n'est point dans la conception divine, cette femme purement animale, c'est la guenon de Nod, c'est la femelle de Caïn, TUE-LA ».

Permettez qu'à mon tour, Monsieur, je me suppose une fille. Et moi aussi je me rends avec elle sur la montagne, qui est votre lieu de prédilection, et d'un accent solennel et convaincu, je lui tiens ce langage : « Mon enfant, tu es la femme harmonique, tâche de trouver l'homme qui *sait ;* à vrai dire, qu'il sache ou qu'il ne sache pas, c'est absolument la même chose ; n'oublie pas, toi qui es jeune, belle, instruite, toi qui as du talent et des vertus, que si ce monsieur, qui s'approprie tout cela et en plus ta dot, ta fortune, pour se faire notaire, agent de change ou député, ne se plaît qu'aux gravelures et aux obscénités de la *Belle-Hélène* et de *la Timbale d'argent* ; s'il entretient des cabotines, des baladines, sa laveuse de vaisselle au besoin ; s'il te ruine, s'il arrive même à corrompre la pureté de ton sang, n'oublie pas que cet homme *souille le plan primordial, la conception divine*, qu'il est indigne de figurer au triangle ; c'est le singe dont parle Darwin, c'est Caïn en personne ; TUE-LE, n'hésite pas.

Ici, quittons la plaisanterie qui nous a égayée un instant et rentrons dans le sérieux.

Et nous aussi, nous allons tout remettre à sa place.

Et d'abord M. Alexandre Dumas fils.

Je n'aime pas à faire de personnalités, je préfère juger les œuvres d'un écrivain sans me préoccuper de sa personne, de son caractère, de ses actes ; mais quand un auteur se reflète dans ses ouvrages, lorsqu'il a le soin de se mettre constamment en scène, force est bien de parler de lui en parlant de ses productions.

Je ne connais pas M. Alexandre Dumas fils, je ne lui ai jamais parlé, je ne l'ai jamais vu ; mais il m'a suffi de le lire et de voir jouer ses pièces.

Dans son *Homme-Femme*, il y a un trait de franchise que je ne saurais trop louer.

Page 160, il avoue « qu'il y a *une foule de choses qu'il ne sait pas, qu'il ne saura jamais*, sa jeunesse s'étant trop dispersée au hasard. »

Toutes ses œuvres s'expliquent par ces quelques mots.

En effet, il y a une foule de choses qu'il ne sait pas, et cela se sent dans le cours de ses ouvrages. Par un travers commun à l'esprit humain, M. Dumas aime à parler de préférence des choses qu'il ignore. Son éducation a été faite de pièces et de morceaux, à l'aventure. Absence d'ordre et de méthode. Chez lui, on rencontre, à tout pas, des notions mal digérées, des idées flottantes ; tantôt une formule scientifique, tantôt un paradoxe ; rien ne se tient, rien ne s'enchaîne. Un jour, il a conversé avec un savant et il en retient quelques bribes ; une autre fois, avec un homme politique ; peu après, avec un magistrat, un prêtre, un philosophe, une femme d'esprit, et le voilà sténographiant quelques phrases, quelques théories dans son cerveau, recousant le tout avec une certaine dextérité. N'ayant pas reçu par voie d'hérédité l'imagination exubérante de son père, n'ayant pas le don, si rare, de découvrir des idées et des situations neuves, M. Alexandre Dumas a visé à la profondeur ; il a voulu faire de l'analyse physiologique et psychologique.

Malheureusement, il écrivit trop tôt. Héritier d'un nom justement populaire, il fut déjà célèbre avant de mériter de l'être ; toutes les portes lui furent ouvertes, et il trouva une réputation faite à l'avance.

Lancé dans cette voie, il lui resta peu de temps pour s'instruire et pour méditer.

Il est à remarquer que tous les gens qui ont vraiment dit quelque chose à l'humanité, ont été longtemps à se taire.

Quant à M. Alexandre Dumas fils, quel a été son sujet d'observation, quel a été son milieu ? Le monde des coulisses, les paysages de carton, le bagout superficiel des comédiens, le monde des courtisanes de tous étages, la bohême des cafés ; en un mot, tout ce qu'il y a de plus factice, de plus frelaté au monde.

Il ne passe pour savant qu'aux yeux des gens qui ne savent pas.

En faisant le résumé de son livre, nous ne trouvons qu'incohérence, confusion, contradiction.

Que l'auteur place son critérium de vérité dans la Bible, il en est libre ; mais qu'il ne s'imagine pas pour cela entraîner invinciblement tous les esprits, puisque tout l'univers n'est pas régi par les mêmes croyances. Ensuite, si les Écritures sont pour lui la source de toute lumière ; s'il les croit empreintes du sceau divin ; s'il juge faux tout ce qui ne s'y rapporte pas, il n'a plus le droit de rien changer au texte sacré ; sinon, son critérium de vérité n'a plus de valeur.

Sa première bévue, comme nous l'avons signalée, est d'omettre la manifestation divine la plus brillante, la création de la matière. La seconde consiste à prendre pour point de départ l'unité des espèces, que proclame la Bible, pour conduire à la pluralité.

Puis, à quoi bon faire intervenir l'ethnologie dans l'affaire, lorsqu'il n'est question que des caractères généraux de l'humanité, caractères fondamentaux qui se retrouvent sous toutes les zones ?

N'est-il pas comique d'expliquer les disputes du ménage, les incompatibilités d'humeur par la différence des races ? Monsieur aime les voyages, les aventures, madame aime les bals et s'y décollète largement parce que, d'une part, Monsieur a une affinité, au millième degré, avec les races nomades des temps primitifs et qu'il en reproduit, à distance, le caractère ethnique ; et que de l'autre madame a dans ses veines un huitième de goutte de sang noir ou de sang jaune ; que ses premiers ancêtres ayant l'habitude de se vêtir avec quelques plumes, elle ne peut se soustraire à l'influence générique et se trouve toujours trop habillée.

Où n'irions-nous pas ?

Prenons la race la plus homogène, la plus autochtone et la totalité des individus qui la composent, nous aurons la diversité des caractères, des physionomies, des aptitudes. Sans quoi, nous ne trouverions que des clichés. Que deviendraient l'individualité, l'originalité, le moi ? Comment Caïn aurait-il tué Abel ?

Comment pourrait-on satisfaire à la diversité des professions ?

Les dissidences qui se produisent dans le ménage, sans aller chercher midi à quatorze heures, viennent de l'opposition des goûts et des caractères, quelquefois même de la similitude d'humeur qui n'amène que de mauvais résultats le plus souvent. Cette théorie ethnique met immédiatement M. Dumas en défaut.

Si l'être ne peut se dégager des influences origi-nelles ; si les tendances ethniques ne cessent de se reproduire en lui, à quelque distance qu'il soit du point de départ ; si une éducation autre, un milieu différent, une volonté ferme ne parviennent point à la combattre, l'individu n'est plus responsable de ses actes ; il agit en vertu d'une force supérieure à la sienne propre.

Pourquoi donc M. Dumas qui, lui-même, nous fait valoir ces motifs, conclut-il alors pour le châtiment ?

Maintenant, jetons un coup d'œil sur sa physiologie féminine.

Nous savons tous que l'objet de ses études est spécialement la femme. Il l'a considérée dans les diverses situations de la vie, dans les différentes positions qu'elle occupe ; il en a fait le sujet de ses dissections : *la Dame aux Camélias* ; *le Demi-Monde* ; *Diane de Lys* ; *les Idées de Madame Aubray* ; *la Visite de Noce* ; *la Princesse Georges* ; *l'Affaire Clémenceau*, ne forment qu'un long défilé des idées, des opinions de l'auteur sur la question des femmes. Et chose curieuse, au fur et à mesure qu'il travaille son sujet, il ne le connaît pas davantage. Nous constatons toujours les mêmes erreurs, toujours les mêmes fautes de logique.

C'est ainsi qu'au mois d'avril 1870, nous réfutions, aux conférences de Cluny — Société des gens de lettres, — sa définition de la femme (préface de *l'Ami des femmes*), où il disait : « *La femme est un être circonscrit, passif, instrumentaire, disponible, en expectative perpétuelle ; — C'est le seul être inachevé que Dieu ait permis à l'homme de reprendre et de finir. — C'est un ange de rebut.* » — Nous lui répondions : « Cette définition a un inconvénient, elle ne définit pas. Pour définir un objet, un être, il faut en saisir tous les caractères spéciaux, particuliers, qui lui appartiennent en propre et qui le distinguent de tous les autres. »

« *La femme est un être circonscrit.* »

Cette qualification ne désigne rien parce qu'elle désigne tout.

En effet, tout est circonscrit dans la nature, les choses et les êtres. A quoi donc pense M. Dumas fils ? Il oublie que la limitation, la forme, est le principe des individus.

« *La femme est un être passif.* »

Il n'y a point d'être exclusivement passif ou actif.

Nous sommes tous, sans exception, passifs et actifs simultanément, en tant que nous subissons l'action de nos semblables, de nos milieux, des circonstances ambiantes dans lesquelles nous nous trouvons placés, et que nous la leur faisons subir en même temps. Passif est donc aussi inexact que circonscrit.

Continuons.

« *La femme est un être instrumentaire.* »

Dans notre monde, objets et personnes sont instrumentaires : Minéral, végétal, animal, humanité.

L'homme politique, l'écrivain, l'artiste, le journanaliste, le savant sont également des instruments sociaux, instruments utiles, agréables ou dangereux ; nous sommes donc tous des instruments en tant que nous nous servons les uns les autres.

« *La femme est un être disponible.* »

Cette expression est une doublure, une redite des deux précédentes. « *En expectative perpétuelle.* » L'attente est le sentiment incessant de l'humanité. Chacun attend quelque chose : la fortune, le succès, la gloire, la santé, le plaisir ; on attend même la mort. Mais cela avec moins d'impatience.

« *La femme est le seul être inachevé que Dieu ait permis à l'homme de reprendre et de finir.* »

Achever et finir ont plusieurs significations.

Est-ce dans le sens de réduire, de ruiner, que l'entend l'auteur du *Demi-Monde* ? En ce cas, il pourrait plus d'une fois avoir raison. Seulement, il est obligé de convenir que quelques femmes prennent amplement leur revanche.

Mais voici le bouquet :

« *La femme est un ange de rebut.* »

Eh ! qu'il y prenne garde, M. Dumas ! Un ange de rebut équivaut ici-bas à un homme de premier choix. Décidément, sa définition pèche contre toutes les lois de la méthode, elle est entièrement à refaire. Il lui faut retourner à l'école et étudier assidûment la logique.

Aujourd'hui, dans son *Homme-Femme,* nous trouvons de dignes pendants à sa définition et nous les avons signalés aux lecteurs.

M. Dumas a essayé de faire de la science. Il a voulu s'appuyer sur la physiologie, sentant que, dès qu'il s'agit de classer les êtres, de les caractériser, de définir leurs attributs et la nature de leurs fonctions, de tracer le cercle de leur activité, d'en fixer les limites, la méthode à adopter est l'observation de leur organisme, de leur constitution.

Or, cette partie de la biologie, appelée physiologie, parce qu'elle traite des organes à l'état actif, exige la plus rigoureuse impartialité et le rejet complet de tout ce qui est factice. Il faut, à travers la triple couche de conventions, d'usages, de préjugés, pénétrer jusqu'à la nature, et la saisir dans toute sa simplicité, dans toute son indépendance.

Etudier le jeu de l'organisme, c'est étudier ses fonctions, par conséquent ses besoins, ses passions ; c'est le point où se touchent la physiologie et la psychologie.

Placé, comme nous l'avons déjà mentionné, dans un milieu faux, n'ayant que des sujets placés à faux, M. Dumas n'a tiré que des conclusions fausses.

Il ressasse de vieilles erreurs en niant la femme-sen-sation, la femme-passion, ou ne la considérant que comme un être anormal.

Regardez avec attention les espèces animales, et vous verrez que la loi invisible de l'attraction entraîne chaque sexe l'un vers l'autre avec une égale ardeur.

En humanité, on a prétendu le contraire.

Suivant l'arrangement social, on a décrété que la femme n'a point de passion, qu'elle ignore les incita-tions des sens. Des faits positifs, tels que le grand nombre des courtisanes, les aventures galantes dont le monde fourmille, les adultères fréquents, donnent un démenti formel à cette opinion. Elle n'en persiste pas moins ; elle passe outre. La femme-passion n'est pour M. Dumas qu'une triste exception de la nature. Quant à la courtisane, elle ne fait pas partie de l'hu-manité, c'est un sexe à part, comme le sexe *ecclésias-tique*. Il est créé pour le besoin des circonstances.

A ce sujet, l'influence de l'éducation est tellement forte, les idées sont tellement enracinées, le Code est si absurde que jamais femme n'ose s'expliquer sur ce point sincèrement, craignant de se faire déjuger. Et cela est si vrai, que tout mari est généralement trompé pour avoir ignoré le tempérament de sa femme, et s'être cru libéré de ce côté, tandis qu'un troisième personnage intervient et découvre, dans cette même femme, des tendances, des aptitudes que le mari n'avait même pas soupçonnées.

Cette opinion, radicalement fausse, porte de très grands préjudices à l'ordre social :

1° Elle abaisse la vertu en en faisant une question de tempérament ; de telle sorte qu'on n'a pas plus de mérite à être vertueuse qu'à être sanguine, bilieuse, ou lymphatique.

8

2° Elle engendre deux morales diamétralement con
tradictoires et qui s'annulent réciproquement.

Voyons un peu le mécanisme naturel.

La nature, qui a infiniment plus d'intelligence et de
sagesse que tous les poètes, tous les romanciers et tous
les dramaturges réunis, a fait naître, là où elle veut
alliance, union, des attractions réciproques ; elle a
distribué, dans les deux sujets qui doivent se joindre,
la passion à dose égale ; elle n'a pas placé dans l'un
l'exubérance, dans l'autre la privation ; elle n'a point
voulu mettre aux prises des désirs et des répugnances,
l'ardeur et l'impassibilité. Ici, elle ne s'est point complu
à l'antithèse qui eût inévitablement dérangé ses plans.
Où aboutiraient l'homme-passion et la femme-froideur,
l'homme-agression et la femme-résistance ? A un antagonisme perpétuel, à une lutte qui finirait toujours
par une victoire et par une défaite.

En outre, en donnant à l'homme la fougue des sens,
à la femme le calme, vous accordez immédiatement à
celui-là le droit de professer des mœurs libres, tandis que vous prescrivez à celle-ci des mœurs régulières.
Dans quelles contradictions ne tombez-vous pas ? Ou
bien l'homme sera perpétuellement déçu dans ses aspirations les plus naturelles, ou bien la femme transgressera constamment la loi de pudeur.

Non, la nature n'a point commis une telle sottise ;
elle a donné aux deux sexes des passions égales ; mais
elle a fait surgir de leur conscience la morale qui
régularise, équilibre : sensations, affections, désirs,
pour les subordonner au devoir : morale une, indivisible,
loi immuable, en dehors de laquelle il n'y a que trouble
et confusion.

Où a-t-il vu aussi cette répulsion, cette déception,
cette humiliation intérieure de la jeune fille pour l'accomplissement de la loi fondamentale de l'humanité ?

D'où lui vient cette surprise, cette stupéfaction, cette terreur ? Ne se doute-t-elle absolument de rien ?

Je sais bien que l'éducation des filles est étroite et ridicule ; je sais bien que la complète ignorance est confondue avec l'innocence et la candeur ; ce qui fait qu'à ce compte, dès qu'une femme n'ignore plus, elle cesserait d'être pudique ; ce qu'on ne prétend pas, assurément.

Mais, malgré tout, quelle que soit la vigilance que des parents exercent pour entretenir chez leur fille cette ignorance profonde, la nature, permettez-moi d'y revenir, domine la méthode de la famille par une instruction instinctive.

Cette grande maîtresse ne procède ni par secousse ni par suprise. Pour chaque phase de la vie, elle prépare l'individu par des avertissements secrets, par des enseignements intérieurs, par le spectacle même de tous les êtres ; elle agit dans un ordre, dans une progression constante. Il n'y a point de si bornée ni de si sotte qui ne l'entendent et ne la comprennent.

Et voyez comme il faut peu de chose pour apercevoir le bout de l'oreille et pour saisir la vérité au passage.

Tout le monde se souvient, par expérience ou par on dit, qu'il était d'usage, aux noces, il y a quarante ou cinquante ans, que la mère de la mariée, flanquée de quelques tantes et de quelques belles-sœurs, reconduisit sa fille au domicile conjugal.

« Voyons, vous qui avez du caractère, disait le père à une parente, assistez-donc ma pauvre femme dans cette tâche... » et le cortège partait. Grâce à toutes ces préparations, à cet entourage mystérieux et affairé, la jeune épousée se conformait au rite.

Elle savait, à l'avance, qu'elle devait paraître émue, troublée, tremblante, éperdue, éplorée.

Ces matrones l'épiaient, l'observaient, pour voir si elle était selon la formule. La mère se trouvait mal ;

les tantes cherchaient à l'imiter ; les belles-sœurs larmoyaient. Enfin commençait toute cette série bien connue de grimaces et de simagrées.

Puis, le jour suivant, toute la noce savait quelle avait été l'attitude de la mariée dans cette situation difficile. Alors venaient les réflexions, les critiques. Les uns trouvaient qu'elle n'avait pas assez pleuré, les autres, qu'elle avait trop d'assurance, etc., etc.

Un beau jour, on déclara, au nom de la mode, qu'il était de mauvais ton d'accompagner la mariée ; que cela était bon pour les gens *de peu* ; que les jeunes époux devaient partir seuls. Dès ce moment, il y eut un changement subit. Les mères, les tantes, les belles-sœurs furent invitées à retourner chez elles et à mettre leurs mouchoirs dans leurs poches. La mariée partit comme tout le monde : elle fut dispensée de se faire un visage de circonstance. Et, le lendemain, quand les parents anxieux, comme s'ils avaient, à l'exemple de Laomédon, livré leur fille au Minotaure, allèrent frapper à la porte des jeunes époux, ils trouvèrent ceux-ci à table dégustant des huîtres d'Ostende et dévorant un pâté de foie gras en intercalant le tout par des ris.

« Tiens, c'est papa ! tiens, c'est maman ! Quoi ! vous vous êtes dérangés sitôt ! Mais nous allions aller vous voir, c'était dans nos projets ».

Et les parents de s'apercevoir que leur présence n'était point indispensable et que leur visite n'était pas impatiemment attendue. Leur fille ne réclamait ni encouragement ni consolation.

Si la jeune fille, le jour de son mariage, ne trouve qu'une réalité décevante, c'est que le sujet qu'elle a rencontré est indigne d'elle, ou bien qu'il lui inspire tout à coup une antipathie subite.

Les unions se font dans des conditions si déplorables

que ce qui devrait être attrait, charme, plaisir, se métamorphose, le plus souvent, en corvée.

Si je me suis attachée à faire ressortir cette question de tempérament, c'est qu'elle est intimement liée à la question de l'adultère et qu'elle y joue le premier rôle, et que celle-ci ne pourra se résoudre qu'en tenant compte de celle-là.

En matière de pénalité, lorsqu'il s'agit de prononcer une condamnation, d'appliquer des châtiments, les études superficielles ne sauraient suffire. De ce qu'une loi a été promulguée, de ce qu'elle est en vigueur, il ne s'ensuit pas qu'elle soit juste ; il faut qu'elle soit basée sur la nature.

Or, prenons le mariage à son point de vue le plus irréductible. Qu'est-il, physiologiquement parlant ?

L'union de deux organismes qui ont chacun des fonctions à remplir, en conséquence, des besoins, des appétits, des désirs, et qui cherchent mutuellement à les satisfaire l'un par l'autre, l'objet de cette satisfaction étant la perpétuité de l'espèce.

Voilà le fond du mariage, voilà son but. Qu'on l'embellisse, qu'on l'orne, qu'on le poétise, on n'en changera pas le caractère essentiel : il est invariable. Et quelque divers que soient les circonstances, les honneurs, les positions et les individus, le mariage ne sera toujours que cela et rien autre chose ; tout le reste vient par surcroît.

On comprend que si l'un des conjoints se soustrait à ses obligations, il autorise volontiers l'autre à commettre l'adultère, le but du mariage n'étant pas atteint.

Aussi le cas d'adultère de la femme est-il toujours complexe ; l'accusée n'y est pas seule en jeu. Quand on touche à l'infidélité de la femme, on touche en même temps à la conduite du mari.

C'est parce qu'on nie le tempérament de la femme

bien élevée — comme si la femme bien élevée ne faisait pas partie de la nature, — que des vieillards ou que des hommes caducs avant l'âge ne se font aucun scrupule d'unir leurs débris à des jeunes filles resplendissantes de jeunesse et de santé ; c'est parce qu'on nie le tempérament de la femme honnête, que *l'honnête* mari gaspille en ville ses dispositions galantes. Tous sont intéressés à se persuader que leurs femmes seront encore trop heureuses de les voir rentrer à la maison. Une femme honnête se contente de si peu !

Et le jour où la femme est adultère, de tels hommes se constitueront juges !

De quel droit ?

Les uns auront accepté, en connaissance de cause, un mandat dont ils se savent incapables de s'acquitter ; les autres, en dépit de leurs engagements, porteront à des concubines ce qui appartient à leurs femmes. Quand on manque de vertu soi-même, on perd le droit de l'exiger chez autrui.

Et lorsque l'homme surprend sa femme en adultère, on devrait s'enquérir des mœurs du mari. S'il était prouvé que lui-même a été adultère antérieurement à sa femme, on le débouterait de sa plainte.

L'homme s'écriera : « Mais l'adultère de ma femme peut me donner des enfants étrangers. »

La femme répondra : « L'adultère de mon mari peut me mener à la ruine. »

— Vous deviez avoir assez de force, assez de raison pour résister, répondra le mari.

— Vous qui représentez la raison, vous en avez bien manqué le premier, répondra la femme ; je n'ai fait que vous rendre ce que vous m'avez donné.

— Chez moi, c'est un caprice des sens, exclame le mari.

— Chez moi, c'est une nécessité. Vous m'avez faite veuve sans l'être.

Donc, pour porter un jugement équitable, comme préliminaire du procès, la justice devrait s'informer des manières d'être des deux époux. Il ne s'agit donc pas de savoir si le mari doit se venger ou faire miséricorde ; le terrain du débat n'est pas là. Il s'agit de s'assurer si, par rapport à sa conduite, il a le droit de punir, et si la femme mariée, privée de son mari, peut toujours et quand même résister aux sollicitations de la nature.

Il est fréquent qu'une femme célibataire ou veuve vive dans la plus parfaite continence. C'est de propos délibéré qu'elle a choisi cette position correspondant sans doute à ses idées, à ses goûts ; d'ailleurs, rien ne l'engage, rien ne l'oblige à ne point changer d'avis dans la suite. Au contraire une femme qui s'est mariée prouve clairement qu'elle n'a voulu rester ni dans le célibat, ni dans le veuvage. Or, si le mari, par son inconstance, lui impose, contre son gré, cette situation, elle a de si forts griefs à faire valoir qu'elle a volontiers droit à l'acquittement en cas de délit.

A coup sûr, il est beau, il est sublime d'unir à la hauteur des principes une force d'âme capable de faire triompher la vertu dans n'importe quelle circonstance. Mais lorsqu'on édicte des lois, on se fonde sur les natures moyennes qui forment la généralité de l'humanité, et l'on fait abstraction des caractères exceptionnels. Sans quoi, la loi deviendrait inapplicable et impraticable.

Voilà le seul moyen de rétablir la justice et de rendre un arrêt équitable.

Où la partialité est manifeste, où l'injustice est criante, c'est en ce qui concerne l'adultère du mari. Ce dernier n'est condamné qu'à une amende dans le

cas où il introduirait sa maîtresse sous le toit conjugal.
Ceci ressemble à une plaisanterie. Et ce serait vraiment à donner envie de se faire justice soi-même. Du
reste, le mariage est le contrat le plus léonin que la
femme puisse jamais signer.

Et comment M. Alexandre Dumas ose-t-il nous dire
que cette institution est tout à l'avantage de la femme?
Quel contresens !

Quoi ! la fille majeure n'entre-t-elle pas en possession
d'elle-même ? Si elle a une fortune, n'est-elle pas libre
de l'administrer à sa guise, d'aller où il lui convient,
d'agir comme elle l'entend, de recevoir qui bon lui
semble et de mener une vie selon ses goûts ?

Dans le mariage, au contraire, elle abdique sa liberté,
son nom ; elle livre sa personne, sa fortune ; enfin, elle
s'aliène du tout au tout, comme si elle devait nécessairement trouver dans le mari qu'elle prend une direction
supérieure. La loi, notez bien, est censée supposer dans
tout homme l'intelligence, la loyauté, la raison. Evidemment, cette supposition n'est qu'une fiction. Mais
on n'en donne pas moins à cette fiction force et puissance.

Le gouvernement est remis à l'homme. Cependant,
quand l'homme a une maîtresse, il semble que ce serait
bien le moins que la loi offrît une protection à la
femme. Eh bien, loin de lui fournir des armes contre
la trahison de son mari et les conséquences qui
peuvent en résulter, elle les lui refuse.

Dès qu'un homme a une maîtresse, il est en voie de
ruiner sa femme ou tout au moins de distraire quelque
chose de son ménage. Non seulement la femme légitime est délaissée, mais de plus elle est privée, elle
est réduite dans ses dépenses pour faire face aux exigences illicites du mari.

La situation est trop connue pour que je m'étende davantage sur ce sujet.

Je le répète, le mariage, tel qu'on le pratique, n'est le plus souvent pour la femme, — en me servant d'un mot de Montaigne, — qu'une affreuse *piperie* : elle s'engage sans engager l'homme au même degré.

Quand les faiseurs de comédies nous mettent le mariage et l'adultère en scène et qu'ils essaient, à ce propos, de soutenir une thèse, le spectateur n'en peut tirer aucune leçon : tous les personnages sont de convention. Cette opinion que la femme n'a point de passion jouit d'une si haute estime que, lorsqu'un auteur veut nous intéresser à une femme adultère, il se garde de donner pour motif de sa chute l'entraînement de l'imagination et des sens, il préfère nous présenter cette femme indifféremment passive, victime en quelque sorte d'une défaillance inconsciente.

Et vraiment, on dirait qu'à plaisir l'auteur marche contre le but qu'il veut atteindre, car il ne néglige jamais de mettre en opposition un mari modèle, comme on n'en voit pas. Donc, loin d'atténuer la faute, il ne fait que la rendre plus détestable, puisqu'il lui enlève l'excuse d'une revanche ou bien celle de l'amour.

« Exemple : *le Supplice d'une Femme*, *la Comtesse de Sommerive.* »

Je ne puis m'empêcher de rire, lorsque je vois des hommes avoir la prétention d'apprendre à la femme ce qu'elle est, tandis que c'est à elle à le leur apprendre. « Laissez parler la femme, disait Enfantin, et nous saurons ce qu'elle sent, ce qu'elle pense et ce qu'elle veut. Nous n'avons aucun droit de lui imposer des conditions d'existence sans savoir si elles lui conviennent »

Et maintenant laissons M. Alexandre Dumas fils.

Son livre n'a été pour moi qu'un prétexte.

Cette question des femmes, je l'ai déjà traitée sous bien des faces ; mais le moment est venu de la reprendre avec plus de persistance que jamais.

L'avenir social en dépend.

Oui, il y a lutte ; oui, il y a antagonisme entre le masculin et le féminin ; et cette guerre sourde, latente, féline, est aussi vieille que le monde.

Quelle en est l'origine ? quelle en est la cause ?

Les traditions nous tirent-elles d'embarras ?

Non, pour la bonne raison que toutes ne s'accordent pas au sujet de la chute.

L'Inde impute la faute à Brahma, l'Égypte aux âmes ; la Grèce a deux versions : Pandore et Prométhée. Et, d'ailleurs, si l'on devait se baser sur les légendes, que de vérités scientifiques il faudrait abandonner, et que d'erreurs il faudrait reprendre !

Tenons-nous-en donc à la méthode expérimentale.

La source de cette servitude me paraît facile à découvrir si l'on veut bien admettre la théorie la plus simple et la plus naturelle.

Dans les âges de concurrence vitale, la force musculaire fut tout. La femme ne joua donc alors qu'un bien petit personnage ; et tout ce qui fut délicat, frêle, ne fut pas mieux partagé qu'elle.

Ceux qui étaient forts devinrent inévitablement chefs, dominateurs et partant orgueilleux. Ils crurent volontiers que leur origine était supérieure à celle des autres hommes, et que quelque divinité tutélaire leur avait conféré ce privilège de la force dès leur naissance. Tous les grands hommes des temps héroïques ne manquèrent pas de se dire issus des dieux et de prendre pour maître de l'univers une divinité masculine. Associant toujours l'idée de puissance à l'idée de développement corporel, ils ne représentaient les dieux que dans des proportions colossales. Ils étaient

imbus de cette croyance que les héros, après leur
mort, acquéraient une taille plus élevée et plus majestueuse.

Ceci nous explique pourquoi la Bible nous enseigne
que l'homme est sorti le premier des mains du
Créateur ; que la femme, — production seconde, —
a été formée de l'homme. Donc, une force ne produisant jamais une force égale à elle même, l'homme est
moins fort que Dieu, et la femme moins forte que
l'homme.

Cette façon d'expliquer les choses se trouvait tout à
fait d'accord avec l'état des esprits ; et, *a priori*, il est
logique qu'on ait jugé que l'intelligence était en raison
de la vigueur, et que là où il y avait vigueur, il devait
y avoir commandement.

Il appartenait à la méthode expérimentale de modifier
singulièrement cette opinion.

Le règne de la force dans les temps primitifs fut
donc un fait naturel, fatal. Plus tard, on y joignit l'ar-
tifice. Comme la force n'est toujours que relative, et
qu'on est d'autant plus fort qu'on est entouré de moins
forts que soi, ceux qui avaient la puissance mirent leur
premier soin à empêcher leurs semblables de se deve-
lopper, de s'élever, de se fortifier.

Alors s'établit cette théorie fausse, malsaine, vicieuse,
qui base la grandeur d'un seul ou de plusieurs sur l'a-
baissement du plus grand nombre.

Telle est notre ennemie.

Tel est le point de départ de notre subordination.

Cette théorie a prévalu et prévaut encore dans l'ordre
politique comme dans l'ordre social. Elle amoindrit
l'humanité elle paralyse l'essor intellectuel des masses.
Elle crée des luttes de sexe à sexe, de nation à nation,
de classe à classe, d'individu à individu. Elle a cependant perdu beaucoup de terrain.

Nous avons vu figurer successivement l'esclavage, le servage, le vasselage; enfin le peuple a obtenu l'égalité devant la loi. Quant à la femme, son tour est encore à venir.

Aujourd'hui, cette théorie de la grandeur s'est retranchée dans sa dernière position, et elle y défend avec acharnement sa dernière aristocratie : l'aristocratie masculine. L'homme, par rapport à la femme, s'est constitué en *noble* ; il s'entête à ce privilège. Il a basé sa dignité, sa qualité, sa supériorité sur l'asservissement féminin. Et quand on lui parle d'affranchir la femme, de la libérer, de la rendre son égale, il se figure qu'il va cesser d'être homme, qu'on veut l'inférioriser.

Pour lui, partager ses droits avec elle, cela équivaut à les perdre.

N'est-il pas bizarre que l'homme s'imagine que la femme ayant un droit égal au sien, elle sera tout et lui rien ?

Aussi rencontrons-nous les plus grandes hostilités de la majorité des hommes. Un certain nombre d'esprits plus profonds, plus justes et surtout plus perspicaces, comprennent qu'en somme l'humanité pourrait bien gagner à cet acte de justice, et que, tout bien réfléchi, il n'est peut-être pas très habile d'inférioriser un sexe qui entre de moitié dans leur façon.

Si tant d'adversaires s'élèvent contre nous, c'est que l'homme conserve une vieille rancune.

Il s'est toujours senti humilié, lui qui se déclare maître et souverain, de subir, ne fût-ce qu'une heure, le joug d'une créature faible et délicate, en apparence du moins. Il a considéré cette domination passagère comme une action maligne. Il a d'autant plus cherché à soumettre la femme qu'il redoute son empire. Il en est arrivé à ce triste résultat d'abaisser la femme intellectuellement et de subir quand même son influence ; ce qui ne l'a pas grandi d'un pouce, tant s'en faut. Les hommes n'avoueront jamais cette faiblesse de leur part.

On cache généralement les calculs de vanité et d'égoïsme.

Ils ont inventé quelques arguments perfides — je dis perfides parce qu'ils ont un faux air de bonne foi et qu'ils entraînent la plupart des gens sans leur laisser le loisir d'examiner s'ils sont vrais.

On a commencé par dire que les différences physiques impliquent nécessairement des différences morales. *Nécessairement* est de trop, et l'expérience de tous les jours contredit cette assertion.

Ce ne sont point les hommes les plus barbus, les plus moustachus, qui font le plus preuve d'intrépidité.

La nature se plaît à opposer des contrastes ; il est à remarquer qu'elle ne favorise pas les êtres de tous les côtés. Ce qu'elle donne d'une part, elle le refuse de l'autre. Elle loge souvent les énergies les plus rares dans des corps grêles. La physionomie de Jules Gérard, le célèbre tueur de lions, était efféminée, son corps était grêle. La plupart des grands hommes se recrutent parmi les petites tailles. Les exemples abondent. La vraie force est dans l'esprit.

Interrogez là-dessus la physiologie et vous ne la trouverez pas très forte en matière cérébrale.

Elle vous dira qu'on pense avec le cerveau, ce dont vous vous doutez depuis longtemps. Mais quant à vous apprendre ce qui constitue tel ou tel degré d'intelligence, n'y comptez pas. Des hypothèses, oui ; des certitudes, non.

Les peintres se sont obstinés à nous représenter Judith sous des formes gigantesques. Horace Vernet nous en a fait une sorte de Mars juvénile en jupe ; Zie-

gler un colosse sauvage. Qui nous dit que l'héroïne
juive ne fut pas petite et mince? Avec la grâce de Dieu
on peut toujours couper le cou à tout le monde.
Moïse était petit et bègue; Michel-Ange nous le représente comme un géant. Élisabeth d'Angleterre était
mignonne et d'un blond roux.

Que de jugements à rectifier!

Au nombre des arguments fallacieux figure celui-ci:

« La femme est un être de sentiment, l'homme est un
être de raison. »

Or, comme il est du plus élémentaire bon sens de
conférer le gouvernement de la famille et de la cité au
plus raisonnable des deux, il s'ensuit que la direction
des affaires revient légitimement à l'homme.

Cette conclusion donne le change, elle paraît logique.
C'est bien dommage que les prémisses n'en soient pas
vraies. Cette distribution est absolument arbitraire;
elle vient en ligne directe de la prévention et non de
l'observation.

La femme a autant de raison que l'homme et l'homme
autant de sentiment que la femme; car ces deux êtres
procèdent réciproquement l'un de l'autre; et, par voie
d'hérédité, ils échangent, ils se transmettent mutuellement leur caractère respectif; en sorte que le type
féminin et le type masculin se croisent et se confondent.

Cette prédominance de sentimentalité chez la femme
est plus une apparence qu'une réalité, qu'elle doit en
partie à son éducation. Les Carthaginoises jetaient
leurs enfants dans les bras enflammés de Moloch; les
Lacédémoniennes voyaient fustiger jusqu'à la mort
leurs enfants dans le temple de Diane; chez certaines
peuplades de l'Amérique du Nord, les femmes servent
de bourreau. Dans tous les cas, cette sensibilité ne nuit
en rien à son esprit de conduite.

Sans invoquer les héroïnes illustres de l'histoire, nous voyons, autour de nous, une foule de femmes chefs d'industrie, chefs de commerce, très aptes à entendre et à mener les affaires, à administrer, à s'enrichir et à garder leur fortune, à remplir les fonctions du père dans la famille, enfin, à faire preuve de fermeté.

Malgré sa servitude, malgré l'étroitesse de son éducation, malgré la malveillance qu'on lui a opposée, elle a su, dans tous les temps et à quelque rang qu'elle appartînt, faire preuve d'énergie, d'héroïsme, de talent, de génie même. Et cette femme, soi-disant faite pour obéir, a excellé dans l'art de gouverner. A combien d'œuvres n'a-t-elle pas apporté sa collaboration anonyme, l'homme se réservant la gloire d'y apposer sa signature !

La femme n'est donc pas seulement un être *auxiliaire surbordonné* : elle n'est point seulement un être *complémentaire*, elle est un être complet.

Elle est l'égale de l'homme.

La supériorité de celui-ci n'est que factice et artificielle, puisqu'il ne l'obtient qu'en comprimant l'essor des capacités féminines.

Homme et femme ne diffèrent que dans la forme : ils sont identiques quant au fond.

Et je mets au défi quiconque de trouver dans l'un des deux sexes un goût, une passion, une faculté qui fassent défaut à l'autre.

La cause consciente de l'Univers, Dieu a voulu que ce fût ainsi, afin qu'homme et femme, destinés à s'associer, à s'unir, à poursuivre un même but, puissent se suppléer mutuellement dans les circonstances de la vie. Les événements déroutent le plus souvent les prévisions les plus sages ; nul ne peut dire : « je ferai ceci ; un tel fera cela ; » ils mettent fréquemment les

gens en demeure de remplir des fonctions inattendues.
Il est donc nécessaire que la femme exerce ses facultés
pour être à la hauteur de toutes les situations. Par ce
moyen, en l'absence de l'époux, du père, elle évitera à
sa famille ces transitions brutales, terribles, qui la font
passer d'un état de prospérité à un état de misère.

La femme veuve redoublera de courage, multipliera
ses efforts et pourra, à elle seule, élever ses enfants et
préparer leur avenir.

Tant qu'on ne restituera pas à la femme la place qui
lui appartient, l'économie sociale sera troublée.

Croyez bien que l'homme ne doute pas, autant qu'il
le veut paraître, des capacités de la femme, il les
appréhende même.

C'est pourquoi il refuse énergiquement de les mettre
à l'essai.

Résumons :

Quel a été le résultat obtenu par la servitude des
femmes ?

Le voici :

1° Amoindrissement de l'humanité, privée de la
moitié de ses forces ;

2° Scission de l'humanité en deux camps, représentant chacun des intérêts opposés. Conséquences : Mouvement en sens inverse, discordes, gâchis général.

3° Immoralité ; car dès l'instant qu'il y a deux morales, il n'y a plus de morale. Et, nous l'avons dit : la
morale est la *loi d'ordre* ;

4° Crise.

On m'objectera que tous les siècles et tous les
peuples ont décrété la subordination de la femme, et
qu'ils n'en ont pas moins prospéré pour cela. Ne
parlons pas si haut, l'histoire enregistre plus d'une

décadence. Et, si l'on veut se donner la peine d'en scruter les causes, on s'apercevra bien vite que celle-là n'est pas une des moindres.

Tant qu'il restera une injustice légiférée, les sociétés seront menacées de dissolution.

Si les nations ont prospéré quand même, cela prouve que l'humanité est robuste, et qu'à l'égal des organismes dont elle est composée, elle renferme des forces vitales qui résistent longtemps à des influences délétères, à un mauvais régime, à une fausse hygiène. Mais un instant arrive où elle en est réduite à changer de direction, sous peine de dégénérer et de périr.

Le système de l'infériorité de la femme en est arrivé à sa dernière conséquence. Il a fait son temps, il est à sa fin. Si la femme a été si lente à sentir tout le poids de sa chaîne, toute l'humiliation de sa situation, c'est que la soi-disant domination qu'elle exerce en amour lui a donné le change.

Cette souveraineté passagère a flatté cette paresse humaine qui aime assez pour tout obtenir, n'avoir que la peine de naître et de paraître. Mais l'amour n'ayant qu'un moment comme la jeunesse qui l'inspire, la femme commence à comprendre qu'il vaut mieux une égalité durable qu'une royauté fugitive.

Il était naïf, il était enfantin de s'imaginer que cette marche ascensionnelle des masses vers l'égalité, que ce mouvement universel vers la liberté n'entraînerait pas irrésistiblement tous les êtres, qu'il se circonscrirait dans la moitié de l'humanité, qu'il ne se bornerait qu'à un sexe.

Combien c'était méconnaître les lois de l'inflexible logique ! Combien c'était ignorer les phénomènes de l'hérédité ! Combien c'était nier la puissance de la contagion !

Le sang de nos pères émancipés coule dans nos veines;

les idées d'indépendance qui ont exalté nos mères, ont germé dans le fond de nos cœurs, elles vont bientôt atteindre le degré voulu d'épanouissement.

Le droit des femmes paraît intimement lié à la fortune de la République. Il est certainement une résultante logique et nécessaire au principe de démocratie, et les démocrates qui le rejettent ne sont que des insensés, car ils démentent leurs doctrines.

L'œuvre de la libération de la moitié de l'humanité est, comme la République, à sa troisième tentative : elle s'est essayée en 1789, en 1848 et aujourd'hui.

Rien d'important ne réussit du premier coup. Il faut toujours passer par cette filière d'expériences et de tâtonnements successifs.

La République semble, cette fois, vouloir s'affermir ; et le droit des femmes qui marche à son côté, commence à être une question avec laquelle il faut compter.

Persévérons dans nos efforts.

Toute vérité a son heure.

LE SUFFRAGE UNIVERSEL

~~~~~~~~

DISCOURS PRONONCÉ

A LA SOCIÉTÉ DES « AMIS DE LA PAIX ET DE LA LIBERTÉ »

A LA SALLE PIERRE PETIT, EN 1879

~~~~~~~~

J'ai tenu à traiter aujourd'hui avec vous la question du suffrage universel.

Le suffrage universel est, à l'heure présente, la base fondamentale et indestructible de toute société soucieuse du progrès. Le Suffrage universel n'est que la participation de tous à la gestion de tous ; il n'est que l'application d'un droit naturel fondé sur l'égalité originelle des hommes.

Rien de plus simple, rien de plus légitime en soi ; puisque tous les membres de la cité supportent également les charges, subissent nécessairement et inévitablement les conséquences heureuses ou malheureuses des événements publics et politiques, il est de la plus stricte équité qu'ils puissent manifester leurs opinions, leurs volontés, et exercer un contrôle et une influence sur les décisions et les actes du pouvoir qui, en somme, ne doit être qu'une délégation. Cela n'empêche pas que, bien que conforme à la justice, peut-être même à cause de cela, le suffrage universel n'ait été fortement combattu, contesté dans son principe, et qu'il n'ait soulevé et qu'il ne soulève encore des discussions passionnées.

Je vous ferai grâce de celles qui émanent du parti clérical : récriminations violentes et arrogantes de MM. les cardinaux, archevêques, évêques et *tutti quanti*. Le congrès de Chartres, les cercles catholiques, les mandements, les sermons des curés nous ont fait voir ces messieurs parlant avec cette bravoure de gens auxquels on a laissé le droit de tout dire et de parler à tort et à travers, sans courir aucun risque et en restant indemnes. Parmi eux s'est particulièrement distingué M. de Mun, ce prêcheur casqué ; j'aime à voir cette *intrépidité* chez un militaire.

Nous nous arrêterons seulement aux objections qui nous paraissent dignes d'être réfutées. On a dit : la capacité est rare, donc le gouvernement du nombre ne sera autre que le gouvernement de la médiocrité. Une fois que les médiocres ont voix délibérative, comme ils forment la majorité, ils neutralisent, dans les assemblées et dans les conseils, l'action salutaire des capables. Il est donc bien plus logique, pour avoir une direction supérieure, de choisir les plus intelligents et de s'en référer à eux pour la conduite des affaires.

Ce raisonnement semble rempli de sagesse. Seulement, il faut se demander si, avant le suffrage universel, les sociétés étaient nécessairement gouvernées par des capacités. Etait-ce aux temps de la monarchie absolue, où le gouvernement des peuples dépendait des hasards de l'hérédité, laquelle, régulièrement, faisait succéder à un souverain capable une demi-douzaine de vicieux ou d'imbéciles ? On nous dira : si le prince était nul, le ministre pouvait être intelligent. A moins que ledit imbécile né choisît de préférence un ministre intrigant favorisant ses plaisirs royaux.

Serait-ce davantage à l'époque où le suffrage censitaire était en vigueur ? Le paiement de trois cents francs d'impôt, même de deux cents tenait alors lieu de brevet de capacité. Tout homme intelligent et instruit ne pouvant satisfaire à cette condition était éliminé. Du reste, le gouvernement n'aimait pas les capacités, et il en a donné la preuve en 1848. La réforme ne demandait point le suffrage universel, mais simplement l'adjonction des capacités. Le gouvernement refusa et tomba.

On a dit encore : la politique est la plus vaste et la plus grande de toutes les sciences ; et comme la plupart des hommes sont absorbés par les préoccupations de pourvoir à l'existence et de satisfaire aux exigences de leur profession, ils n'ont pas le loisir de l'étudier et de l'approfondir. D'ailleurs, tous n'y sont point aptes, de même que tous ne peuvent être mathématiciens, chimistes, jurisconsultes, etc., etc.

Il est donc nécessaire qu'un corps spécial soit affecté à ce travail.

Ici, il y a méprise et confusion. Il faut bien nous entendre sur la portée du mot : science.

Oui, sans doute, la politique est une science, bien que, jusqu'à présent, nous n'ayons rien vu de semblable en elle, car toute science, et même tout art, s'appuie sur des principes fixes et invariables ; tandis que les hommes politiques se sont fait, en tout temps, gloire et honneur de n'en point avoir.

La politique diffère de toutes les autres sciences en ce qu'elle ne peut être traitée à part et qu'elle ne donne

pas lieu à une étude spéciale et exclusive : elle est
éminemment générale. J'entends ici le terme dans son
acception la plus étendue, parce que non seulement
elle comprend tous les éléments idéaux et positifs d'une
nation et de l'humanité, mais surtout parce qu'elle est
commune à tous les hommes ; elle est immanente.

Ainsi, lorsque l'illustre Aristote dit : « L'homme est
un animal politique, » il signale, par cette seule qualité,
le caractère spécifique qui distingue l'humanité de
toutes les autres espèces.

La politique, ressortant de la sociabilité, est la condition indispensable de l'entier développement des
individus qui la composent, lesquels ne peuvent
l'acquérir que lorsque l'existence de chacun d'eux
s'effectue sous le double mode individuel et collectif.
C'est ce qui fait que cette faculté politique, comme tous
les instincts constitutifs de l'humanité, est présente dans
chacun de nous à des degrés différents ainsi que la
pensée ; les uns pensent plus que les autres, tous,
néanmoins, pensent.

Celui qui est indifférent à la politique ne remplit pas
sa destinée.

La politique est donc en complète contradiction
avec elle-même lorsqu'elle se laisse représenter par une
fraction, elle qui a son origine dans la totalité et l'universalité des peuples. N'est-il pas absolument illogique
que les masses ne figurent que l'intérêt privé, tandis
qu'une faible minorité, dite politique, figure les intérêts
publics ?

Les conducteurs des peuples, pour légitimer leur
domination, n'ont rien trouvé de mieux que de recourir
à une analogie fallacieuse.

Dans l'antiquité déjà, un certain Menenius Agrippa,
habile farceur, bien que sénateur romain, s'amusa,

pour calmer le peuple en rébellion, à lui débiter l'apologue: les *Membres* et l'*Estomac*. Vous le connaissez. Le bon La Fontaine l'a vulgarisé et en a fait une fable qui n'est qu'une flagornerie à l'adresse de la royauté. Les membres révoltés, c'est le peuple; l'estomac, c'est le pouvoir. Celui-ci, privé désormais d'alimentation, de nutrition, d'assimilation, est incapable de remplir son office et de reporter les forces acquises dans l'ensemble de l'organisme; il se débilite, et en même temps les membres tombent dans la langueur et maudissent trop tard leur insurrection insolite. Telle est la morale.

Que l'on compare un pouvoir à l'estomac, l'image peut être exacte ; tant de monarchies, d'empires, d'aristocraties ont dévoré et englouti des peuples et des pays qu'il n'y a pas à réclamer si on les appelle des gargantuas.

Mais qu'on ait l'aplomb de conclure que plus le pouvoir consomme, plus le corps social s'en trouve bien, la plaisanterie est mauvaise.

Cette analogie est radicalement fausse. C'est une image spécieuse propre à ne tromper que les sots. Et il est tout aussi inexact de comparer, de nos jours, la société à un mécanisme, et chacun de ses membres à un rouage spécial destiné à remplir une fonction déterminée, le tout recevant l'impulsion du moteur principal. Ce moteur, en société, est l'homme d'État, le diplomate. Malheureusement, toutes ces analogies, ces comparaisons pèchent par la base. Assimiler les individus aux rouages d'une mécanique ne vaut pas mieux que de les assimiler aux membres et aux organes du corps humain. Ni les uns, ni les autres, nous ne sommes des rouages d'une même machine, mais bien une machine entière, complète, ayant son moteur en soi et son principe de direction.

Nous le répétons, chez les individus, l'aptitude politique n'est jamais absente, elle ne diffère que dans le degré. C'est en exerçant cette aptitude, comme nous le disions plus haut, qu'on en connaît l'étendue et qu'on en mesure la limite. Qui donc se chargera de faire cette distribution des fonctions ? Qui donc pourra dire : tu feras ceci, tu feras cela, avant d'avoir soumis les gens à l'épreuve ?

Cette classification arbitraire de l'humanité en cerveaux dirigeants et en cerveaux dirigés est outrecuidante et funeste. J'insiste sur ce point parce qu'il est essentiel. A l'heure présente, nous sommes menacés d'un danger.

Certains savants, M. Renan est du nombre, voudraient reconstituer, au nom de la science, l'arbitraire social qui, jadis, a été établi au nom de la foi et qui consiste dans l'absorption d'une nation par certaines individualités puissantes. En religion, on fait valoir la volonté divine ; en science, la prépondérance cérébrale. Là est la seule différence, il y a donc lieu de se défier. Heureusement que l'étude de la nature ne ratifie pas le moins du monde cette théorie.

Notre idéal est absolument contraire. Nous nous opposons de toutes nos forces à ce qu'une collectivité s'annihile dans une unité chimérique et que des millions de volontés abdiquent au profit d'une seule ; nous voulons l'extension et le perfectionnement indéfini de chaque individu ; nous voulons que chacun, par l'éducation, par les conditions de son milieu, parvienne au summum de lui-même, et que tous, indépendants, libres, autonomes, se réunissent, volontairement, sous la loi de la solidarité pour accomplir l'œuvre commune.

Qu'on le sache bien, il n'est pas d'individualité assez

puissante, assez vaste pour vivre de toute la vie d'un peuple. Elle peut s'en pénétrer, s'en assimiler quelque chose, en être une des plus glorieuses expressions, mais quant à la contenir et la résumer, jamais. Il n'est pas de conscience particulière qui puisse se substituer à la conscience nationale. Dès que la pensée de l'homme d'État ne puise pas à cette source vive, à cet arsenal de toutes les sèves, de toutes les énergies, le pays décline et périclite.

Voyons dans l'histoire les hommes politiques les plus réputés, il n'en est pas qui n'ait péché par ce côté fondamental et qui ne se soit égaré en violant l'opinion publique. Je passerai sous silence les politiques célèbres qui ont précédé la Révolution ; ils appartiennent à un ordre d'idées si différentes des nôtres qu'il n'y a pas lieu de nous y arrêter.

Examinons plutôt nos sommités contemporaines : M. Guizot, M. Thiers. On a vu rarement deux hommes aussi bien doués. Est-ce le talent, l'éloquence, l'érudition, l'esprit qui manquaient à M. Guizot ? Non certes ; il était grand écrivain, grand orateur, de l'aveu même de ses ennemis. Qu'a-t-il fait ? Il a fait une politique personnelle, une politique en dehors de la nation ; il s'est fié à ses seules forces et a déclaré aveugle le pays qui ne voyait pas comme lui ; il a échoué misérablement.

M. Thiers n'avait pas moins de mérite que M. Guizot. Lui aussi était historien et avait des qualités oratoires ; lui aussi se trompa beaucoup trop souvent dans le cours de sa carrière politique. On pourrait faire un long chapelet de ses erreurs. Une entre autres, et dont nous ressentons encore, aujourd'hui, les conséquences, sur la loi de l'enseignement de 1850, la loi Falloux, qu'il vota avec les cléricaux, en haine de la République. Lorsqu'à la fin de sa vie.

M. Thiers, appelé aux affaires, se contenta, par une inspiration soudaine, de suivre le courant et de le diriger, cette dernière évolution lui valut un dénouement glorieux.

Voyons ce M. de Bismarck, si redouté des cours étrangères. On ne peut lui nier une tête fortement organisée. Il veut faire l'unité allemande sans se soucier des convenances du peuple allemand et sans prendre garde à l'hétérogénéité des races qui le composent. Pour lui, comme pour la religion, le peuple n'existe pas. C'est tout au plus un instrument propre à exécuter le plan conçu sous son crâne. Il entend le protéger juste assez pour qu'il puisse payer les impôts et servir. C'était l'avis de Richelieu : « On doit, disait il, laisser quelque chose au peuple, parce qu'il faut qu'il paie et qu'il sente ainsi sa servitude. »

M. de Bismarck rêve une grandeur et une prospérité de la patrie allemande en dehors de la prospérité du peuple allemand. Pour réaliser son projet, il a commencé, pendant des années, à convertir toutes les forces productives de son pays en agents destructifs, et a nécessairement ruiné l'industrie et le commerce. Il comptait se rattraper en France. En effet, il nous a pris deux de nos plus riches provinces et cinq milliards. Eh bien, à quoi a-t-il abouti ? au développement du socialisme et à celui de l'émigration.

M. de Bismarck est hanté par un esprit fatal. Il est obsédé par la vision d'un empire universel. Beaucoup d'autres, dans l'histoire, ont été travaillés par cette maladie. Aucun n'en a réchappé. Les tentatives d'empires universels ont été promptement suivies de démembrements. Démembrement de l'Empire macédonien, fondé par Alexandre ; démembrement de l'Empire des Romains ; démembrement de l'empire de Charlemagne. Charles-Quint atteint à son tour de cette même épidémie, lui qui, cependant, pouvait se vanter de voir se lever et se coucher le soleil sur ses États, meurt découragé dans un couvent. Son fils, Philippe II, le trop fameux brûleur d'hommes, ce *démon du midi*, veut aussi asservir le monde ; et malgré les mines du Pérou, son rêve s'écroule dans une banqueroute.

Napoléon Ier qui, certes, dépasse en génie tous ceux-là, entrevit, lui aussi, la possibilité de reconstituer un empire universel ; et pour atteindre à ces fins, il commença par distribuer divers trônes européens aux membres de sa famille ; tandis que l'inconstante fortune, avec Waterloo, lui préparait Sainte-Hélène.

Or, M. de Bismarck, ne profitant pas de l'expérience historique, cherche à faire de la Russie sa tributaire, de la Chine son alliée ; il fait des avances à la Pologne, à la Hongrie, etc. Il sème ses promesses qu'il paiera en monnaie de singe. Sans être prophète, je déclare que M. de Bismarck court à son effondrement.

Voilà donc les brillants résultats obtenus par ces grands génies politiciens ! Et encore, faites attention que nous ne nous sommes adressés ici qu'aux natures de première catégorie, de premier choix. Que dirons-nous des autres ?

Nous avons pourtant des diplomaties où l'on enseigne la gymnastique politique ; l'exercice de la bascule y est fortement recommandé. Ces écoles de dressage apprennent à ceux qui y entrent à brouiller les notions du juste et de l'injuste. Le plus souvent, il en sort des fruits secs, des nullités prétentieuses, des médiocrités fastueuses qui vont encombrer les cours étrangères et étaler, dans les réceptions officielles, leurs boutonnières surchargées et leurs cerveaux vides. Cette gent compromet et gâte souvent les rapports extérieurs par son ignorance crasse des milieux où elle se trouve, par sa suffisance et son insupportable vanité. C'est une inutilité coûteuse qui a plus souvent dérangé nos affaires qu'elle ne les a servies. Quand les diplomates entrent en travail, je suis dans les transes. Pour rendre des services en politique, il suffit d'avoir du cœur, de l'esprit et du patriotisme. Les Francklin et les Washington, qui ont été de grands citoyens, d'habiles négociateurs à l'occasion, et qui ont fondé la République américaine, n'avaient point fait d'études dans les diplomaties, ce qui ne les empêcha pas d'établir le régime de la liberté et de la justice.

Ce n'est ni dans les cours, ni dans le silence du cabinet qu'on acquiert le sens politique ; c'est en vivant au milieu de la nation, en connaissant ses besoins et ses aspirations élevées. Les peuples ont l'intuition de leur avenir et le génie de leur destinée.

Je le répète, si l'homme politique ne reçoit pas la lumière du foyer social, il s'engage dans des théories et dans des systèmes créés par son orgueil, et qui n'ont aucun rapport avec la situation réelle. La multitude, au contraire, lui livre la matière première ; c'est à lui de la combiner et d'en faire sortir une œuvre profitable à chacun et à tous.

C'est à tort que l'on dit que le progrès n'est lent que parce que les masses ne sont pas préparées à le recevoir. Cela est inexact. Jamais un peuple n'est ni stationnaire, ni réactionnaire ; il n'est point assez satisfait de son sort pour ne point désirer l'améliorer par des changements et des réformes. Les vrais stationnaires et les réactionnaires sont les corps établis et les classes dirigeantes. Se trouvant bien à leurs places, ils craignent que tout mouvement en avant ne vienne les déranger. Ce sont donc les conducteurs des peuples qui paralysent l'élan de ces derniers, loin de le stimuler.

Jetons un coup d'œil sur l'ensemble européen. Que

se passe-t-il et où en est la politique ? L'inanité des travaux et des résultats nous montre |combien elle est tombée bas.

Les peuples marchent quand même ; les sciences progressent ; elle seule ne bouge pas. A ceux qui lui crient : « Avance », elle ne répond pas le *non possumus* ultramontain, mais le *non volumus*. Elle est aujourd'hui ce qu'elle était il y a trois cents ans. Les milieux sont changés, peu lui importe : elle est comme la religion, elle est au-dessous du besoin des esprits, en dépit du droit individuel, du droit national, de l'autonomie, de la solidarité qui sont dans tous les cœurs et dans tous les écrits.

La politique, cette science déclarée la plus grande des sciences, a pour unique représentant une sixaine de têtes officielles — et je crois que j'en exagère le nombre — qui s'imaginent très sérieusement être providentiellement construites pour conduire à elles seules les intérêts de l'univers. Ainsi les immenses questions de rapports internationaux, de destinées des races, des peuples et de la civilisation deviennent le monopole de ces cerveaux soi-disant transcendants. Eux seuls s'arrogent le droit de gouverner le monde sans daigner le consulter. Le champ de leurs investigations se borne à eux-mêmes ; l'objet de leurs études est eux-mêmes ; ils s'épient, se guettent, se mentent, se trompent réciproquement ; ils adhèrent aux spoliations les plus criantes, les plus monstrueuses ; ils prennent des décisions qu'ils érigent en dogmes. Et quand l'opinion publique ne les ratifie pas, ils la considèrent comme une rebelle et la traitent comme telle. Ils dissolvent les assemblées parlementaires, entreprennent une croisade contre la liberté et poursuivent leur œuvre de rétrogradation.

Mais qui donc les autorise, les consacre ? La naïveté,

la crédulité publique. Cette crédulité provient d'une certaine disposition à l'admiration, à l'engouement et aussi à une assez forte dose de paresse qui aime à se démettre des droits quand ils impliquent trop de devoirs.

C'est pour ces motifs qu'un pays donne aveuglément sa confiance à quelques retentissantes personnalités ayant fait preuve de qualités brillantes, et qu'il est naturellement porté à leur prêter toutes les autres. C'est là une grande erreur. L'essor exagéré de certaines facultés nuit souvent au développement de certaines autres moins apparentes mais plus substantielles.

Ce n'est pas que nous contestions le profit et l'avantage qu'une nation peut tirer de ces riches et exubérantes natures.

Ce sont d'admirables instruments de propagande et de persuasion. Plusieurs arrivent à point pour dégager une vérité qui était à l'état vague et obscur dans les âmes ; quelques-uns viennent à propos pour aider à opérer des réformes. Mais ces beaux résultats ne seront obtenus que si ces êtres, si favorablement doués, ne cessent de prêter une oreille attentive aux vœux de leurs nations, et ne se détachent jamais de ce centre de vie ; et que si les nations, elles-mêmes, continuent à exercer leur contrôle. Sans quoi ces dons merveilleux tournent au rebours. Puis, il y a encore à faire observer qu'une société ne vit pas seulement d'exceptions.

Je dirai même que ce régime d'exceptions présente plus d'un danger, et amène une série de hauts et de bas des plus préjudiciables.

Quand l'homme d'État hors ligne meurt, suivant la loi naturelle, tout le pays qu'il conduisait est aux abois ; tous s'étant reposés sur un seul, tombent dans la stupeur quand celui-ci disparaît. Les esprits n'étant pas préparés de longue date, se sentent incompétents, troublés, bouleversés ; il faut nonobstant pourvoir à un remplaçant, quitte à se tromper du tout au tout dans ce choix subit.

Non ; la marche d'une nation s'accommode mal d'un état semblable, il lui faut des conditions plus stables, plus permanentes. Il y a entre les deux extrêmes de l'intelligence, entre les sommets et les bas-fonds, une partie intermédiaire qui représente la trame, le tissu solide d'une société, c'est-à-dire la somme de bon sens et d'esprit positif d'une nation. C'est là et non ailleurs que se forme l'opinion publique, suffisamment éclairée et résolue pour opposer une résistance légale à tout envahisseur de pouvoir. C'est elle seule qui donne des garanties à un pays ; c'est donc là qu'il faut projeter la lumière. L'avenir d'un pays n'a de réelle sécurité qu'en s'appuyant sur la pensée nationale. Je sais bien que les adversaires du suffrage universel nous jettent à la face la faute de 1848 et l'avènement d'un Bonaparte au pouvoir. En toute sincérité, le suffrage universel en est-il réellement responsable, et le suffrage censitaire eût-il fait mieux ? Nous voyons d'abord la capitale donner une majorité écrasante à l'intrigant et au charlatan de Strasbourg. La bourgeoisie n'est-elle pour rien dans ce mécompte ? de grands publicistes n'ont-ils pas entrepris une campagne mémorable en faveur du héros qui devait nous mener à Sedan ? témoin Émile de Girardin. Qui s'est donc le plus fourvoyé ? Est-ce la classe lettrée ou la classe illettrée ? Qui pourrait le dire ? Du reste, le suffrage universel n'a pas tardé à se remettre en selle et à se réhabiliter. Quoi qu'on dise et quoi qu'on fasse, un peuple peut se tromper temporairement, mais jamais définitivement. Un peu-

ple ne s'acharne pas systématiquement à une erreur.
Dès qu'on lui démontre la vérité, dès qu'il la voit luire
dans une parole claire, désintéressée, il l'adopte et
rejette le faux. L'amour-propre personnel, il ne peut
le connaître ; de plus, il se renouvelle, se rajeunit
sans cesse par l'introduction continue d'éléments nouveaux.

Au contraire, dans les individus et dans les groupes,
l'opinion adoptée répond à une certaine disposition de
l'esprit et du caractère qui fait partie intégrante de
l'individu ; elle devient alors principe, doctrine.
Comment, quand on l'a élaborée, travaillée, formulée,
publiée, reconnaître publiquement qu'on a fait fausse
route, comment abjurer tout son passé ? Il y a là un
sacrifice trop pénible de l'orgueil. On persiste dans
l'entêtement jusqu'à l'endurcissement. La vieille fable
de Pharaon est toujours vraie.

Une nation libre ne tombe jamais dans ce travers-
là.

Le suffrage universel ne laisse pas de place à l'esprit
de coterie ; il sait aussi la part qu'on doit faire aux
intérêts locaux ; l'égoïsme n'ose s'affirmer et se faire
jour. Là, tous les intérêts marchent de front et s'équi-
librent ; ils ne peuvent rien revendiquer qu'à un même
titre : la justice et le droit. Au contraire, lorsque le
suffrage est restreint, qu'il est la prérogative d'une
seule classe, tous ceux qui en sont investis peuvent se
liguer et exploiter le plus grand nombre.

Le suffrage universel est donc conforme à la loi
naturelle et à la loi rationnelle.

Présentement, le suffrage universel est admis ; mais
cette conquête, consentie à grand regret par les réactionnaires de toute espèce et sur laquelle on revient
sans cesse, n'a été obtenue qu'à moitié. De même
qu'on trouvait qu'une fraction représentait une nation,

de même on a trouvé qu'un sexe représentait l'humanité. Suivant des traditions qui rappellent trop leur origine masculine, la femme n'a jamais été qu'un duplicata affaibli de l'homme, un être complémentaire.

Je m'adresse à des gens trop instruits pour être obligée de leur faire observer qu'un complément n'est pas égal à la somme qu'il parfait. Être complémentaire, c'est être inférieur. Le signe d'infériorité, en humanité, est la prédominance du cœur sur la raison. Donc, avoir du cœur est une mauvaise note. Or, comme les politiciens ont déclaré que la politique est une science de raisonnement, ils ont conclu que la femme devait en être bannie.

Il est vrai qu'il y a bien eu de grands politiques parmi les femmes, l'histoire nous le montre. Sans doute, nous dit-on, mais on ne modifie pas les lois pour des exceptions. En thèse générale, que feraient les femmes dans la politique ? Elles y introduiraient le sentimentalisme, l'impressionnabilité, le sensibilisme énervant, débilitant, qui ne sont point le fait des diplomaties.

Voici donc qui est bien convenu, arrêté : le cœur est un obstacle à toute bonne politique. Napoléon Iᵉʳ n'a-t-il pas dit : « Le cœur de l'homme d'État doit être dans sa tête »? Il est vrai qu'il n'a pas toujours eu lieu de se réjouir de l'application qui a été faite de cette maxime ; il en a subi, à son tour, les inconvénients. Cela aurait dû être une leçon pour ses successeurs. Mais c'est le cas de s'écrier : *Jupiter dementat...*

Pour l'homme politique, c'est faire preuve de caractère que de subordonner le cœur à la raison. Encore, ici, faudrait-il savoir de quelle raison il s'agit. La raison, cette faculté directrice, n'élimine pas le cœur, elle l'éclaire et le guide. Autre est la raison d'État : cette raison-là est entièrement opposée à la raison. Il est à

remarquer qu'on revêt du beau nom de raison une
foule de calculs égoïstes, ambitieux, cupides, qui ne
sont que des infractions à la justice, à la morale, à la
saine raison.

Vous voulez, dites-vous, une politique rationnelle,
rien de mieux ; mais elle ne sera rationnelle qu'autant
qu'elle tiendra compte de la nature des êtres qu'elle
dirige. Eliminer le sentiment dans la politique, c'est
laisser de côté la moitié de la personne humaine ; c'est
jeter dehors la force impulsive et déterminative de ses
actes. Aussi n'avons-nous pas lieu de nous étonner
quand nous voyons qu'aucun de ces systèmes politiques
n'a été viable ; aucun, quel que soit le génie de son
chef, n'a résisté à l'action du temps ; parce que tous,
sans exception, ont violenté la nature humaine dans
ses aspirations les plus intimes, les plus impérieuses,
les plus légitimes ; toutes ces politiques ont été anormales.

Il est impossible, entendez-le-bien, de faire la séparation du sentiment et de la raison : les deux tiennent
ensemble et forment le *moi* moral.

Qui donc pourrait dire que les grands principes
fondamentaux sur lesquels se base notre conscience,
et qui sont comme la mesure sur laquelle nous
ajustons tous nos actes et qui nous en font connaître
la valeur, procèdent plus de la raison que du sentiment?
Nul ne peut contester que la notion de justice et de
droit ne vienne autant du cœur que de la tête. La vue
d'un intérêt légitime blessé, d'une iniquité commise
excite notre indignation.

Qu'est-ce que l'indignation ? une impression, une
sensation profonde qui vient vibrer dans le cerveau ;
ce qui n'empêche pas que ce ne soit la sensation,
l'impression qui ait donné l'impulsion première.
Juvénal s'est écrié : *Facit indignatio versum*. Ce qui

veut dire que l'indignation, sentiment spontané, violent, trouve immédiatement l'expression qui peut la traduire. Plus tard, Quintillien écrit : *Pectus est quod disertum facit.* C'est l'âme qui fait l'éloquence. Vauvenargues a exprimé, avec bonheur, la même idée en français : *Les grandes pensées viennent du cœur.*

C'est qu'en effet le cœur est l'agent principal de la vie ; c'est à ce foyer que le sang vient se raviver et se refaire pour parcourir ensuite tout l'appareil circulatoire. Donc, quand il a reçu une secousse, le sang arrive au cerveau plus riche, plus généreux, plus impétueux ; il lui communique la chaleur, l'enthousiasme, l'inspiration. Loin d'élaguer le sentiment et de n'en point tenir compte quand il s'agit de penser et d'agir en grand, c'est le contraire qu'il faut s'appliquer à faire.

C'est ainsi qu'il est des gens qui ont fait de la politique d'un *cœur léger*. On sait où elle nous a conduits.

Et c'est justement, mesdames, parce que la corde sensible vibre en nous, que je voudrais qu'on vous mmisçât dans tout et partout pour combattre un égoïsme invétéré et un individualisme envahissant ; car vous savez bien que si le sentiment, qui n'est, ici, que le respect et l'amour de ses semblables, est considéré comme un conseiller inopportun en politique, il est de même un objet de suspicion dans tous les agencements en sous-ordre.

Nous étant bien expliquée sur la valeur du sentiment et la grandeur du rôle qu'il doit jouer dans le monde, nous répétons qu'étant l'âme de la vie privée, il doit également l'être de la vie publique.

Pressés dans leurs derniers retranchements, nos contradicteurs prétendent qu'ils n'entendent point faire fi du sentiment, que nous leur prêtons des intentions qui ne sont pas les leurs ; qu'ils tiennent le sentiment en grande estime, mais que la faiblesse cérébrale de la femme la porte à s'y livrer sans mesure, et à le pousser à outrance. C'est ainsi que, malgré les progrès de la science, la plupart continuent à rester attachées à la superstition et qu'elles subissent encore l'action de l'Église, laquelle s'adresse spécialement à leur imagination, à leur cœur et à leur ignorance. En un mot, la femme, disent-ils, est cléricale ; elle est, conséquemment, réactionnaire et combat avec nos ennemis. La prudence la plus élémentaire nous conseille de ne pas la faire intervenir dans la politique, car si nous avions le malheur d'élargir la sphère de son activité, la société irait en arrière.

Pourquoi donc alors la société n'a-t-elle pas donné à la femme, comme à l'homme, une somme égale de lumière ? On dirait vraiment que le cléricalisme est d'importation féminine.

Qui donc a introduit le prêtre dans la politique ? Qui donc l'a fait électeur, député, sénateur, si ce n'est une Constitution rédigée par des hommes ? Qui donc a laissé le sacerdoce envahir le domaine de l'enseignement, si ce n'est une loi promulguée par des hommes ?

Quoi ! les femmes, en politique, gâteraient tout ? Hélas ! il me semble qu'en ce sens les choses sont bien avancées !

On nous dit aujourd'hui : Nous voulons prendre une autre voie, et si les femmes étaient électrices, elles fourniraient un appoint considérable à la réaction. Je ferai observer, ici, qu'on applique à tort l'état d'esprit d'une certaine catégorie de femmes du monde à toutes les autres. Il y a lieu de distinguer.

La femme mondaine est loin de représenter la totalité des femmes. Ce sont les oisives, les désœuvrées de la vie factice qui, mises à la retraite pour les succès de salon, se rabattent sur les succès d'Église. Mais les femmes laborieuses, travailleuses, les institutrices, les professeurs, les commerçantes, les ouvrières qui luttent pour l'existence, qui vivent dans le contact permanent du monde réel qui pense, qui agit et qui produit, ne sont pas des réactionnaires ni des cléricales; elles souffrent trop de l'état présent pour cela. La femme n'est pas réactionnaire par nature; quand elle le devient, c'est par détournement.

Cela est si vrai que, dans cette vieille légende de l'Eden, si mal interprétée, la femme, Ève, a pris l'initiative du progrès. A quelle tentation succombe-t-elle ? A celle de savoir et de connaître. Elle cède à la curiosité scientifique. Bienheureuse curiosité, curiosité salutaire ! Sans elle, que serions-nous aujourd'hui ? Tout bien réfléchi, nous devons à cette femme prototype beaucoup plus de remerciments que de reproches.

Ce caractère s'est transmis, en dépit des vicissitudes, dans tous les grands mouvements de l'humanité et de l'histoire. Vous avez vu les femmes apporter le contingent de leur génie, de leur courage, de leur dévouement ; dévouement qu'elles ont poussé même jusqu'au sacrifice de leur vie. Seulement, à la longue, elles ont dû se refroidir ; car si on les a admises à participer à la peine, en revanche, on les a exclues quand il s'agissait de la gloire.

Beaucoup se sont retirées, peu encouragées qu'elles étaient.

La politique du suffrage universel est donc la clé de voûte de toute société soucieuse du progrès. Si elle n'a pas donné tous les résultats qu'on en espérait, c'est que le suffrage universel, amputé d'une moitié, n'a jusqu'ici fonctionné que sur un pied et en boitant, laissant sans emploi une grande partie de ses forces, en ayant refusé la femme comme auxiliaire.

Il se heurte, à tout instant, à une foule de difficultés qu'il s'est créées lui-même : il ne parvient pas à l'enfant ; et celui-ci manque d'éducation civique, car cette éducation doit se donner de bonne heure. Il y a là retard, dommage et déficit. Dans les circonstances exceptionnelles où nous sommes, en train de réorganiser le pays par le régime démocratique, nous avons besoin du concours de toutes nos forces ; nous devons attirer à nous toutes les activités, toutes les influences sans en omettre aucune. Il ne s'agit point seulement de l'avènement d'une classe aux affaires, mais bien de tout un peuple. Donc, il faut que la vie politique circule dans tous les rangs, dans tous les membres de la société sans distinction de fortune, de position et de sexe.

Et, chose curieuse, cette tendance n'est pas seulement particulière à la France, nous la rencontrons chez tous les peuples. Tous se préparent à se renouveler. Cette préparation est le suffrage universel ; ce qui ne revient pas à dire que tous les peuples l'aient à la base de leur constitution, mais que le suffrage universel a des manifestations possibles ailleurs que sur le terrain politique. Le suffrage universel, dans toute l'intégrité du mot, a un mandat, une mission ; son but à atteindre est l'harmonie, c'est à-dire la concordance des sentiments et des intérêts. Il s'applique donc instinctivement en dehors du domaine politique.

Observons que la multiplicité des congrès qui ont eu lieu pendant l'Exposition de 1878 (et la série n'en est pas encore épuisée), a mis en relief le besoin qu'ont les peuples de communiquer entre eux, de se consulter, de s'entretenir sans intermédiaire de ce qui les concerne réciproquement.

Cette heureuse inspiration de réunir en un seul faisceau toutes les lumières éparses pour en faire jaillir plus de clarté, ce désir d'arriver à l'assentiment commun, au consentement unanime, n'est-il pas une affirmation imposante du suffrage universel ?

L'humanité, en prenant de plus en plus connaissance d'elle-même, commence à avoir conscience de ses destinées ; elle aperçoit que les conditions du développement moral et intégral des individus et des nations, c'est la paix. Elle acquiert la conviction que ses chefs, ses maîtres l'ont menée à contresens et l'ont fourvoyée à leur profit.

De là la tendance générale des peuples à se donner la main au-dessus de l'action des diplomates qui leur a été à tous plus nuisible que favorable. Ils constatent enfin qu'il leur est plus profitable et plus moral aussi d'échanger des idées, des sentiments, des découvertes, des produits, que des balles et des obus ; ils se rendent compte qu'une seule guerre détruit, en un instant, des siècles de civilisation. Malgré les efforts des gouvernants pour fomenter et susciter les haines, l'humanité, plus éclairée, reprend ses droits. C'est alors que le suffrage universel qui émet aujourd'hui ses opinions dans tout ordre d'idées, représente le sentiment public. Or, l'intérêt général n'est jamais pour la guerre ; il n'y a que l'intérêt personnel particulier à qui elle puisse être avantageuse.

Vous entendez bien que nous ne voulons pas une paix quand même, une paix au détriment de l'honneur. Dès que le droit est menacé, ou qu'une cause légitime est lésée, s'il ne reste comme moyen de réparation que la guerre, il n'y a pas à hésiter, il faut la faire, mais en la considérant, au préalable, comme une extrémité dernière. C'est dans cette propagande de la paix que la femme a son rôle tout tracé.

Certains craignent que, si la guerre disparaît, il n'y ait abaissement des caractères, affaissement des énergies, diminution des forces. La guerre, dit-on, fortifie les âmes, elle est moralisatrice ; elle apprend à se priver, à se dévouer, à se sacrifier ; sans elle, adieu les traits d'héroïsme, les mâles vertus, les vertus guerrières.

Ces plaintes n'ont rien de sérieux. Jamais la guerre n'a été et ne sera moralisatrice. Nous l'avons dit tout à l'heure, sa cause peut être loyale, légitime, mais, en fait, elle reste immorale. Elle lâche la bride à tous les instincts violents. Le soldat ne peut accomplir sa tâche que grisé par la poudre et par le sang ; lui-même est contraint de se faire, par obéissance, l'instrument d'actes odieux. Il n'est pas de guerre, si sacrée qu'elle soit, qui ne renferme des épisodes sauvages et monstrueux.

Il est banal de répéter que la guerre et la paix armée sont les obstacles de tout réel progrès. Or, l'élimination de la femme du suffrage universel est nécessairement la prolongation de l'esprit belliqueux.

Aujourd'hui, la guerre est un anachronisme ; l'essor de la civilisation, ses perfectionnements exigent l'expansion générale de la sociabilité. Par quelle aberration les peuples les plus avancés continuent-ils à se défier les uns des autres et à s'entretuer au besoin ? Ce que nous possédons de la terre n'est relativement rien en comparaison de ce qui reste à exploiter. N'est-il pas logique, la science nous fournissant les moyens de communications rapides et la possibilité des échanges, que les peuples les plus avancés s'unissent et combinent leurs efforts pour entreprendre cette conquête des régions lointaines et inexplorées, et y accomplir la grande œuvre d'utilisation et de civilisation supérieure ? Il y aura là assez de difficultés à aplanir, d'obstacles à vaincre et de dangers à courir pour satisfaire les courages les plus intrépides et les âmes les mieux trempées.

Mais ce plan grandiose ne pourra se réaliser qu'avec le concours intégral des deux facteurs de l'humanité. Tant que l'expression du suffrage universel ne sera qu'un euphémisme déguisant la suppression de la moitié d'une nation dans le consentement public, les décisions des assemblées et des conseils n'auront qu'un sens incomplet. Et d'ailleurs, à quoi sert de lutter lorsque l'extension du suffrage universel jusqu'aux femmes s'impose? Car, indépendamment des raisons que je viens d'énumérer, il en est une autre encore plus forte et plus décisive : c'est que, quelque précaution que prenne l'omnipotence masculine, elle ne peut se dérober à l'influence féminine ; une longue file de siècles nous en fournit le témoignage. Il y a entre les deux sexes des rapports d'une nature si intime, si fascinatrice, que les plus virils de caractère et de volonté ne peuvent s'y soustraire. De l'Orient à l'Occident et de l'Occident à l'Orient, les femmes ont toujours pesé, d'un grands poids sur les événements publics, qu'elles aient l'air d'y être indifférentes ou intéressées. Le plus sage est donc de les mettre à même d'acquérir les connaissances indispensables en cette matière, connaissances qui, jointes à leurs dons naturels, les rendront capables d'apporter un complément, puisque complément il y a, sans lequel la somme des efforts nationaux serait imparfaite et inféconde.

GRAND

MEETING INTERNATIONAL

SUR LA POLICE DES MŒURS

TENU SALLE LÉVIS, LE 10 AVRIL 1880

~~~~~~~~~~

Président d'honneur : M. VICTOR SCHŒLCHER, *sénateur.*

Président : M. le docteur THULIÉ, ancien président du Conseil municipal de Paris, réélu président du Conseil municipal, le 1er mai 1880.

Orateurs inscrits :

Mme Joséphine Butler, de Liverpool ;

Mme Venturi, née Ashurt ;

Mlle Maria Deraismes ;

M. Aimé Humbert, de Neufchâtel (Suisse), ancien président du Conseil des Etats Suisses, ancien ministre plénipotentiaire ;

M. Benjamin Scott, chamberlain de la cité de Londres ;

M. le docteur Chapman, directeur de la *Westminster Review ;*

M. James Stuart, professeur à l'Université de Cambridge.

M. Yves Guyot, membre du Conseil municipal de Paris.

M. Auguste Desmoulins, conseiller municipal.

Discours de Mademoiselle Deraismes

~~~~~~~~~~

CITOYENS, CITOYENNES,

La question qui fait l'objet de cette importante et de cette imposante réunion a été traitée, depuis plusieurs années, sous ses différents aspects ; elle a été examinée, élaborée au point de vue du droit, de la morale, de l'hygiène, de l'économie et de la législation. Permettez qu'à mon tour je vienne la considérer brièvement dans un cadre spécial, c'est-à-dire dans le domaine politique, et en étudier avec vous les effets.

Cet ordre de phénomènes est digne de toute votre attention. Il ne s'agit pas seulement, ici, du préjudice dont la femme est victime, de l'indignité dont elle est frappée et qui jaillit sur le sexe féminin tout entier ; mais des ravages que la prostitution opère dans la sphère des intérêts généraux et publics.

Quand nous lisons l'histoire, surtout l'histoire contemporaine, nous sommes étonnés, scandalisés même, que la marche des sociétés soit si lente, que le progrès soit si tardif ; qu'il y ait des arrêts, des reculs, et quelquefois même des éclipses. Quand aux révolutions succèdent, à de si courts intervalles, des réactions et des restaurations, nous en cherchons vainement la cause.

Qu'est-ce que le progrès, pour nous ? C'est l'extension de la liberté, autrement dit, l'extension de la vie ; car c'est par la liberté que chaque individu peut effectuer son complet développement ; c'est par la liberté que l'humanité parviendra à son éclosion intégrale et qu'elle pourra répandre sur le monde entier tout ce qu'elle contient de cœur, tout ce qu'elle contient d'intelligence, tout ce qu'elle contient de génie.

La liberté est donc la loi, la condition de notre être. L'idée que nous en avons nous vient d'un sentiment de notre propre valeur ; nous sentons que nous sommes raisonnables, c'est-à-dire capables de porter des jugements, de discerner le vrai du faux, le bien du mal, de prendre des déterminations de propos délibéré ; enfin, nous sentons que nous avons notre principe de direction en nous-mêmes, et que c'est porter atteinte à notre dignité que de nous l'enlever. Le jour où on ôte la liberté à quelqu'un, on le dépouille de son attribut essentiel et caractéristique, on le range au-dessous de l'humanité.

Toutes les convulsions politiques, tous les grands mouvements populaires n'ont eu pour objet que la défense, ou que la conquête de la liberté. Pourtant, bien que cette liberté nous soit si chère, nous sommes souvent témoins, — c'est ce qui nous navre et provoque en nous des défiances et des découragements, — de faits capables de nous rendre sceptiques sur le cas que nous en faisons, l'ayant.

Nous avons vu des peuples, épris d'un saint amour pour la liberté, combattre pour elle, la conquérir; puis, une fois conquise, que se passe-t-il ? Le premier moment de surexcitation et d'enivrement passé, nous voyons les caractères s'affaisser, les volontés se déten-

dre ; cette indépendance qui, tout à l'heure, était pour
ces peuples le bien le plus précieux, devient tout à
coup un fardeau, une sorte de charge qu'ils supportent
avec peine ; alors, ils retournent peu à peu à leurs
vieilles habitudes de subordination, à leur admiration
plate. Et, un jour, on n'est pas peu étonné de les voir
rappeler avec enthousiasme ceux qu'ils avaient expulsés
naguère, ou bien encore reconstruire, sous d'autres
noms et avec d'autres individus, l'ordre ancien qu'ils
venaient de détruire et de renverser.

Enfin, ces peuples, en possession de la liberté, à un
instant donné, on dirait vraiment qu'elle leur brûle les
doigts, ils vont la remettre à un homme qui est un
maître, à la condition que celui-ci voudra bien leur en
concéder quelque chose.

Devant ces conséquences réitérées et multiples, des
politiciens philosophes ont été en droit de dire :
l'homme est indigne de la liberté, il est fait pour être
gouverné.

Eh bien, non ! cela n'est pas exact : l'homme est fait
pour se gouverner lui-même.

Nous allons donc chercher les causes de cette contradiction et nous les trouverons vite.

Depuis le commencement du monde, depuis des
temps immémoriaux, l'humanité évolue sous l'influence
de deux facteurs dont les caractères sont opposés :
'homme et la femme, c'est-à-dire la liberté et la
servitude, l'élément noble et l'élément vil, celui qui
agit et celui qui subit l'action.

Ces deux éléments se transmettent d'individu à individu, de génération à génération, par voie d'hérédité
et par l'éducation. Quand ils se combinent, ils se neutralisent ; quelquefois l'un des deux prédomine, et
alors, on voit d'un côté l'autocratie, et de l'autre
l'aplatissement moral de l'être.

Et que l'on ne confonde pas ici ; il ne s'agit pas de deux principes antagonistes figurés par deux partis ou par deux classes, mais de deux principes contraires se rencontrant dans une même conscience, un même esprit, enfin dans cette unité qu'on appelle l'individu. Mais toutes les fois que la liberté est en contact avec la servitude, elle se dénature, elle se décompose, s'annihile, ou bien elle devient privilège, monopole.

Le groupe humain est le prototype de toute hiérarchie arbitraire : on y trouve un maître, une servante, celui qui commande, celle qui obéit. C'est là qu'il faut chercher le berceau, l'origine primitive de toutes les castes, de toutes les classes.

La femme ne s'est jamais appartenu, elle n'a jamais eu la libre disposition d'elle-même ; elle a été la propriété du père, la propriété du mari ; à défaut de ceux-ci, la propriété de la famille ; celle-ci manquant, elle devenait la propriété de l'Etat, de la tribu. Elle est même encore, aujourd'hui, dans une certaine mesure, un objet sur lequel s'exerce la puissance maritale. Et comme, lorsque le principe d'abaissement est admis, la dégradation n'a plus de limite, la femme en est arrivée à devenir, à l'occasion, la propriété publique : ce qui est le dernier terme de l'opprobre.

La prostitution n'est qu'une forme de l'esclavage. L'esclavage fut une rigueur terrible, injuste à coup sûr, mais c'était une mesure générale appliquée à tous les peuples vaincus : les plus fiers despotes, le plus puissant hégémone n'en étaient point garantis. Le hasard des batailles pouvait très bien les réduire un jour à orner le char du vainqueur, et à lui servir de marche-pied. Eh bien, comme cet esclavage, en somme, menaçait tous les peuples, toutes les classes d'individus sans exception, cet esclavage a dû disparaître, et il a disparu, en effet. Mais la prostitution s'est maintenue

parce qu'elle frappait une classe de personnes déjà
spoliées par la loi qui ne lui accordait qu'un quart de
droit ; or, quand on a une part si minime de droit, on
est bien près de n'en avoir plus du tout.

Les révolutions politiques et religieuses se sont succédé, la prostitution seule est restée debout. Il y a eu
la déclaration des droits de l'homme, fait historique
sans précédent ; la prostitution, inflexible comme la
nécessité, est demeurée inébranlable. Il est vrai de
dire que l'homme n'avait pas compris la femme dans
cette déclaration, ne la considérant pas comme son
égale ; sans prendre garde qu'il perpétuait le principe
de servitude dans sa descendance, car la femme est
mère, génitrice ; et, à ce titre, elle peut transmettre ses
caractères à ses rejetons.

L'homme n'a donc pas pensé à cela, et cette prostitution, monument d'ignominie, nargue, par sa persistance, les protestations faites au nom de l'égalité et de
la dignité humaine, et marque chaque siècle, chaque
époque de son empreinte de fange et de boue.

On me dira : Comment se fait-il que l'homme, si
jaloux de son droit et l'ayant proclamé, ait consenti à
la violation du droit ? Hélas ! il a fait plus que consentir à la violation, il l'a exploitée à son profit. Il a invoqué,
à cet effet, une foule d'arguments justificatifs : l'exubérance dynamique, une pléthore de vigueurs qui
l'autorise à professer des mœurs libres.

Pour la femme, c'est autre chose ; n'ayant pas la
même impétuosité de tempérament, elle n'aurait pas
eu la même excuse ; elle doit donc se tenir strictement
dans les limites de la légalité.

De deux choses l'une : ou bien l'homme sera perpétuellement déçu dans ses aspirations les plus légitimes,
ou bien la femme transgressera la loi qui la régit. C'est
qu'alors la nature s'est trompée, elle est en contradic-

tion avec elle-même, c'est elle qui a commis une énorme bévue ; et voici le monde livré à un conflit sans fin ; ou l'homme devient fou, ou la femme devient coupable ; ou l'homme assassine la femme parce qu'elle lui résiste, ou il la méprise parce qu'elle lui cède. Voilà un dilemme terrible.

Notez bien que cette situation fausse et exceptionnelle est réservée spécialement au genre humain, car rien n'existe de pareil dans les autres espèces où il y a, entre les individus de sexe différent, concordance d'attractions et d'appétits.

Eh bien ! qu'a dit la femme de cette étrange situation ? Hélas ! la femme pliée à la subordination, dénuée d'initiative, la femme a accepté l'abjection de ses semblables comme un mal nécessaire dont son sexe devait faire à lui seul les frais. Elle a eu le jugement assez faussé, cette femme — je parle des femmes honnêtes qui croient connaître la morale. — Après cela, c'est l'Église qui la leur a enseignée ! Eh bien ! cette femme vertueuse, dis-je, a le jugement tellement faussé qu'elle méprise profondément la prostituée, mais qu'elle estime celui qui s'en sert ; elle a eu le sens moral tellement oblitéré, cette pauvre femme, qu'elle admet parfaitement que celui qui commerce avec la corruption peut n'être pas lui-même corrompu, que celui qui souille n'est pas souillé. Ah ! ce serait là un vrai miracle ! Elle ne s'insurge pas contre ce jugement aussi illogique que monstrueux, qui condamne une délinquante à récidiver d'obligation son délit. Vous avez été infâme, je vous condame à l'être toujours. C'est abominable et grotesque !

Ainsi, nous voyons d'une part l'homme confirmant le droit et le violant à son profit ; et de l'autre, la femme qui accepte cette violation du droit à son détriment. Je me demande quel est l'état des consciences, quel est l'état d'esprit général.

Appesantissez-vous un peu sur ce qu'il doit être. Certes, il n'est pas possible que cette situation morale contradictoire ne se reflète pas dans les divers départements de l'organisation sociale, dans l'application de la loi, dans l'esprit des juges, dans les agissements des administrations, dans les rapports politiques du dedans et du dehors ; et il n'est pas difficile d'en avoir la preuve.

Voyez ce légiste : il vient d'affirmer le droit humain avec toute l'autorité de la compétence ; voyez ce tribun : il a soulevé les applaudissements de tout un auditoire en parlant des bienfaits de la liberté ; voyez ce diplomate, cet homme politique ; il a fait valoir le droit des gens, l'autonomie des peuples ; et au sortir du tribunal, au sortir du conseil, au sortir de l'assemblée, ils se rendront secrètement dans des lieux de pestilence, où ils violeront sciemment le droit, la liberté, l'autonomie.

Et, quant à cette multitude, cette masse, qui se précipite vers les urnes électorales pour garantir son indépendance, pour affirmer son droit, elle voit froidement tous les jours son indépendance et sa dignité outragées dans les personnes de sa caste, de sa famille ; car il faut bien le dire, c'est le peuple qui fournit, en grande partie, le personnel des infâmes maisons.

Eh bien ! est-ce que vous vous imaginez, par hasard, que la liberté peut se fonder ainsi ? On parle des rechutes, et l'on s'indigne, l'on se scandalise parce que la liberté fait souvent naufrage ; mais c'est tout naturel, c'est absolument logique. La liberté ne peut que traverser comme un éclair certaines sociétés ; elle ne peut pas séjourner dans les milieux vicieux et malsains. Il faut les purifier si vous voulez fonder le régime de la liberté ; si vous voulez que ce sentiment s inocule dans les consciences, dans les mœurs, il faut faire place nette ; il faut expurger, nettoyer et balayer toutes ces scories du vieux régime pourri qui n'était que privilèges, monopoles, c'est-à-dire iniquités.

L'instant est particulièrement propice. Il y a ici une femme, une Anglaise, frêle de santé, mais forte de cœur, Mᵐᵉ Butler. Elle a pris l'initiative, cette femme ; elle a entrepris une croisade contre l'infâme. Esprit posé, calme, elle a parfaitement prévu et compris toutes les difficultés, tous les obstacles ; mais cela ne l'a pas effrayée, ni arrêtée. Elle a groupé autour d'elle quelques personnes dévouées ; ce groupe est bientôt devenu une légion. D'Angleterre elle est allée en Suisse, puis elle est venue en France ; et, là, l'union s'est bientôt faite. Elle a rencontré, par une heureuse coïncidence, un mouvement déjà commencé.

Ainsi, aujourd'hui, nous avons la consolation de voir l'Angleterre et la France, ces deux nations qui ont été autrefois divisées plutôt par leurs gouvernements respectifs que par l'esprit de leurs peuples, fraterniser solidairement sur le terrain du droit, de la justice et de la liberté.

DISCOURS

PRONONCÉ AU PECQ, LE 14 JUILLET 1882

PAR

MADEMOISELLE MARIA DERAISMES

A L'OCCASION

DE L'INAUGURATION DU BUSTE DE LA RÉPUBLIQUE DES COMMUNES

DE JACQUES FRANCE

~~~~~~~~~~

CITOYENS, CITOYENNES,

Après les excellentes paroles que vient de prononcer
M. le Maire, après le beau discours que vous a fait
entendre M. Journault, votre député, je n'aurais rien
à dire, rien à ajouter, si je ne tenais absolument à
attirer votre attention sur un point capital, encore
trop négligé dans notre situation actuelle.

Sans doute, vous avez eu raison, pour inaugurer ce
buste de la République, de choisir le 14 juillet, car le
14 juillet, en sapant les bases de la féodalité, c'est-à-
dire du privilège et de la tyrannie, a posé la première
pierre de l'édifice républicain.

Aujourd'hui qu'il est élevé, nous pouvons en couronner le faîte. Cependant, il ne faut pas nous faire d'illusion. Cet édifice ressemble assez à ces constructions qui paraissent achevées au dehors et dans l'intérieur desquelles tout reste à faire.

Ainsi, en regardant cette République, représentée sous les traits d'une femme, et d'une femme qui pense, le souvenir des femmes illustres qui ont contribué, dans une si large mesure, à l'établissement de l'ordre nouveau, s'offre à mon esprit, et je constate ici de singulières inconséquences. En effet, toutes les fois qu'il s'agit de personnifier artistiquement un grand sentiment, une grande idée, on emprunte, de préférence à toute autre, la forme féminine, la considérant comme la plus propre à exprimer, avec le plus de pureté et d'élévation, le sublime, l'idéal. Eh bien ! par une contradiction étrange, cette femme qui figure la *Justice*, n'obtient pas la justice ; cette femme qui figure la *Liberté*, ne jouit pas de la liberté ; cette femme qui figure la *Loi*, a contre elle la loi.

En 89, la femme, asservie par les codes, comme elle l'est encore à présent, s'est associée spontanément, avec une sorte de passion, à l'élan libérateur qui entraînait les masses. Elle en a été la force impulsive ; elle a pénétré de son enthousiasme les hommes et les choses de cette époque glorieuse. Et Mirabeau, qui reconnaissait en elle une puissance motrice considérable, disait, en parlant de l'œuvre révolutionnaire et de son avenir : *Elle réussira si les femmes s'en mêlent.*

Du reste, la femme ne fait pas seulement son apparition dans la vie politique en 89 ; on peut dire qu'elle n'a pas quitté la scène.

Dans tous les mouvements intellectuels et sociaux qui marquent chaque étape de l'évolution humaine, elle se manifeste brillamment et héroïquement. Nous la rencontrons au moyen âge, quand il s'agit de défendre le sol : sur les remparts, elle repousse les assaillants avec une énergie incroyable.

Au XVᵉ siècle, une femme sauve la France. Jeanne d'Arc est l'incarnation la plus haute du patriotisme, car la patrie pour la femme, c'est le prolongement du foyer domestique, l'extension de la famille.

Survient la Réforme, qui est un progrès de l'esprit ; là encore la femme se distingue.

Mais, au XVIIIᵉ siècle, le type s'élève et s'agrandit ; en traversant la philosophie, il parvient à atteindre le concept supérieur du droit humain, droit universel, conféré à tout être conscient, conséquemment responsable.

Mᵐᵉ Roland caractérise cette progression morale. Elle rayonne au milieu des siens par le triple éclat du talent, de la vertu, de l'héroïsme. Elle a eu toutes les grandeurs de son parti, elle n'en a pas eu les faiblesses.

Et cependant les femmes sont encore en tutelle.

Et c'est pour cela qu'aujourd'hui nous voulons reprendre la tradition révolutionnaire, continuer l'œuvre d'affranchissement. Le XVIIIᵉ siècle s'est arrêté à l'homme, il en a fait le citoyen. Le XIXᵉ ira jusqu'à la femme et la proclamera citoyenne.

A l'heure présente, l'intervention de la femme, en matière d'intérêts généraux, collectifs, est une nécessité du développement historique.

Deux questions se dressent devant nous, et elles sont insolubles sans le concours de la femme. C'est la question religieuse, dite cléricale, et la question politique.

Il est évident que, tant que la femme sera sous l'influence du catéchisme et du Syllabus, tant qu'elle sera sous le joug du prêtre, elle fera obstacle à l'organisation de la démocratie. On commence un peu tardivement à s'en apercevoir, et on s'efforce de donner enfin aux jeunes filles une éducation à bases rationnelles.

Mais, avant de recueillir les fruits, il se passera du temps, et les femmes de la génération actuelle continueront de transmettre, par voie d'hérédité, leurs caractères moraux ; elles lègueront à leurs rejetons quelque chose de leur état mental.

Or, la question politique est intimement liée à la question cléricale. N'est-ce pas la doctrine religieuse qui se charge de fournir aux sociétés, comme aux individus, un principe de direction, une règle de conduite ? Telle croyance, tel système de gouvernement.

Donc, comment former des tempéraments républicains, comment donner aux jeunes générations des mœurs et des habitudes démocratiques ? C'est la mère qui jette les premières semences dans l'intelligence de l'enfant ; c'est elle qui d'abord inscrit des caractères sur ce vase neuf, caractères indélébiles et impérissables.

Est-ce donc aussi dans la famille, dont la constitution est monarchique, que vous inculquerez aux enfants les notions de la liberté, de l'autonomie, du droit de la personne humaine, quand, épouse, la mère est privée du droit de liberté et d'autonomie ? Ne vous y trompez pas, la famille est la société principe, la cité élément ; et tout ce qui se passe au foyer domestique se reproduit en grand dans la machine politique.

L'élimination de la femme dans les affaires publiques est due à une fausse conception de la politique. On s'est imaginé, longtemps, que la politique était une science spéciale qui ne devait être le partage que d'une minorité d'élite, ou bien plutôt d'une personnalité puissante, douée par la Providence de facultés dirigeantes, capable alors de saisir l'ensemble des rapports qui s'établissent entre les individus et les peuples et de les régler pour le plus grand avantage de ceux-ci.

C'est ainsi qu'une seule volonté s'est substituée à des millions de volontés.

Nous avons eu tout le loisir d'apprécier les bienfaits *du Pouvoir personnel*, quelque nom qu'il prenne. Nous savons ce que nous ont coûté les hommes providentiels, et nous sommes arrivés, Dieu merci ! après de cruelles expériences, à avoir un sens plus net des conditions de la science gouvernementale.

La politique est la résultante de la mise en jeu des forces sociales : sentiments, passions, idées, intérêts, se combinent, s'organisent en vue d'atteindre un but commun, déterminé, qui est le bonheur. Et c'est justement de la participation, de la coopération de tous à la gestion générale que se forme la pondération des égoïsmes, c'est-à-dire l'entente et l'harmonie finale. L'élimination d'un seul des facteurs susnommés dérange l'équilibre et amène le désordre. Or, la femme est un des grands facteurs de l'humanité. Tout ce qui se fait, tout ce qui s'accomplit, tout ce qui se passe dans le monde, est le produit de la fusion des deux germes, des deux éléments masculin et féminin. C'est par leur pénétration constante et réciproque, par l'échange mutuel de leurs qualités que s'effectue la marche des sociétés vers le progrès.

Quand la femme aura pris la place que lui a assignée la nature, vous aurez de fortes chances pour assurer à l'édifice républicain la durée et l'indestructibilité.

Vive la République !

LA FEMME
DANS LA SOCIÉTÉ NOUVELLE

~~~~~~~

CONFÉRENCE FAITE A TROYES EN 1883

~~~~~~~

MESSIEURS, MESDAMES,

Il m'a été demandé de traiter de la femme. J'y ai consenti volontiers.

Il y a quelque part seize ans que j'en ai parlé pour la première fois. Cette thèse avait été, depuis 1848, abandonnée et était tombée en oubli. Je l'ai ressuscitée ; je l'ai remise en lumière ; je l'ai examinée, étudiée sous tous ses points de vue, sous tous ses aspects.

Survinrent alors nos calamités nationales ; elles m'entraînèrent vers la politique. J'avais déjà fait auparavant, il est vrai, des excursions fréquentes sur ce terrain, sans y séjourner, toutefois. Mais comme il s'agissait alors de fonder la République, j'ai dû travailler de compte à demi avec ceux qui voulaient l'établir, pensant qu'elle est le meilleur des gouvernements. Ce qui, encore, est absolument mon avis. Du reste, je ne cessai pas pour cela de servir la cause des femmes, d'une façon indirecte en apparence, mais certainement plus efficace, car le régime de la démocratie généralisant le principe du droit, peut seul faire disparaître les injustices et les inégalités.

Depuis, la question de la femme, à laquelle je reviens avec vous, a fait beaucoup de chemin : elle est à l'ordre du jour. La femme est l'objet des préoccupations présentes ; on s'inquiète de son état intellectuel, du degré de son savoir, toutes choses sur lesquelles on était, jusqu'alors, absolument indifférent. Sans doute, on allait plus loin que le bonhomme Chrysale, mais on était bien près de trouver qu'elle en savait assez pour ce qu'elle avait à faire, et qu'un quart de culture suffisait amplement aux besoins de son esprit et de ses fonctions.

Cette opinion a changé, et, chose concluante, c'est que des républicains très sincères, très convaincus, je dois le dire, ne se gênaient pas, il y a seulement encore trois ou quatre ans, pour railler ouvertement le mouvement d'émancipation féminine et les femmes qui en avaient pris l'initiative. Ils suivaient, en cela, les traditions de leurs ancêtres, Chaumette en 1789 et Proudhon en 1848. Aujourd'hui, les mêmes persifleurs sont disposés à faire cause commune avec nous.

Comment expliquer cette conversion quasi soudaine? Rien de plus facile, rien de plus simple.

L'intervention de la femme est actuellement une nécessité du développement historique.

Vous savez tous que la marche du progrès est en raison directe de l'extension du droit et de la liberté. Au fur et à mesure que les peuples s'avancent, que les institutions s'améliorent, un plus grand nombre d'individus sont appelés à la vie politique ; et l'on voit toutes les classes être admises successivement, non toutefois sans secousses, à la participation des affaires publiques.

Pourquoi s'est-on arrêté en si belle voie ? Pourquoi n'est-on pas arrivé jusqu'à la femme? Elle est la moitié de l'humanité : on a l'air de l'ignorer. Craint-on de réparer trop tôt une iniquité? Le fait est qu'on a épuisé toutes les combinaisons avant de songer à celle-là !

C'est que cet état de choses semblait tellement conforme à la nature et à la vérité qu'on pensait devoir n'y rien changer ; et ceux qui en faisaient la proposition soulevaient un *tolle* et des rires ironiques. On les qualifiait de fous et d'extravagants ; quand c'étaient des femmes, d'excentriques.

Les uns invoquaient la tradition religieuse, la légende du péché originel commis par la première femme. Il fallait donc que celle-ci fût matée afin de comprimer ses mauvais et pernicieux instincts. Les autres mettaient en avant la faiblesse du sexe, son infirmité, *imbecillitas sexus*, cas rédhibitoire; enfin une prétendue science osa déclarer, contre toute évidence, que la mère, dans l'œuvre de génération, ne fournissait pas un apport égal à celui du père; qne le père seul, l'homme, transmettait à ses rejetons les caractères supérieurs, autrement dit, l'appareil mental.

De bons et de grands esprits, les Linné, les Buffon et tant d'autres depuis, ont réduit à néant cette théorie aussi inepte qu'absurde ; et, avec des preuves, c'est-à-dire des faits en mains, ils ont proclamé l'universalité, l'influence commune des sexes dans l'acte de la procréation, établissant que la mère aussi bien que le père lègue à ses enfants ses facultés morales, ses qualités intellectuelles.

A son tour, la physiologie cérébrale est entrée en scène et elle a eu diverses interprétations.

La physiologie cérébrale est une science de date quasi récente, à l'état rudimentaire ; c'est un effort honorable qui n'a pas encore donné ses fruits ; ses moyens d'investigation sont restreints. On peut bien, par la vivisection, opérer sur de pauvres animaux qui n'en sont pas plus contents pour cela, mais ces expériences ne donnent pas grands résultats à propos de l'humanité. De telle sorte que les conditions cérébrales du génie sont à peu près ignorées.

Il y a toute sorte d'hypothèses sur les qualités de la capacité cranienne, des circonvolutions, de la substance corticale, dite substance grise ; mais tout cela est singulièrement flottant, indécis. Tout ce que nous savons, c'est qu'il y a des gens qui ont beaucoup d'esprit et d'autres qui n'en n'ont pas : et nous savons aussi que beaucoup de femmes sont dans les premiers et que beaucoup d'hommes sont dans les seconds.

Pour résumer, nous sommes autorisée à affirmer que, malgré les conditions défectueuses de servitude et d'ignorance dans lesquelles a croupi la femme, il lui a fallu une robusticité d'intelligence bien remarquable pour avoir donné, à travers les siècles, tant de preuves de supériorité. Du reste, cette soi-disant infériorité, dont on nous accable, n'a été jamais qu'un prétexte pour nous refuser nos droits.

Cette persistance à nous refuser ce qui nous appartient vient d'une très fausse notion du droit et de son origine. Jamais l'égalité devant la loi n'a été fondée sur l'égalité intellectuelle. Il n'y a pas de toise pour mesurer la capacité. A ce compte, le droit serait divisible comme un médicament homœopathique ; il y aurait divers dosages : demi-droit, quart de droit, huitième de droit, etc., etc. Aux élections, par exemple, la voix de M. Victor Hugo compterait pour cent mille, parce qu'il est le plus grand poète du siècle, et ainsi de suite. Où cela conduirait-il ?

Non ; les titres à l'obtention du droit sont tout entiers dans la qualité d'être humain. L'être humain se distingue de toutes les espèces parce qu'il est conscient, responsable et progressible. Il est progressible parce qu'il est sociable et peut communiquer ses idées, en recevoir, unir ses efforts à ceux de ses semblables, échanger des services, des dévouements, parce qu'il lègue à ses descendants le fruit de ses travaux comme il a hérité de ceux de ses ancêtres. Il ne s'agit pas, ici, de faire l'*Iliade* et l'*Odyssée* ou les *Châtiments* et l'*Année terrible* ; il s'agit d'avoir la connaissance du bien et du mal et de faire son devoir.

La conscience des honnêtes gens équivaut à celle des gens de génie. A ce seul compte, la femme a droit au droit.

On a présenté comme objection que la majorité des femmes avait accepté cette situation subordonnée et que, seule, une minorité tapageuse avait protesté. Je ne répondrai qu'un seul mot à cet argument : il en est de la femme comme de tous les asservis, elle a perdu, sauf exception, le sens de sa dignité ; pourtant elle a tenté de se rebeller. D'ailleurs, plus que toute autre, elle a pu se faire illusion sur la tristesse de sa destinée. La royauté éphémère de la beauté et de la jeunesse a pu, un instant, lui paraître une compensation ; plus tard, elle a reconnu sa méprise.

Au temps où nous sommes, quand la République se maintient, si mal organisée qu'elle soit, les idées vont vite. Les dispositions de l'esprit sont changées. Des difficultés se présentent, il faut les aplanir.

Trois questions s'imposent, et elles ne peuvent être résolues sans le concours actif de la femme : la ques-

tion religieuse, la question politique et la question
morale.

Commençons par la question religieuse, elle est la
plus urgente ; toutes les autres sont sous sa dépendance.

Nous nous apercevons, tous, que nous sommes à la
fin d'une société, d'une forme de société, j'entends ;
nous sommes sur le seuil d'une nouvelle ère ; il s'agit
d'y entrer. Qui nous barre le chemin ? Une doctrine
religieuse. Cette doctrine, qui nous empêche de faire
un pas en avant, elle est elle-même à son déclin, en
pleine décadence. Elle se trouve au-dessous du niveau
intellectuel. Elle ne répond à aucun besoin, à aucune
aspiration de notre époque. Sur tous les points, elle
est dépassée et contredite ; tout se traite en dehors
d'elle et malgré elle. Notre éclosion moderne, nos
progrès sont dus à des principes absolument opposés
aux siens. L'examen lui donne tort, l'expérience lui
donne tort, la raison lui donne tort. Et cependant,
elle reste debout et est encore prépondérante ! Ah !
sans doute, son existence est factice : elle tient à la
force de l'habitude, au prestige d'une installation
séculaire, et surtout à l'égoïsme de certaines classes
qui en croient le maintien nécessaire à la garantie de
leurs intérêts. Certainement, si nous étions dans un
temps de libre conscience, où toutes les doctrines, où
toutes les croyances pussent se produire, se manifester,
sans qu'aucune d'elles fût ni favorisée, ni salariée
par l'Etat, il n'y aurait qu'à laisser faire le bon sens,
l'erreur s'userait bien vite. Mais il n'y a rien de cela.
Cette doctrine a une organisation considérable qui
s'appelle l'Église. Cette Eglise a été gratifiée de privilèges et de monopoles, et elle exerce encore sa suprématie dans les divers départements du système social,
et particulièrement en pédagogie. C'est que, dès le

principe, la foi l'avait considérée comme la dépositaire de la loi divine, comme la sainte inspiratrice
des volontés de Dieu ; alors on l'avait instituée éducatrice et conductrice des peuples.

Elle a continué, en effet, à former les âmes de façon
à atteindre le but qu'elle se proposait. Mais, malheureusement pour elle et heureusement pour nous, ce
but n'est plus le nôtre, et nous voulons changer les
bases de cette éducation pour la rendre, de cléricale,
nationale.

Ah ! je n'ignore pas qu'on crie à l'impiété du siècle,
à la perversité des hommes, à la corruption des mœurs.
La corruption est de bien vieille date, et sous les beaux
temps de la foi, l'Église, elle-même, n'a pas dédaigné
d'en donner l'exemple. Ces lamentations naissent du
chœur des cléricaux. Il faut, pour élever ces plaintes,
être d'une insigne mauvaise foi ou d'une ignorance
avérée.

L'état d'esprit d'une époque n'est pas le fait de ceux
qui en sont les contemporains, c'est la résultante du
développement humain, de la marche de la pensée.

La pensée évolue à travers les âges, à travers les
siècles ; elle s'éclaire, se modifie, se transforme pro-
gressivement, grâce aux connaissances incessamment
acquises et aux découvertes de la science. Cette situation mentale, la génération actuelle ne peut s'y soustraire, elle la subit ; je dirai plus, elle en est l'expression savante.

De l'étude de la nature, des travaux gigantesques
dus à la méthode expérimentale, est sortie une conception du monde, une conception de l'univers,
positive, scientifique, absolument contraire aux récits
de la Bible et de la Genèse. Qu'y faire ?

Les docteurs, les théologiens ont bien cherché à
accommoder la science et le dogme, la raison et la foi.

Pascal est devenu fou à cette tentative-là. Plus tard, les Montalembert, les Lacordaire l'ont renouvelée. Tous en ont été pour leurs frais. Leur insuccès a démontré l'inanité de leurs efforts. Il faut qu'ils en prennent leur parti.

Que les Freppel et les sous-Freppel, que les Montsabré et les sous-Montsabré se coalisent et protestent, ils ne changeront rien.

La doctrine catholique est jugée, elle est condamnée à disparaître et à rejoindre ses devancières. Il n'est au pouvoir de personne d'enrayer le mouvement, et la sagesse commande de s'y associer ; car on ne renie pas impunément le bon sens et l'évidence.

C'est pourquoi l'on travaille à substituer aux bases miraculeuses et surnaturelles de l'éducation catholique les bases rationnelles et scientifiques de l'enseignement laïque. C'est parvenu à cette détermination qu'on a compris qu'il était indispensable que le nouveau programme fût identique pour les deux sexes, sans quoi ces soins resteraient superflus. Comme on a marchandé l'instruction à la femme, comme on l'a tenue, systématiquement, éloignée de toute science, elle est restée sous l'influence du catholicisme et de l'histoire sainte. La laisser dans cet état, c'est prolonger l'empire de l'Église et l'autorité du prêtre.

Aussi est-ce pour cela que les républicains, les libres-penseurs, qui ont mis du temps à s'en apercevoir, s'empressent aujourd'hui d'organiser l'enseignement des filles. Dame ! les résultats d'une éducation nouvelle ne sont pas immédiats ! Dieu merci ! les femmes sont parfaitement disposées à abandonner toutes superstitions, surtout si on leur donne des droits en échange.

Nous aborderons maintenant la question politique.

Sur cette matière, l'intervention des femmes paraît dans les esprits d'une urgence moins évidente.

Beaucoup sont encore indignés de penser qu'une femme pourrait devenir, tout comme eux, électrice, éligible, ce qui est pire : ce rapprochement les confond.

Pour accepter ce nouvel arrangement, ils n'ont pourtant qu'à peser les motifs, les raisons qui doivent nous y déterminer.

Nous sommes en train d'organiser la République, la démocratie, mais il ne suffit pas que les mots liberté, justice, égalité, soient sur les lèvres et dans les écrits, il est de toute nécessité qu'ils soient dans les cœurs. Nous ne devons jamais oublier que près de quinze siècles de royauté pèsent sur nous ; que notre éducation, nos habitudes, nos coutumes sont monarchiques ; que nous sommes républicains théoriquement, mais que notre vieille routine l'emporte dans la pratique. Nous sentons qu'il faut constituer un tempérament républicain, des mœurs républicaines.

Chaque citoyen en démocratie est un fragment de souverain. Il coopère directement ou indirectement à la gestion gouvernementale ; il doit être à la hauteur de son mandat ; il doit être pénétré des devoirs de la vie publique, de la vie collective ; il doit se mettre en peine des intérêts généraux dans lesquels les siens propres sont compris ; il doit enfin reconnaître que la solidarité est non point un sentiment, mais une loi universelle dont il faut étudier le fonctionnement et les conséquences.

Pour avoir cette disposition d'esprit, il faut une préparation ; cette préparation ne peut se faire que dans la première éducation, dès l'enfance. Ce n'est ni l'école ni le lycée qui peuvent s'en charger ; le lieu tout indiqué est la famille. C'est au foyer, dans la vie domestique, que la formation du caractère, de la conscience s'opère. Là, l'enseignement revêt mille aspects ; il se dépouille de cet appareil didactique toujours froid, toujours ennuyeux et antipathique aux enfants ; il varie ses méthodes, fait vibrer toutes les cordes sous les modes pénétrants de la tendresse et de l'intimité ; la causerie remplace la leçon. A la mère, à la sœur est dévolu ce rôle d'initiatrice. Seulement, si on les a laissées étrangères à cet ordre d'idées, si on les a éloignées systématiquement, elles y sont indifférentes et le plus souvent hostiles.

On me dira que l'homme se forme, au dehors, au contact de ses semblables, par les divers frottements d'opinions et d'idées. D'accord, l'homme se forme à l'extérieur, à la surface ; mais au dedans, à l'intérieur, non. Il est l'homme qui parle, qui fait des discours ; mais il n'est pas l'homme qui agit.

La conviction seule détermine l'acte.

Ainsi quel bénéfice a t-on tiré de l'exclusion de la femme en matière politique ? Vous avez fait naître, ou tout au moins développé l'égoïsme familial, le népotisme qui ronge la société. L'égoïsme à plusieurs, l'égoïsme organisé est le pire de tous. Il a amené l'antagonisme entre les sentiments les mieux faits pour s'associer et se parfaire : famille et patrie sont entrées en rivalité.

On n'a cessé de prêcher à la femme que sa mission est d'être épouse, que sa plus haute fonction est d'être mère ; qu'elle n'a qu'à élever ses enfants et soigner son ménage ; et que tout ce qui se passe au delà ne la regarde pas et n'est pas à sa portée. Alors, elle a concentré toutes ses facultés, ses efforts, ses aspirations sur les siens, elle n'a eu pour objectif que l'agrandissement de sa famille et la fortune de sa maison.

Cependant, qu'on ne s'y trompe pas, si la femme

s'est conformée à cette mise à l'index de la chose publique, c'est plus en apparence qu'en fait ; partout, d'une façon plus ou moins latente, elle cherche à exercer son influence et à faire prévaloir sa volonté. Ce serait, d'ailleurs, une grande naïveté de s'imaginer qu'elle se croit incapable d'aborder les questions d'ordre compréhensif ; elle se sent, au contraire, de certaines qualités spéciales dont l'application dans le domaine politique serait précieuse. Sans doute, faute d'études préparatoires et d'expérience acquise par l'usage, il lui arrive parfois de précipiter ses jugements et de se passionner pour ou contre, plus qu'il ne convient. Ce reproche qu'on peut lui faire, ne doit-il pas être également adressé à la plupart des hommes ? Et, du reste, la politique du présent, comme celle du passé, est si mal définie, si mal comprise, grâce à l'étrange oubli qu'on fait de l'histoire qui, seule, est en mesure de l'enseigner, fournissant en même temps les faits, les exemples et les leçons, qu'il est difficile que la femme, *a priori*, en ait la connaissance exacte.

Ce qui achève de la rendre sceptique en cette matière, c'est la manière dont les hommes l'entendent et la pratiquent. Mais je suis persuadée que, quelque peu initiée à cette science qui traite de l'organisation des collectivités, elle en saisirait vite le grand sens et opérerait avec tact et prudence la jonction des intérêts de la famille et de ceux de la cité.

Faites donc de la femme une citoyenne ; donnez-lui une éducation civique, donnez-lui le droit. Et en élargissant ses horizons, vous agrandirez ses idées et ses sentiments. Elle apportera à la vie publique ses belles qualités : sagacité, persévérance, abnégation.

Vos résistances n'y feront rien ; il vous faudra en arriver là.

Mais passons à la question morale. C'est là qu'est

là pierre d'achoppement. Il est toujours facile de faire des théories, il est plus difficile de les pratiquer.

La morale est la mise en action des principes ratifiés et adoptés par la conscience. La morale n'est pas une prescription arbitraire, mais une loi naturelle, une loi d'ordre, loi de développement, de progrès et de conservation pour les individus comme pour la société. Elle se divise en deux parties : l'une qui regarde soi-même, l'autre qui concerne autrui. Dans ce dernier cas, elle devient la science des rapports humains.

Seulement, pour avoir une application réelle, il est besoin que tous les êtres soient à la place que leur a assignée la nature. Le fait seul d'un déclassement de personnes, d'un droit violé, d'un intérêt méconnu, rompt l'équilibre, fausse les relations et les rend anormales. Les uns ont trop de droits et pas assez de devoirs, les autres trop de devoirs et pas assez de droits.

L'asservissement, à n'importe quel degré, est un élément de corruption et de décadence pour les individus comme pour les peuples. Esclavage, servage, tutelle à perpétuité apportent la perturbation dans les caractères aussi bien du côté des spoliateurs que du côté des spoliés. Il y a chez les maîtres et les oppresseurs exploitation et impunité ; chez les asservis, avilissement et ruse ; car toutes les fois qu'un être n'est pas à la place qui lui revient, il emploie tous les moyens, sans exception, pour la reconquérir. J'en vois la preuve.

Donc, entre l'homme et la femme, le même fait se produit. L'homme, au nom de la force musculaire, s'est arrogé toutes les maîtrises, tous les privilèges, entre autres celui de professer des mœurs libres sans être responsable des conséquences qui en découlent. C'est ainsi que la recherche de la paternité n'a pas été admise par le Code. Et ce qu'il y a de plus scandaleux, c'est que, dans certains délits, l'homme complice de la femme est en même temps son juge.

Ainsi la femme déshéritée, subalternisée, ne peut même pas se libérer par le travail, car l'homme a pris la meilleure part ; son activité productive est mal rémunérée, sa situation reste précaire, elle est à la merci de l'homme. Elle ne peut pas invoquer la loi, puisque la loi est contre elle ; pas davantage le droit, puisqu'elle en est dépouillée. Il lui reste alors à s'adresser à la passion, aux sens, pour établir son empire et régner sur l'homme. C'est là toute l'origine de la prostitution à tous les étages. Si vous ajoutez que dans notre société, où le raffinement est intense, où la séduction attractive sollicite à chaque pas, la vie se complique, les besoins factices se multiplient et rendent insuffisants les besoins naturels, vous ne serez pas étonné que la prostitution s'élargisse, s'agrandisse et envahisse aujourd'hui, plus que jamais, la littérature, le roman, le théâtre, voire même le journalisme.

Telles sont donc les trois questions, religieuse, politique, morale, qui ne peuvent être résolues que par l'affranchissement de la femme et la reconnaissance de ses droits.

La femme a été jusqu'ici une force déviée, une puissance détournée de son but.

Son mandat, sa mission a une haute portée. Cette mission revêt un quadruple caractère : éducatif, moralisateur, économique et pacifique.

Éducatif, car non seulement elle transmet ses facultés cérébrales à son rejeton, mais encore elle est l'institutrice innée ; c'est d'elle qu'on reçoit les premières leçons, c'est d'elle que les notions des vérités fondamentales doivent être tenues. Il est donc nécessaire qu'elle soit suffisamment éclairée pour n'inculquer ni

erreur, ni superstition. Elle est moralisatrice parce
que c'est elle qui donne les premiers exemples; elle est
volontiers proposée pour modèle à ses enfants. Ceux-ci
en sont les premiers imitateurs. D'ailleurs, elle est non
seulement l'agent moral dans la vie privée, mais
encore dans la vie publique. Douée de plus de réserve
que l'homme, elle est plus en possession d'elle-même
que lui. Les sens ont moins de prise sur elle; elle est
venue pour régulariser la passion, pour la subordonner au devoir. Je sais qu'on me citera maints faits qui
sembleront démentir cette assertion. Je rappellerai
alors ce que j'ai dit précédemment. Sauf de rares exceptions dues à une altération du type, amenée par un
milieu insalubre, par une éducation erronée et par une
inique répartition des responsabilités, des droits et
des devoirs humains, la majorité des femmes est disposée à suivre la norme.

Aux fonctions éducatrices et moralisatrices viennent
se joindre les fonctions économiques. La femme a l'intuition de l'économie. Elle connaît les besoins des
siens, elle est la distributrice des ressources de la
famille; il lui faut tout prévoir et pourvoir; elle appré-
cie donc les bienfaits de l'épargne. Car s'il est bon de
suffire à aujourd'hui, il est indispensable de garantir
demain.

La femme est pacificatrice et a, par excellence,
l'amour de la paix.

C'est qu'elle connaît le prix de la vie, elle qui la
transmet au risque de perdre la sienne. *Génératrice*
et *nourrice*, elle sait combien il faut de peines, de
veilles, d'alarmes, de dévouement, pour amener à
complète éclosion cet être incobatif, embryonnaire
qu'on appelle l'enfant. Elle sait aussi que, lorsque le
canon et la mitraille ont fauché une jeune génération
et l'ont couchée sur les champs de bataille, il faudra

vingt ans pour la remplacer par une autre. « Avec ce beau sentimentalisme, disent certaines gens, on dévirilise un peuple ; et pour la conservation d'individus, on perd une nation.

« L'introduction de la femme dans les assemblées efféminera la nature des délibérations. »

Ce mot d'effémination, terme de mépris, est absolument immérité. Dans tous les temps, dans tous les siècles, la femme a donné des preuves éclatantes de courage et d'héroïsme. Dans l'antiquité, au moyen âge, pendant la Réforme, la Révolution de 1789, de 1848 et le siège de 1870, elle a été à la hauteur des hommes. Je dirai plus, elle les a dépassés, car la loi ni la discipline ne lui imposaient de semblables devoirs.

Aujourd'hui, et c'est le signe d'un haut degré de développement moral, l'idéal de la grandeur n'est plus placé dans la gloire militaire. Ce n'est point une dégénérescence, non ; mais c'est une preuve de l'extension de la raison et de la connaissance de la destinée humaine.

« Si vous supprimez la guerre, objecte-t-on, vous supprimez l'héroïsme. » Comment cela ? L'héroïsme ou le sacrifice de la vie à une grande cause existe ; de plus, il a une application bien supérieure ; il s'agit alors de combattre les fléaux de la nature, de pénétrer les secrets de l'univers. Et, certes, les héros et les martyrs de la science et de l'industrie ne manquent pas et ne manqueront jamais. Et c'est justement dans cette voie que le dévouement se dirige. Les leçons de l'histoire, les conséquences que nous en tirons nous démontrent l'inanité des guerres et des conquêtes. Que nous ont rapporté ces batailles, ces scènes de carnage, sinon de prolonger et d'entretenir les sentiments sauvages et barbares ? Que sont devenus les grands empires, à partir de celui des Perses, en passant par l'empire de Charlemagne, de Napoléon Ier, en attendant la fin de celui dû à M. de Bismarck ? Ces agglomé- rations gigantesques et disparates de peuples, de nations, de races, violemment réunies sous un même joug, sous une même volonté, n'ont eu qu'une exis- tence passagère ; elle se sont désagrégées bien plus vite qu'elles n'ont été rassemblées.

Les grands guerriers n'ont rien fait pour la civilisation ; dans une seule campagne, ils ont réduit à néant les travaux de plusieurs siècles. Les facteurs de la civi'isation sont les penseurs, les philosophes, les savants, les légistes, les littérateurs, les poètes, les artistes. Ceux-ci élèvent l'esprit, agrandissent le cœur et travaillent à nous faire connaître la loi qui régit l'humanité.

Les conquêtes ne sont que des déplacements de forces et de fortunes. Tantôt le Nord l'emporte sur le Midi et le Midi sur le Nord, l'Ouest sur l'Est, et réciproquement. Dans tous ces fameux exploits, il y a destruction. Or, la destruction est un mal et non un bien. La vraie grandeur, la vraie gloire consiste à apporter quelque chose à ce qui était déjà ; à ajouter au cumulus des connaissances humaines une vérité, une découverte, un chef-d'œuvre, un acte de vertu de plus.

Nous pouvons donc affirmer hardiment que cet affaiblissement du prestige militaire est le signe de l'avènement de la femme.

Il n'est que temps, en effet, de lui restituer ce qui lui appartient ; c'est un acte de justice, de plus un acte d'intérêt social.

L'infériorité de la femme, suivant la législation, est factice et artificielle. On l'a obtenue par des procédés déloyaux ; on a usé de moyens restrictifs, prohibitifs, bien capables d'atrophier son cerveau, sans y être par- venu cependant. Il en est résulté une souffrance générale. Une des conditions essentielles au progrès manquant absolument, la vie privée et la vie publique ont été partagées en deux courants contraires ; de là la lutte au lieu de l'harmonie.

L'harmonie, direz-vous, est une utopie et non une réalité sociale. Rien de plus positif, au contraire, et les sociétés la recherchent, mais n'en connaissent pas les conditions.

Les sociétés ont été organisées et agencées sur des plans conçus *a priori*, c'est-à-dire en dehors de toutes données expérimentales : des légendes fabuleuses, des rêveries d'imagination ont servi à l'édification de la mécanique sociale. On a établi une hiérarchie arbitraire des castes, des classes ; on a distribué les fonctions, les rôles, sans s'informer de la nature des sujets qui devaient les remplir ; on a prétendu y soumettre l'humanité. Qu'on ne s'étonne donc pas qu'il se soit produit des craquements, des exp'osions et des révolutions : la nature l'emporte toujours sur la convention.

Eh bien, maintenant que nous nous vantons d'être dans une époque scientifique, que nous avons créé une philosophie de l'histoire sur des bases positives, commençons par mettre tout à sa place. La femme étant un des deux grands facteurs de l'humanité et de la civilisation, tout ne s'étant fait en bien comme en mal que par l'action mixte des deux sexes, reconnaissons que nulle loi, nulle institution qui ne portera pas l'empreinte de la dualité humaine ne sera ni viable, ni durable.

LOGE SYMBOLIQUE ÉCOSSAISE

MIXTE

LES LIBRES PENSEURS DU PECQ

(SEINE-ET-OISE)

~~~~~~~~~~

Discours prononcé au Banquet,
aprés la Ten∴ maçon∴ du 14 Janvier 1882

~~~~~~~~~~

Etaient présents les F∴ LAISANT, DE HÉRÉDIA, DELAT-
TRE, BEAUQUIER, TONY-RÉVILLON, député, Paul VIGUIER,
CERNESSON, Georges MARTIN, Auguste DESMOULINS, REY,
Conseillers Municipaux, Germain CORNILHE, Eugène
BRETON, MORIN, FROMENTIN, Victor POUPIN etc., etc.

MESSIEURS, MESDAMES,
MES FRÈRES, MES SŒURS,

Je porte un toast à la loge des libres penseurs du
Pecq, qui m'a fait l'honneur, aujourd'hui, de me recevoir au nombre de ses membres.

Je tiens à lui témoigner toute ma gratitude pour

l'accueil flatteur qu'elle a bien voulu me faire. Mais
je sens que les éloges qu'elle m'adresse ressortent plus
d'une exquise courtoisie que de la vérité, car je n'en
mérite pas la moitié. C'est pourquoi, si je vous félicite,
mes frères, de la détermination que vous venez de
prendre, je vous prie de ne pas voir là un signe d'infa-
tuation de ma part. S'il ne s'agissait que de la récap-
tion de mon infime personne dans la Franc-Maçonnerie; s'il ne s'agissait que du faible apport que je puis
vous offrir, le fait lui-même serait mince et de peu de
portée ; mais il a une bien autre importance. La porte
que vous m'avez ouverte ne se refermera pas sur moi,
et toute une légion me suivra. Vous avez fait preuve,
mes frères, de sagesse et d'énergie. Par vous un préjugé a été vaincu.

Sans doute, vous êtes une minorité, mais une minorité glorieuse, à laquelle bientôt sera forcée de se rallier
la majorité des loges récalcitrantes ; la présence ici
de frères éminents qui en font partie m'en est un sûr
garant.

Ce qu'il y a de particulièrement curieux, c'est que
cette admission d'une femme, considérée à notre époque
comme un événement, n'est qu'une réminiscence du
passé. Au xviii° siècle, les femmes étaient admises en
Franc-Maçonnerie. Une duchesse de Bouillon fut
même *Grande-maîtresse*. On serait autorisé à croire
que nous avons reculé. Aussi est-il bon de faire remarquer que cela se passait au beau temps du privilège.
Or, sous ce régime, tout peut se produire, voire même
le droit qui ne relève alors d'aucun principe d'égalité,
mais simplement de la faveur et du bon plaisir ; tandis
qu'au temps où nous sommes, toute manifestation de
droit ressort du droit reconnu, proclamé par la Révolution française comme base d'une société libre.

C'est ainsi que l'obtention des grades universitaires

par les femmes, leur accessibilité aux carrières qui leur avaient été jusque-là interdites est une adhésion publique à l'équivalence des deux sexes. Ce n'est plus une exception qu'on tolère, c'est la règle même qu'on attaque, c'est enfin le Code qui est visé ; c'est le signe de notre libération prochaine. Aussi est-ce pour cela que ce qui a pu passer inaperçu sous le règne de l'arbitraire, soulève des protestations à l'heure actuelle de la part des hommes jaloux de conserver leur privilège. Il faut bien reconnaître qu'en France la suprématie masculine est la dernière aristocratie. Elle se débat vainement, son tour de disparaître est proche.

S'il faut m'expliquer en toute franchise, je vous dirai que je comprends moins que jamais les résistances obstinées de la Franc-Maçonnerie à l'admission des femmes. Le maintien irrationnel de l'exclusion du principe féminin ne se fonde sur aucune raison valable.

A quel titre la Franc-Maçonnerie nous a-t-elle éliminées ? Détient-elle le monopole des vérités supérieures accessibles seulement aux intelligences d'élite ? Non. Traite-t-elle des questions abstraites, transcendantes, exigeant, au préalable, des études préparatoires ? Non. On y est reçu sans brevet. Recèle-t-elle des secrets, des arcanes, des mystères qui ne doivent être divulgués qu'à un petit nombre d'élus ? Non, car le temps est passé des mystères, des secrets, des arcanes.

La science s'enseigne en plein jour, et elle ne fait de réserve pour personne. Les femmes mêmes, tout comme les hommes, sont appelées à prendre leur part des connaissances humaines. Elles se présentent aux mêmes concours, passent les mêmes examens et obtiennent les mêmes brevets. D'aucuns prétendent que l'introduction des femmes en maçonnerie ferait perdre à l'Ordre son caractère de gravité. L'objection n'est qu'une plaisanterie.

L'École de Médecine nous rouvre ses portes : étudiants, étudiantes, reçoivent les mêmes leçons des mêmes professeurs ; les deux sexes se livrent aux mêmes travaux et aspirent au même bonnet de docteur qui leur est également conféré suivant le degré de mérite et de savoir. Et cependant l'École de Médecine ne croit rien perdre de sa dignité ni de sa gravité en agissant ainsi. D'où viennent donc alors les scrupules des Loges ? Quelles prérogatives défendent-elles avec un soin si jaloux, si ce n'est celles de l'habitude ?

Vous avez donc frappé un grand coup, mes Frères, en rompant avec les vieilles traditions consacrées par l'ignorance. Vous avez eu le courage d'affronter les rigueurs de l'orthodoxie maçonnique. Vous en recueillerez les fruits. Vous êtes, aujourd'hui, considérés comme hérétiques, parce que vous êtes des réformateurs. Mais comme, partout, la nécessité des réformes s'impose, vous ne tarderez pas à triompher.

Un grand mouvement d'opinion se fait en faveur de l'affranchissement des femmes. Nous sommes au début, aussi rencontrons-nous des difficultés, tant les préjugés séculaires sont encore fortement enracinés dans les esprits ; ceux qui s'en croient le plus dégagés subissent, à leur insu, le joug de la légende. Depuis le commencement du monde, la femme est un être déclassé ; c'est, permettez-moi le mot, une valeur méconnue. La religion l'a déclarée coupable. Une fausse science a affirmé qu'elle est incapable. Entre ces deux extrêmes, un terme moyen s'est établi et on a dit : « La femme est un être de sentiment ; l'homme est un être de raison !... » On a cru faire une trouvaille, croyez-le bien.

En raison de ce jugement, on a conclu que la femme,

être sensible, affectif, impressionnable, est inhabile à la direction des affaires et d'elle-même. Il appartient donc à l'homme de faire la loi, à la femme de s'y soumettre.

Certes, il n'est pas difficile de prouver que cette classification est absolument arbitraire, conséquemment factice. Il n'est pas donné à l'homme de distribuer les rôles, puisqu'il n'a pas distribué les facultés. Il s'égare étrangement en tranchant du Créateur. Tout comme le reste des êtres, il est le produit d'une force primordiale consciente ou inconsciente. Ce n'est pas le lieu, ici, de discuter.

La nature a fait les races, les espèces, les sexes ; elle a fixé leurs destinées. C'est donc elle qu'il faut observer, qu'il faut consulter, qu'il faut suivre. Quand elle gratifie les individus d'aptitudes, c'est pour qu'ils les développent. A la capacité appartient la fonction. La femme a un cerveau, il doit être cultivé ; personne au monde n'a le droit de circonscrire l'exercice de ses facultés. Il y a des femmes qui ont beaucoup d'esprit ; il y a même des hommes qui n'en ont pas, et ce dernier fait n'est pas rare. Il reste à chacun de poursuivre sa voie.

Il est à remarquer que c'est dans l'espèce humaine seule que cette prétendue inégalité intellectuelle des sexes se produit. Dans tout le règne animal, voire même sur les degrés les plus élevés, mâles et femelles sont également estimés. Prenez les races chevalines, canines, félines, et vous en aurez la preuve.

Cette dépréciation du type féminin en humanité détonne sur l'ordre général. Elle n'est assurément qu'une invention masculine que l'homme paie cher sans s'en douter. Il subit, par les transmissions héréditaires, les tristes effets de l'abaissement féminin, puisque dans l'œuvre de la procréation, il y a universalité d'influence des sexes, et que la mère lègue aussi bien que le père ses caractères moraux à ses rejetons.

L'infériorité de la femme une fois décrétée, l'homme s'est emparé de tous les pouvoirs. Il s'est essayé seul en législation, en politique. Il a fait les lois, les institutions, les constitutions, les règlements administratifs ; il a rédigé les programmes pédagogiques, s'appliquant à élaguer la femme des assemblées délibérantes et des conseils. Enfin, dans la vie privée comme dans la vie publique, il s'est imposé maître et chef. Les choses n'en ont pas toujours mieux marché pour cela. On a inféré de là que ce serait encore bien pire si les femmes s'en mêlaient.

Ceci reste à démontrer.

En réalité, la femme est une force. Moitié de l'humanité, si elle se confond avec l'autre par des caractères généraux et communs, elle s'en distingue par des aptitudes spéciales d'une puissance irrésistible qui forment un apport particulier, essentiel et indispensable à l'évolution intégrale de l'humanité.

On arguë que la place de la femme est dans la famille, que la maternité est sa suprême fonction, qu'au foyer elle est reine. C'est un mensonge flagrant. La femme dans la famille est aussi bien asservie qu'ailleurs ; elle est dominée par la puissance maritale et la puissance paternelle. Et pour ses enfants, toute initiative lui est interdite.

L'ensemble de la législation lui est donc défavorable ; elle la prive de son autonomie, en lui refusant l'égalité civile et politique.

Quelles peuvent être les conséquences de cette législation ?

Toute loi qui *a priori* gêne l'essor des individus, en les frappant arbitrairement d'incapacité, est non seulement anormale parce qu'elle contrarie le plan de la nature, mais, de plus, elle est immorale parce qu'elle provoque, chez ceux qu'elle spolie, le désir de sortir de la légalité pour chercher ailleurs les avantages que celle-ci leur refuse.

Il y a, en effet, au delà de la légalité, un vaste domaine où les irrégularités, les incorrections de la conscience et de la conduite peuvent se produire sans relever d'aucun tribunal.

Or, nous l'avons dit et nous le répétons : la femme est une force. Toute force naturelle ne se réduit ni ne se détruit ; on peut la détourner, la pervertir ; mais comprimée sur un point, elle se reporte vers l'autre avec plus d'intensité et de violence.

Que deviennent donc alors ces forces sans emploi, ces facultés expansives, cette activité cérébrable ? Faute d'issues, elles s'exaspèrent, se décomposent ; c'est un trop plein qui déborde.

Deux voies s'offrent à elles : ce sont deux extrêmes, deux pôles : le fanatisme ou la licence. Autrement dit, l'Église ou la prostitution. Je prends ce dernier mot dans son sens le plus large et le plus compréhensif. Je ne désigne pas seulement cette fraction qui tombe sous les règlements de police, mais cette légion innombrable qui, méthodiquement et d'une façon occulte et latente, trafique d'elle-même à tous les étages de la société, et surtout au plus haut, et d'où elle exerce ses ravages dans tous les départements du système social.

Mysticisme et débauche se touchent par plus d'un point.

Des deux côtés, rejet de la raison, excès, effervescence malsaine d'une imagination déséquilibrée. La dévotion enténèbre l'esprit, la débauche le déprave ; l'une l'abêtit, l'autre l'abrutit. Elles peuvent se donner la main.

Je sais qu'entre ces deux manifestations d'un désordre

mental, on fait valoir l'action salutaire et bienfaisante de la femme vertueuse.

Mais nous l'avons dit déjà : dans la vie domestique, la vertu de la femme porte l'empreinte de la subordination. Soumise au code des forts et des superbes, on lui impose plus de devoirs et on lui donne moins de droits. Dans ces conditions d'infériorité, la femme ne peut avoir une conception bien nette ; et la preuve, c'est qu'elle admet une morale pour ses filles et une morale pour ses garçons. Quand elle proteste au nom de la raison, on décline sa compétence ; quand elle invoque le sentiment, on lui oppose la passion. En somme, elle ne modifie en rien l'état général des mœurs ; elle en est le plus souvent dupe et victime ; et il lui est donné plus d'une fois d'assister à la ruine et à la perte des siens, par conséquent d'elle-même.

C'est donc sous ces deux formes, religieuse et licencieuse, que la puissance féminine se manifeste à travers les âges. Feuilletez l'histoire, arrêtez vous à chaque règne, à chaque époque, vous rencontrerez fatalement deux types prépondérants dont les expressions les plus fameuses sont Mme de Maintenon et Mme de Pompadour. Il arrive même, en plus d'une occasion, que ces deux caractères se confondent. Notre société est donc travaillée en deux sens dont aucun n'est le droit.

La classification anormale de la femme dans le monde l'a rendue puissante pour le mal et impuissante pour le bien. Ce qu'on lui a fait perdre en raison, la passion l'a gagné. Partout où la raison abdique, la passion règne, c'est-à-dire le désordre.

Nous pouvons affirmer hautement que la femme a été détournée de sa mission par la convention sociale. La nature l'a faite pour être l'agent moral, éducateur, économique et pacifique.

Malheureusement, la femme, dans sa situation inférieure, n'a jamais pu être l'organe, l'avocat, le défenseur de ses propres idées, lesquelles n'ont pu être représentées que d'une façon indirecte et inexacte.

Il y a pourtant là des éléments indispensables au développement de l'humanité et à son progrès. Pourquoi les travaux sociaux ont-ils été et sont-ils encore nuls comme résultats ? C'est parce qu'ils sont incomplets ; ils n'ont porté en aucun temps le sceau de la dualité humaine.

Ah ! si la Franc-Maçonnerie avait été bien pénétrée de l'esprit de son rôle ; si elle eût pris l'initiative, il y a seulement quarante ans, elle eût accompli la plus grande révolution des temps modernes, elle eût évité bien des désastres.

Il est facile de le démontrer. La Franc-Maçonnnerie est une association revêtue d'un caractère universel et séculaire, ses origines se perdent dans la nuit des temps ; elle n'a pas d'équivalent dans le monde, sinon la Société catholique. La Franc-Maçonnerie, ennemie des superstitions, de l'erreur, est l'adversaire naturelle de l'Église. Cependant, par une étrange contradiction, la Franc-Maçonnerie, au sujet des femmes, suit les errements du catholicisme, ce qui stérilise en grande partie ses efforts et ses actes. C'est là l'objet d'une grande méprise.

Comment la Franc-Maçonnerie, antagoniste du clergé, haïe par lui, n'a-t-elle pas compris que l'introduction de la femme dans son ordre était le moyen le plus sûr de le réduire et de le vaincre ? Elle avait à sa disposition l'instrument de la victoire, elle l'a laissé inerte dans ses mains.

L'admission de l'élément féminin était pour la Franc-Maçonnerie un principe de rajeunissement et de longévité. La famille maçonnique se serait assimilé la

famille privée, elle aurait élargi ses vues, agrandi
ses horizons ; elle aurait répandu la lumière, expulsé
le fanatisme ; car la femme est cléricale bien plus par
désœuvrement, découragement, que par tempérament.

La femme franc-maçonne transmettait aux siens les
impressions reçues dans les Loges ; elle inoculait à ses
enfants le sentiment de la vie collective, car la famille
est le groupe initial, la société principe, la cité élément. C'est dans la famille que l'individu reconnaît
son impuissance à se suffire à lui-même. C'est là qu'il
apprend à s'oublier un peu pour penser aux autres et
s'y attacher. Mais il ne faut pas que ses sentiments de
fraternité s'arrêtent au seuil du foyer. Il faut lui faire
comprendre que les intérêts de la famille sont liés aux
intérêts de la commune ; que les intérêts de la commune sont liés aux intérêts de la cité ; que ces derniers
se confondent avec ceux de la Patrie, et que tout
l'ensemble est contenu dans cette vaste synthèse qui
s'appelle l'humanité.

L'exclusion de la femme a produit les effets contraires. Eloignée des questions d'intérêt général, étrangère aux affaires publiques, elle a concentré ses énergies, son intelligence, ses dévouements sur les siens.
Leur enrichissement, leur prospérité, leur grandeur
sont devenus son objectif. De telle sorte qu'il y a
antagonisme entre la famille et la société : la première
veut tout tirer de celle-ci et lui donner le moins possible.

Nous sommes dévorés, à l'heure présente, par un
népotisme effréné. Nous aurions mille exemples à
donner.

Vous choisissez, pour mettre à la tête des affaires
publiques, un homme que vous pensez capable ; dès
qu'il est nommé à ces hautes fonctions, il profite de sa
situation prépondérante pour nommer aux premiers

emplois quelques-uns des siens. Ceux-ci sont souvent médiocres, les capacités étant rares. Il s'ensuit que, pour un homme habile, vous vous êtes mis sur les bras quatre ou cinq nullités. Il reste alors à savoir si les services que pourra rendre l'homme capable compenseront suffisamment les sottises que commettront, inévitablement, les quatre ou cinq imbéciles susdits.

Pour combattre cette tendance funeste, pour faire une concurrence efficace à l'égoïsme familial, la transformation de la famille s'impose; elle n'aura lieu qu'en demandant à la femme son concours, en faisant d'elle, à titre égal, une collaboratrice assidue.

Non seulement vous aurez fait alors l'acquisition d'un moteur dont la mise en jeu, jusqu'ici, n'a pu s'effectuer dans des conditions conformes à la nature, et dont l'impulsion a été détournée fatalement de son véritable sens, mais encore vous saisirez du même coup la jeune génération à son début, l'enfant, en un mot, qui reçoit de la mère, avec les premiers aliments du corps, les premiers aliments de l'esprit. Par la mère, vous vous emparerez de l'éducation, vous la rendrez nationale, vraiment collective, humanitaire, ce que n'ont jamais tenté de faire aucun collège, aucun lycée, enfin aucune institution, soit religieuse, soit laïque.

La Franc-Maçonnerie deviendra une école où se formeront les consciences, les caractères, les volontés; école où l'on se persuadera que la solidarité n'est pas un vain mot, une théorie fantaisiste, mais une réalité, c'est-à-dire une loi naturelle, irréfutable, suivant laquelle tout individu a autant d'intérêt à accomplir ses devoirs qu'à exercer ses droits.

Vous préparerez ainsi les matériaux d'une véritable démocratie.

Permettez-moi d'ajouter un mot pour finir.

Il est supposable que l'orthodoxie franc-maçonne

nous interdira quelque temps encore l'entrée de ses temples, et qu'elle continuera à nous considérer comme profane. Cela ne saurait nous émouvoir. Vous travaillerez activement à la faire revenir de son erreur. En somme, ce qu'on dit chez elle, on le dit chez vous : « Nous sommes bien ici, nous y resterons. »

LES DROITS DE L'ENFANT

CONFÉRENCE FAITE EN DÉCEMBRE 1876,

AU PROFIT DE L'ÉCOLE LAÏQUE DU IX° ARRONDISSEMENT,

SALLE TAITBOUT

AVANT-PROPOS

Depuis quelque temps, la presse fait défiler devant nos yeux toute une série d'actes abominables accomplis par des parents sur leurs enfants. C'est de leurs générateurs, de leurs protecteurs naturels que ces infortunés petits êtres sont victimes, eux qui n'ont pas réclamé la vie !

Sans doute, ces faits monstrueux ne sont pas nouveaux. De tous les temps, les types de parâtres et de marâtres ont toujours offert un trop grand nombre de spécimens.

Aujourd'hui que rien ne se passe guère sans être consigné et divulgué par les journaux, répandus à des millions d'exemplaires, ces faits nous semblent s'être augmentés ; tandis qu'en réalité, auparavant, la plupart échappaient à la connaissance publique faute d'être mis en lumière.

La réaction assure que, si la criminalité, dans toutes ses variétés, prend de l'extension, surtout en France, c'est grâce au régime républicain qui lâche la bride à tous les appétits.

Or, il arrive que si la criminalité s'étend, notre pays n'a pas, en cette matière, le triste avantage de l'emporter sur tous les autres, comme le prétendait un certain M. Starke, conseiller à la Cour suprême de Berlin. C'est le contraire qui est vrai. Et M. Illing, autre conseiller — conseiller intime, celui-ci — vient de détruire l'édifice mensonger de son quasi-collègue et compatriote, en établissant avec des statistiques officielles, que, loin de diminuer, les crimes de toute nature s'augmentent en Prusse avec une rapidité effrayante. La France, elle-même, est distancée.

Ainsi, depuis 1876, dans la nation des *bonnes mœurs et de la grande vertu*, il y a une progression de 65 à 83 pour 100 dans les crimes. Quant à la *pudique* Albion, le *Pale-Male Gazette* nous a appris de quelle façon elle protège l'enfance et la jeunesse.

Au résumé, le niveau de moralité doit être à peu près le même partout, la civilisation générale reposant à peu près sur les mêmes bases.

Jusqu'ici, quelques étiquettes sont seulement

différentes, mais les fondations restent quasi semblables. La moralité est en raison du degré de justice atteint ; et c'est précisément par la justice que toutes nos sociétés pèchent.

Ceci dit, revenons aux enfants.

Ces crimes trop fréquents, et dont le seul récit ferait prendre en horreur l'humanité, capable de produire les monstres qui les commettent, sont tout à la fois les plus odieux et les plus honteux.

Les plus odieux, puisqu'ils violent la loi naturelle dans ce qu'elle a de plus impérieux et de plus sacré ; car si le sentiment de solidarité est d'une application facile, c'est bien là. L'accomplissement du devoir n'a plus besoin de la pression du législateur ; il est instinctif, spontané, irrésistible, et répond aux aspirations les plus intimes et les plus profondes du cœur.

Les plus honteux, parce que leurs hypocrites auteurs non seulement s'acharnent sur un être sans défense, mais encore parce qu'ils se gardent, pour mieux assurer leur impunité, de se débarrasser de leur malheureux enfant par un seul coup violemment donné, et qu'ils adoptent, de préférence, le système des mauvais traitements quotidiens. Ils font alors subir à cette faible créature un long martyre qui amène nécessairement sa destruction dans un délai plus ou moins considérable. Ils espèrent ainsi n'être ni soupçonnés, ni inquiétés, et joignent la lâcheté à la barbarie.

Lorsque, avant que leur infâme projet ait réussi, des voisins plus vigilants, plus attentifs, plus humains que d'autres, en prêtant attention, ont été les témoins auditifs de ces sévices journaliers, et qu'ils ont, sans crainte de s'attirer des ennuis, porté plainte au commissaire du quartier, les parents arrivent en correctionnelle. Convaincus d'avoir, par des corrections réitérées et cruelles, meurtri le corps de leurs enfants et compromis leur santé, ils s'abritent sous le couvert de la puissance paternelle qui leur confère le droit de correction sans contrôle. Investis de ce droit, ils ont, disent-ils, le choix des moyens de coercition à employer pour redresser leurs enfants, former leur caractère et combattre en eux les instincts pernicieux.

Il n'est pas rare de voir un tribunal agréer ces explications et acquitter les prévenus, en leur adressant toutefois une réprimande. Si une condamnation est prononcée, elle est si légère, si dérisoire, que les parents peuvent vraiment se payer, à peu de frais, le plaisir de la récidive, l'enfant continuant de rester sous leur autorité.

S'il y a cadavre, et qu'il soit avéré que la mort de l'enfant est due au régime de torture qu'on lui a infligé, les parents déclarent qu'ils n'ont eu aucune intention de tuer leur enfant. Ils protestent contre cette accusation. En agissant comme ils l'ont fait, ils ont cru simplement devoir recourir à une extrême sévérité — c'est ainsi qu'ils qualifient leur crime — pour venir à bout de l'humeur indisciplinable de l'enfant et de ses vices précoces, etc.

La plupart du temps, le tribunal prend en considération cette façon de se défendre. Au lieu de se déclarer incompétent et de renvoyer l'affaire en cour d'assises, il admet les circons. tances atténuantes ; et comme le maximum de la peine en police correctionnelle est de trois ans, il applique le plus souvent la peine infé. rieure.

C'est ainsi que, récemment, une misérable marâtre qui, depuis des années, séquestrait son fils, âgé de 7 ans, dans une armoire, le frappait avec des instruments contondants, le couvrait d'ecchymoses et de brûlures, lui arrachait les cheveux, le privait de nourriture, si bien que la victime succomba peu de jours après son transport à l'hôpital ; c'est ainsi, dis-je, que cette odieuse créature se targua de son autorité maternelle, et qu'elle afficha la plus cynique arrogance. Elle n'a été condamnée qu'à *3 ans* de prison, maximum du tribunal correctionnel.

C'était devant la cour d'assises qu'elle eût dû comparaître.

A peu près à la même date, un père, accusé des mêmes méfaits, a gardé, lui aussi, devant les juges une attitude révoltante d'outrecuidance.

Nous le voyons, la puissance paternelle donne lieu à de fausses interprétations de la part des accusés et de la part de ceux qui les jugent.

Mais ce qu'il y a de plus choquant, c'est que cette législation, si indulgente devant l'assassinat commis sur un enfant conscient, devient, tout à coup, des plus rigoureuses quand il s'agit d'avortement ou de manœuvres abortives. Les incriminés vont en cour d'assises, où le minimum de la peine est de cinq ans, et le maximum de dix ans.

De là, on pourrait inférer qu'empêcher un enfant de naître est un plus grand crime que de le tuer quand il est né.

Il nous semble difficile d'établir une balance entre deux crimes de degré si différent. Comparerons-nous, une minute, l'anéantissement d'un fœtus informe, dépourvu de vie propre, de sentiment, de connaissance, au meurtre rapide ou lent d'un être définitivement constitué, en plein développement et en pleine conscience de son existence ?

Dans le premier cas, il est permis d'alléguer, pour la défense, que le germe que l'on a détruit pouvait être arrêté dans sa voie de formation par un accident pathologique durant la gestation, période où il est entièrement subordonné à l'état physique et moral de la mère. De plus, on peut encore faire valoir que la femme, en essayant l'avortement, court les plus grands dangers et risque elle-même sa vie, tandis que, dans le second cas, la mère est absolument indemne.

On me dira que la loi, toujours équitable, sait faire la part de chacun, et qu'elle est disposée, selon les conditions dans lesquelles s'est passé le délit, à l'indulgence envers la femme, et que toutes les rigueurs sont portées sur ceux qui ont pratiqué les manœuvres abortives.

Eh bien ! je ne crains pas de le dire, si coupables que soient les individus qui exercent un si hideux métier, ils ne le sont jamais à l'égal de ceux qui tuent volontairement une créature formée, faite et issue d'eux-mêmes.

Il faut reconnaître que les personnes qui se vouent à l'obstétrique sont, à tout instant, sollicitées d'employer les connaissances de leur art en sens contraire à la nature. Souvent même des sommes d'argent considérables leur sont offertes. Et comme, chez certaines gens, la conscience n'est pas incorruptible, ils se rassurent par ce fallacieux raisonnement : « En quoi sommes-nous si criminels ; que faisons-nous de plus quetant d'autres ? L'observance de la contrainte morale, dont beaucoup se vantent, n'est-elle pas un obstacle à la procréation ? Et qui donc songe à considérer cette réserve comme un crime ? Nous ne faisons que détruire une possibilité d'être ; car avant d'arriver à l'existence, le fœtus doit passer par des phases successives et graduées dont il peut parfaitement ne pas sortir. Il n'y a donc dans notre acte ni infanticide ni homicide. En l'accomplissant, nous avons cédé aux supplications d'une malheureuse qui agissait en connaissance de cause, et qui est seule responsable. »

Le sens moral une fois oblitéré, tout va à la dérive.

Nous le répétons, la loi est illogique et manque de proportions dans les deux pénalités.

Il est certain que, si les liens du sang, de la chair, dans leurs rapports les plus immédiats, ne suffisent pas à rendre chers les êtres qu'on a soi-même procréés ; si la mission de paternité et de maternité est à charge et qu'on veuille, à tout prix, s'y soustraire, comment pourra-t-on espérer plus de scrupule de la part d'étrangers indifférents et cupides ?

Il n'est donc pas étonnant, si la famille manque si fréquemment à son mandat envers l'enfant, de voir la société suivre le même exemple et exploiter l'enfant jusqu'à extinction et à son profit, dominée elle-même par des intérêts multiples.

Le drame de Porquerolles, pénitencier privé, corrobore le jugement que je porte. A l'exploitation excessive des enfants, contraints à un travail que ne supporteraient pas des adultes, s'est joint un système de châtiments et de répression dignes de marcher de pair avec les épouvantables traitements que l'antiquité faisait subir à ses esclaves, l'habitude étant prise de disposer de l'enfant comme d'un instrument, dès que l'autorité paternelle ne s'y oppose pas.

Nous le constatons, l'enfant n'aura vraiment de garanties dans la famille et dans la société que lorsqu'on aura revisé le Code, et qu'on aura substitué à la puissance paternelle la protection avec la suppression des corrections arbitraires.

Déjà l'instruction obligatoire a entamé la puissance paternelle ; elle a forcé celle-ci à reconnaître une autorité supérieure à la sienne, celle de la République, qui, s'appuyant sur les principes de solidarité, d'égalité et de liberté, exige que chacun des membres la composant ait sa part de lumière et parvienne à son entière éclosion physique et morale.

Quand cette réforme urgente sera faite et que l'opinion publique sera pénétrée de son efficacité, la loi de 1874, dont l'objet est de protéger les enfants du travail, aura sa complète application.

Ces idées, que j'exprimais en 1876, salle Taitbout, dans une conférence sur les *Droits de l'Enfant*, faite en faveur de l'école laïque du IX° arrondissement, ont malheureusement toujours la même actualité, et les abus les plus révoltants continuent de se produire. C'est pour cette raison que je crois utile de la publier, la situation s'étant, en somme, peu modifiée. J'y joins un appendice où l'on trouvera, à propos de l'observance de la loi de 1874 dans les fabriques et usines, des renseignements intéressants puisés dans les rapports annuels de la commission supérieure du travail des enfants et des filles mineures, et présentés à M. le Président de la République. Je dois ces documents et divers autres à l'obligeance de M. de Hérédia, député, membre de la commission supérieure, dont l'activité, la haute compétence et le profond dévouement sont acquis à cette grande cause.

LES DROITS DE L'ENFANT

~~~~~~~~~~

MESSIEURS, MESDAMES,

C'est un devoir grave et austère qui m'amène aujourd'hui devant vous. J'ai pris à tâche de vous parler des droits de l'enfant. Du reste, je ne sache pas de sujet mieux approprié à la circonstance qui nous réunit ici.

Certes je n'ai pas la prétention d'avoir, en cette matière, ni l'honneur de l'initiative, ni celui de la supériorité ; car j'ai été précédée, dans cette voie, par tout un cortège d'esprits distingués, d'âmes d'élite, qui se sont faits les champions et les défenseurs de cette noble cause, sans obtenir, il est vrai, et cela est triste à avouer, de satisfaisants résultats.

Loin de me décourager, cela m'engage, puisqu'il est convenu que les idées les plus nettes, les plus claires, les plus saines, les vérités les plus évidentes, s'impo-

sant le plus à la raison, sont justement celles qui
soulèvent le plus d'oppositions et rencontrent le plus
de résistances. Comme l'expérience nous démontre
qu'il faut toute une série de siècles pour qu'elles
arrivent à être rangées parmi les théories possibles,
et toute une autre série de siècles, peut-être encore
plus longue que la première, pour qu'elles soient enfin
considérées comme étant susceptibles de quelque
application, je n'hésite plus, je me décide.

En effet, si la propagation et la vulgarisation des
vérités et des principes usent tant de temps et tant
d'existences, la mienne n'est pas de trop. Je m'empresse donc de m'inscrire au nombre des participants
à cette œuvre de revendications successives, et je
réclame une modeste place sur cette échelle d'efforts et
de protestations continus du droit de l'enfant.
D'ailleurs, cette question ne peut être débattue en
temps plus opportun.

Il est certain qu'à l'heure présente nous attendons
tout des jeunes générations. Car il ne faut pas se faire
d'illusion, les générations faites ont pris leur pli et
peuvent difficilement en changer ; elles comprennent
une foule d'esprits incurables de la part desquels
toute transformation est inespérée. Ce sont donc des
plants nouveaux, des pousses nouvelles qui doivent
réaliser, dans un avenir que nous aimons à croire
prochain, ce que nous n'aurons fait que rêver et à
peine entrevoir. Arrivés au bout de notre système
caduc, nous ne pouvons léguer à nos neveux que
l'immense désir d'en sortir et d'en garder le moins
possible.

L'enfant est donc notre espérance, notre arche de
salut ; il nous apparaît, à l'horizon, comme le répara-
teur de nos fautes, de nos erreurs, de nos défaillances.

L'enfant n'est-il pas la substance des sociétés, la matière première qui n'a encore été altérée par aucun alliage, l'argile malléable disposée à recevoir et à conserver l'empreinte que saura lui donner la main la plus habile ? C'est pourquoi aucune étape de l'enfance ne doit nous laisser indifférents. Nous n'ignorons pas que le développement moral est sous la dépendance du développement physique, et que l'appareil cérébral ne se forme et ne se façonne que dans certaines conditions d'hygiène et d'éducation.

Oui, c'est le début de la vie, ce sont les premières années qui décident, le plus souvent, du tempérament de l'individu, de son caractère et conséquemment de la nature de son action sur la société.

L'enfant doit donc être l'objet de toutes nos sollicitudes. Nous avons tout intérêt à ce que l'être qui nous succédera un jour apporte à notre œuvre un concours actif et éclairé. Jamais il n'a été plus urgent de s'occuper attentivement de l'enfance, de préparer sainement ses destinées, et de la sauver de l'arbitraire des volontés et des lois.

Sans doute, en théorie, cette sollicitude existe, elle a ses formules émues et attendries. En fait, elle est nulle.

C'est ce qui est à démontrer.

En 1869, M. Émile Acollas, le savant jurisconsulte, fit paraître une brochure sur l'*Enfant né hors mariage*. Cette brochure fit grand bruit ; elle agita les esprits et remua les consciences. Romanciers, journalistes, dramaturges s'emparèrent de la thèse qu'avait brillamment soutenue l'éminent profe seur de droit. Tous se rangèrent de son avis, à peu d'exceptions près. Et nous sommes à même de dire que, depuis, cette thèse n'est pas tombée dans l'oubli ; elle est restée en circulation.

L'auteur, dans cet opuscule, plaidait, avec la science et l'érudition qu'on lui connaît, la recherche de la paternité. Il protestait au nom de 50.000 enfants naturels qui naissent, chaque année, dans notre beau pays de France, conséquemment au nom de 1.500.000 Français, total résultant de l'accumulation des susdits effectifs annuels. 1,500,000 Français victimes des adorateurs exclusifs de la débauche, du plaisir et de l'égoïsme ; 1.500,000 Français privés d'état civil et, partant de là, en butte, toute leur vie, aux difficultés, aux vexations et aux humiliations qu'occasionne à un individu l'illégalité de son origine. Il faisait ressortir l'infériorité de notre législation relativement aux législations étrangères. En Angleterre, en Allemagne, en Suisse, en Belgique, la recherche de la paternité est admise avec plus ou moins de restrictions ou d'extension, il est vrai ; mais elle est en vigueur.

Quand, sur une question aussi essentielle, notre pauvre France est si arriérée, nous pouvons lui demander à quoi a servi la Révolution avec sa déclaration des droits de l'homme. Les droits de l'homme, fort bien ; mais à quelle époque de sa vie pourra-t-il les faire valoir et en être le bénéficiaire ? Concevez-vous d'abord qu'il y ait quelque part des droits de l'homme sans qu'il y ait des droits de l'enfant ? Mais l'enfant, c'est le début de l'homme.

A la fin du xviiie siècle, il se passa un fait sans précédent dans l'histoire. Sur un point de la terre, dans un coin du globe, un acte s'accomplit qui n'avait pas seulement une portée locale, nationale, mais qui avait en plus une portée universelle. Pour la première fois dans le monde, l'humanité s'affirmait ; elle proclamait son autonomie en rédigeant la déclaration des droits de l'homme qui est la base, l'assise du nouvel édifice social. C'est l'avènement de la loi dans les sociétés ; la loi suivant la justice. C'est toute la Révolution française.

Cet acte solennel a-t-il reçu une entière application, a-t-il été poussé jusque dans ses dernières conséquences ? Voilà la question. Sans doute, ces droits diffèrent entre eux. L'enfant est créancier et il a droit au développement intégral de ses facultés physiques et morales. Or, la recherche de la paternité est la première application du droit de l'enfant.

Un enfant naît, d'autres volontés que la sienne l'ont appelé à la vie, que dis-je, la lui ont imposée. Il arrive nu, indigent, désarmé, incapable, enfin, d'agir par lui-même. Il est dans l'ordre, dans la justice, qu'il retombe à la charge de ceux qui ont provoqué sa venue, de ses auteurs en somme, et que si ceux-ci se dérobent à cette obligation naturelle, la loi les mette en demeure de s'exécuter.

Comme l'enfant est dénué d'action et de coercition, il revient à cette loi de se mettre en son lieu et place. Rien de plus logique. Aussi cette interdiction de la recherche de la paternité est-elle l'infraction la plus flagrante des droits de l'enfant, conséquemment des droits de l'homme. Elle donne une triste idée de l'état des consciences !

Comment, nous tolérons que des gens soient assez pervers, assez dépravés, pour jeter sur le pavé, par une belle nuit ou par un beau soleil, comme disait Chaumette, une nouvelle existence, sans plus s'en soucier que d'une bouffée de tabac ! Quoi ! nous supportons que des âmes aient le sens moral assez oblitéré pour lancer une force dans le monde sans s'inquiéter de la direction qu'elle va prendre ! Tournera-t-elle pour ou contre la société ? Et cette société, constamment menacée, accepte comme un fait normal cette apostasie des instincts les plus spontanés, des sentiments les plus légitimes !

Manquons-nous donc de principes supérieurs ? Les doctrines religieuses sont-elles donc sans influence ? Ces doctrines si virtuelles, quand il s'agit d'opérer un mouvement de recul, sont-elles impuissantes quand il s'agit d'opérer un mouvement en avant ? Non seulement elles sont impuissantes, mais de plus, elles ont sanctionné toutes les spoliations : esclavage, servage, subalternisation de la femme, exclusion du bâtard. M. le cardinal Gousset n'a-t-il pas dit, dans son *Code expliqué*, « que la recherche de la paternité était réclamée par les rêveurs, et de quelles mœurs pouvait-il être question ? » Plus loin et augmentant, il déclare : « Sans la prudence de l'article 340, les conduites les plus pures, les plus irréprochables, ne seraient pas à l'abri d'accusations injurieuses. » Tout au fond, le sagace prélat a prévu que plus d'un Basile pourrait bien être incriminé à raison, en plus d'un cas. Et le point essentiel n'est-il point d'éviter le scandale ?

Mais si cette interdiction de la recherche de la paternité est nettement formulée, il n'en est pas de même pour la mère. C'est à cette femme, à laquelle la société a fait une position si inférieure, si précaire, qui, le plus souvent, est dans l'impossibilité de se suffire à elle-même, c'est à elle que revient toute la charge.

Comme cela est intelligemment et sagement distribué ! On me dira : « Que voulez-vous, c'est regrettable, c'est malheureux, mais c'est fatal ! La maternité fournit des preuves irrécusables, tandis que la paternité ne présente que des incertitudes. » Sans doute, mais n'existe-t-il pas des apparences concluantes : la vie en commun, des assiduités à des heures où l'on ne fait pas de visites, des signes extérieurs qui décèlent la liaison la plus intime, une correspondance, des aveux, des indiscrétions ? Puis, en somme, la loi est-elle toujours aussi scrupuleuse, aussi réservée, aussi retenue en rendant ses arrêts ? Combien de fois n'a-t elle pas condamné à mort sur de simples probabilités ? Il y aurait mille exemples à citer pour un. Il me semble, pourtant, qu'il y a moins d'inconvénients à attribuer à un homme un enfant qui, en fin de compte, pourrait être le sien, qu'à attribuer un crime à un innocent, crime qui lui fera tomber la tête et qui déshonorera sa famille. Je crois qu'il n'existe personne au monde qui ne se range de mon avis.

D'où vient donc cette différence choquante dans les procédés de la justice ? Elle vient de ce que la recherche de la paternité menace la majorité des hommes, et que ceux-ci se révoltent à la seule idée de régler leurs mœurs ou bien d'en subir les conséquences quand elles sont mauvaises. A peu d'exceptions près, tous en sont là, ceux qui font et défendent les lois, comme ceux qui les suivent. Ah ! le Basilisme n'existe pas seulement dans une caste !

Mais enfin, allons encore plus loin. Si la mère, par une habileté coupable, parvient à se soustraire aux poursuites de la loi, que devient l'enfant ? Rassurez-vous, me répond-on, la société ne l'abandonne pas, elle s'en charge. Oui, Dieu sait comment ! Les enfants trouvés, pendant la première phase de leur enfance, meurent comme des mouches, grâce aux soins vigilants des nourrices auxquelles on les a confiés et auxquelles on alloue un salaire insuffisant et dérisoire. Plus tard, s'ils sont assez solidement constitués pour surmonter de pareilles épreuves, la société s'en débarrasse, comme elle peut, en les mettant en location chez des cultivateurs ou des ouvriers qui les traitent, la plupart du temps, comme des bêtes de somme. Voilà pour les enfants trouvés.

Sans doute, en y réfléchissant, on est scandalisé quand on pense que c'est dans une nation qui se prétend civilisée qu'un aussi triste sort est réservé à l'enfant naturel et à l'enfant trouvé. Seulement, on se scandalise encore plus et la surprise augmente quand, arrivant à l'enfant légitime, on le voit lui-même privé de garantie et n'ayant en somme qu'une apparence de droit et rien de plus.

Ouvrons le Code et arrêtons-nous d'abord à l'article 203 : *Les époux contractent ensemble par le fait seul du mariage* l'obligation de *nourrir, entretenir et élever leurs enfants.* Cet article est, comme on le voit, écourté, concis. Il comprend, sous cette forme étriquée, le devoir des parents. Mais comme tout devoir implique un droit, voyons quel est ce droit et si, par hasard, il ne viendrait pas empiéter sur le devoir.

Je poursuis mes recherches dans le Code. Le titre IX fixe immédiatement mes regards ; sa rubrique : *Puissance paternelle,* m'offusque considérablement. Je ne me figure pas bien, dans nos temps, qu'un individu soit l'objet de la puissance d'un autre individu. (*Manuel de droit civil,* E. Acollas.)

En cela, le Code de la Convention, mieux pénétré et fortement imbu des idées d'égalité et de droit, avait substitué à ce gros mot de *puissance,* toujours menaçant, les termes de surveillance et de protection, de telle sorte que la mission des parents consistait bien plutôt dans un exercice de tutelle que dans un pouvoir discrétionnaire. Et cette rédaction mitigée diminuait chez les parents la haute opinion qu'ils auraient pu concevoir de leurs prérogatives et du prestige de leur autorité. Elle autorisait aussi, en quelque façon, les étrangers à intervenir et à faire de justes observations s'il y avait abus de pouvoir dans la famille, n'étant pas retenus par cette barrière solennelle appelée puissance.

Le Code Napoléon en jugea autrement, et, s'inspirant du droit romain, il maintint la fameuse *Patria potestas*. Que venait bien faire le droit romain à cette époque de revendication, de rénovation et de nivellement, un vieux droit qui remonte à plus de deux mille ans, un droit promulgué par une société qui admettait l'esclavage pour le plus grand nombre et la liberté pour le plus petit, une société enfin, qui traitait l'enfant comme un véritable animal dont l'existence dépend de la volonté et du caprice d'un individu, comme un objet dont le possesseur peut se défaire à son gré ?

Et voyez combien Rome était illogique. Cet enfant qui, si on lui laissait la vie, devait être un jour membre libre d'une cité libre, entrait dans la vie en esclave. Etrange apprentissage de la liberté ! Ainsi l'enfant était la propriété absolue du père ; le père avait tous les droits et n'était tenu à aucun devoir.

J'avais donc bien raison de dire, tout à l'heure : « Que venait donc faire le droit romain dans notre Code moderne ? » Son intrusion sur ce fait est insolite et disparate.

Sans doute, cette *Patria potestas* y est amoindrie, amputée, mais néanmoins il en reste encore trop.

Certes, ce n'était pas inconsidérément que Napoléon avait emprunté au droit romain ; ce n'était pas non plus par amour de l'antiquité, mais bien pour des raisons particulières. Cet homme, qui avait avant tout le génie du despotisme, comprenait parfaitement qu'en l'implantant dans la famille, il l'installait du même coup dans l'État. Il voulait donc justifier dans son Code l'origine de la tyrannie, parce que la famille est la société principe, la cité élément, parce que, quand l'autocratie s'assied au foyer, on la retrouve parallèlement sur le trône. C'est pourquoi Proudhon a soutenu une chose absurde en déclarant, lui le préconisateur de l'anarchie, le démolisseur de tout pouvoir politique, en déclarant, dis-je, qu'il ne connaissait de légitime que l'autorité absolue du chef de famille, autorité qu'il prétendait même renforcer encore.

Il ne faut pas en vouloir à Proudhon. Malgré de brillantes facultés, son cerveau était mal équilibré : quand il sonnait juste d'un côté, il sonnait faux de l'autre. Il ne comprenait pas que l'organisation politique n'est que l'application en grand de l'organisation familiale, et que, dans le même temps où les pères envoyaient leurs enfants au cloître ou à la Bastille, les rois y expédiaient leurs sujets.

Cet idéal de la paternité engendra une foule de types de pères barbares, tyrans, véritables persécuteurs de leurs familles. Ce qui est étrange, c'est qu'on n'ait jamais pu concevoir un pouvoir qui ne fût arbitraire. Il paraissait alors et il paraît encore être dépouillé de prestige et amoindri, quand il est contenu dans les bornes de la Justice.

Ici, une question se présente tout naturellement à l'esprit. Où prendre l'origine de cette puissance paternelle érigée en fétichisme, et dont nos sociétés modernes sont encore si fortement entichées ?

Pour la découvrir, il faut aller au delà du droit romain, et atteindre le cœur même des traditions religieuses ; car n'oublions jamais que toute erreur tenace, obstinée, qui tient à l'âme comme une tache indélébile tient à une étoffe, a sa source dans la tradition religieuse. Elle est si forte, si puissante, cette tradition, qu'elle impose silence à la raison, qu'elle met sans façon le bon sens à la porte. Qu'après avoir éliminé ces deux témoins, toujours gênants, elle reste maîtresse du terrain, et tout alors lui devient facile. Hélas ! combien de bicoques de la superstition restent encore debout dans les âmes ! Malheureusement, la loi d'ex-propriation n'a pas encore passé par là.

Donc, cettre tradition religieuse assimile le rôle du père à celui de créateur. Pourquoi ? En voici la raison.

Dans les vieilles théogonies et cosmogonies hindoues, tout le grand drame de la création s'opère sous la forme générative ; tout s'engendre : les dieux, les hommes, les bêtes, les plantes, les choses ; c'est-à-dire que tout être, tout objet est le produit de la jonction de deux éléments distincts, de deux principes, l'un actif, l'autre passif : le ciel et la terre, le feu et l'eau. L'homme, qui est né malin bien avant que d'être Français et d'avoir créé le vaudeville, s'est arrogé le plus beau rôle, le principe actif, principe fécondant, vivifiant, animique, laissant à la femme le soin de représenter le principe réceptif, c'est-à-dire secondaire et inférieur.

Cette théorie a passé de l'Inde à la Grèce, de la Grèce à Rome, et de Rome jusqu'à nous.

Je n'ai pas besoin de vous faire remarquer que cette analogie est fausse. Quel triste créateur que celui qui ne peut apporter à l'élaboration de son œuvre ni son génie, ni sa science, ni son expérience acquise ! Inférieur en cela à l'artiste d'Horace, qui fait sortir d'un bloc de pierre ou de marbre soit un Dieu, soit un banc, soit une cuvette, il ne peut savoir, à l'avance, si l'être qui se forme sera monstre ou enfant, féminin ou masculin, fort ou faible, brun ou blond, beau ou laid, crétin ou intelligent. Ce pauvre créateur est inhabile même à transmettre ses qualités propres, et ne reproduit souvent, et contre son gré, que ses défauts. Car l'hérédité pathologique est bien plus certaine et bien plus fréquente que l'hérédité cérébrale, autrement dit des facultés supérieures.

Je dirai mieux : dans les cas d'atavisme, les parents paraissent souvent n'être plus que des agents conducteurs de la vie. Il faut donc que la paternité rabatte beaucoup de ses prétentions. Où elle acquiert une véritable importance, où elle revêt un caractère de grandeur dont nul ne peut la dépouiller, c'est lorsqu'elle devient éducatrice, parce que cette mission d'éducateur donne la mesure de la valeur de ceux qui ont engendré. A la période instinctive succède la période rationnelle ; à une minute de plaisir succèdent des années de dévouement. Façonner dans cet être embryonnaire une force, un cœur, une intelligence d'où jailliront peut-être un jour des actes de vertu, d'héroïsme ou de génie, c'est là le chef-d'œuvre. Aussi l'enfant doit-il être bien plus reconnaissant du fait de l'éducation que de celui de la naissance.

Or, ce rôle d'éducateur, le Code l'a-t-il suffisamment signalé, l'a-t-il imposé ? Point. Rien de plus laconique que lui à cet égard. Le père élève ses enfants comme il l'entend. S'il l'entend mal, tant pis pour l'enfant.

Ce qui ressort le plus dans la loi, c'est que le père peut infliger des corrections à son enfant, si celui-ci, dit le texte, lui donne des sujets de mécontentement. Quelles sont ces corrections ? Elles sont de diverses natures, manuelles, s'il convient. Comment s'administreront-elles ? Est-ce avec une verge, un fouet, un bâton une cravache, un martinet ? Les moyens sont variés. Le Code est peu explicite à ce sujet. Il compte comme le maximum du châtiment l'incarcération, l'emprisonnement de l'enfant. Ainsi l'enfant, jusqu'à l'âge de quinze ans révolus, peut être appréhendé au corps et emprisonné pour un mois. Sur la demande du père, le président du tribunal d'arrondissement délivre le mandat d'arrestation sans enquête préalable. Cela s'appelle la voie d'autorité.

Dès que l'enfant a l'âge de seize ans commencés, le père ne peut le faire enfermer que par voie de réquisition, c'est-à-dire que, cette fois, le président dudit tribunal, après en avoir conféré avec le procureur du gouvernement, délivre ou refuse l'ordre d'arrestation. La détention peut aller jusqu'à six mois, c'est ce qu'on nomme la voie de réquisition. Mais, comme la paternité exerce beaucoup de prestige, la loi obtempère généralement à ses vœux.

On m'objectera que la mère peut s'opposer aux rigueurs du père; car l'article 372 dit que l'enfant reste sous l'autorité de ses père et mère jusqu'à sa majorité. Oui, seulement cet article n'est qu'une formule polie et sans effet. L'article 373 nous édifie tout aussitôt et en détermine le vrai sens: le père seul exerce cette autorité durant le mariage. C'est clair.

Les auteurs ont donné comme motif explicatif, que la puissance paternelle ne peut souffrir de partage. L'argument paraît bizarre.

Donc, cette mère qui a joué le principal rôle dans cette naissance, cette mère qui, à aucun instant et dans aucune circonstance, ne peut douter une seconde de sa maternité, supériorité incontestable sur le père — la paternité n'étant qu'un acte de foi, une preuve de confiance donnée à la fidélité d'une femme — cette mère qui a porté neuf mois ce petit être dans son sein, qui a senti se manifester en elle les premiers phénomènes de cette vie, cette mère qui l'a formé de sa propre chair, de son sang, qui l'a fait respirer de sa propre respiration, qui a fusionné son existence avec la sienne, qui l'a mis au monde au péril de ses jours, qui l'a allaité de son lait, qui a satisfait à toutes les exigences de sa première enfance, cette mère non seulement ne peut pas transmettre sa nationalité ni son nom au fruit de ses entrailles, mais encore elle devra rester témoin passif des faits et gestes du père. Celui-ci peut maltraiter son enfant, lui refuser le nécessaire, négliger son éducation, le surmener dans ses études, l'éloigner, lui faire traverser les mers, le faire engager comme mousse, etc., la mère ne peut y mettre obstacle ; il ne lui est permis que de prendre de l'influence. Mais cette influence, si une autre l'exerce à sa place, elle se trouve élaguée de toutes les mesures prises, et elle reste dans la plus radicale impuissance au sujet de la chose qui la touche de plus près et qui l'intéresse le plus au monde.

Ce n'est qu'à la mort du père qu'elle succède à la puissance, si toutefois son mari, par une disposition testamentaire, n'impose pas à la mère un conseil de famille qui paralysera tous les actes de la tutrice. La puissance lui revient encore de droit en présence d'une absence prolongée du père, ou par son interdiction judiciaire ou légale, une condamnation correctionnelle pour excitation à la débauche de ses propres enfants. Et cependant, dans ces cas, la mère n'exerce l'autorité qu'avec restriction, puisque, pour faire détenir l'enfant, elle ne peut user que de la voie de réquisition.

Vous le voyez, Mesdames, dans toutes les phases de votre vie, la loi vous déclare incapables. Et, en vérité, on peut dire que tout le temps vous ne faites que changer d'incapacité. Mineures, vous étiez incapables sous la puissance paternelle ; mariées, vous êtes incapables sous la puissance maritale ; mères légitimes, vous êtes incapables de nouveau, en vous retrouvant face à face avec une seconde puissance paternelle.

Cette loi est éminemment immorale, parce qu'elle diminue et amoindrit ce qui constitue la dignité d'un être, et parce que la mère naturelle ayant droit à exercer la puissance, on met l'honnête femme à même de regretter d'être entrée dans la légalité.

Parlant des droits de l'enfant, il m'était impossible de garder bouche close sur les droits de la mère. Je reprends.

Le droit du père rayonne donc uniquement, et il est tellement absorbant que le pauvre petit article 203 vient s'y fondre et s'y engloutir tout entier. En effet, qui surveille donc l'exécution des conditions qui y sont stipulées? Personne. La famille est un sanctuaire, etc. Vous connaissez la ritournelle.

La conduite du père, faute de contrôle, est donc absolument facultative, et l'on conçoit vite, d'ailleurs, qu'il existe bien des façons insuffisantes d'élever, de nourrir et d'entretenir un enfant. L'enfant a assez de vitalité en lui-même pour supporter, sans mourir, des privations, des mauvais traitements. Sans nul doute, sa constitution sera affaiblie; mais qui donc plus tard recherchera les causes de cet affaiblissement? Toujours personne. Et ce n'est pas tout. Ces mots élever, nourrir, entretenir, n'impliquent pas nécessairement les idées d'instruction, de savoir, ni même de connaissance d'un état. C'est en cela que le Code de la Convention avait fait preuve de plus de prévoyance, quand il avait prescrit aux parents de faire apprendre un métier à leurs enfants. L'état, le métier, la profession, n'est-ce pas l'outil de la vie? *Sine quâ non.*

Ah! si nous avions l'instruction obligatoire, l'arbitraire du père serait déjà fortement entamé (1)!

Mais cette obligation, qui était dans les premières mesures à prendre, nous ne l'avons pas encore. Et comme nous l'attendons depuis six ans, voici encore une génération perdue.

Il est des parents grossiers, ignorants, abrutis qui ne se font aucun scrupule de laisser leurs enfants

_____

(1) La loi n'était pas encore promulguée.

grossiers et ignorants comme eux. « Nous avons bien vécu comme ça, disent-ils, eh bien ! ils feront comme nous ! » Ils ne sont point barbares pour cela, ils sont insouciants.

D'autre part, il pullule des pères cupides, avares, qui n'entendent faire aucun sacrifice. Ceux-là sont les premiers à exploiter les forces de leurs enfants à leur profit. Plus d'un en fait des serviteurs dans sa maison sans plus s'occuper de leur avenir. Certes, il y a des distinctions à établir. Dans les classes élevées, par exemple, l'amour propre, le respect humain, le besoin de considération tiennent lieu de tendresse dans les familles, et les enfants, quelle que soit la froideur des pères, reçoivent toujours une instruction convenable. Il n'en est pas de même dans les autres catégories de la société.

Donc, ce qui frappe le plus dans cette étrange législation, c'est que l'enfant se trouve seul engagé ; car si les parents ne font que le demi-quart, que le seizième de ce qu'ils pourraient et devraient faire, l'enfant reste obligataire aux mêmes termes, et ses devoirs envers eux restent tout entiers. Et ses devoirs ne sont pas légers : c'est l'obéissance passive, l'acceptation des corrections sans réclamation possible, l'abandon complet de la direction de ses forces et du choix d'un état, l'obligation de demander le consentement des parents pour le mariage, et celle, bien plus lourde encore, de subvenir à leurs besoins quand ils sont dans l'impossibilité d'y pourvoir.

Il est donc clair que, dans les rapports qui se tiennent entre les parents et les enfants, tout caractère de gratuité disparaît pour faire place à l'échange : le prêté pour le rendu. Les parents font crédit à l'enfant jusqu'au jour où celui-ci sera en mesure d'acquitter sa dette. C'est ainsi que les parents jouissent des biens de l'enfant, quand il en possède, jusqu'à sa majorité. Cette disposition du Code est désignée sous la dénomination de jouissance légale. Il en est de même si l'enfant exerce une profession ; le salaire revient aux parents. L'enfant gagne-t-il plus qu'il ne coûte, les parents en sont les bénéficiaires.

On me fera observer que ce cas est rare et que la plupart des enfants ne produisent rien, soit par paresse, soit par débauche, soit par incapacité. Je répondrai à cela que l'exploitation des parents est plus fréquente qu'on ne le suppose.

L'enfant, je le sais, peut mourir avant d'avoir rien produit. En ce cas, il reste insolvable et les parents en sont pour leurs avances. C'est le risque que court tout créancier.

La loi, me dira-t-on, a préparé des compensations à l'enfant en enlevant aux parents le droit de tester. Je ferai une simple observation. Comme il y a beaucoup plus de gens qui ne possèdent pas que de gens qui possèdent, cette disposition du Code n'intéresse que le petit nombre. Il arrive alors que cette compensation ne vient pas à ceux qui ont subi le dommage. J'entends par dommage le manque de soins et d'enseignement.

Du reste, cette loi de l'héritage n'est qu'une atteinte portée à la liberté humaine qu'on ne sait guère respecter d'une part ni de l'autre.

L'enfant ne doit être créancier que de la dette d'éducation. La famille doit développer ses facultés suivant les moyens dont elle dispose ; elle n'est tenue à rien de plus.

Cette assurance de succession a, en général, d'assez tristes effets. Elle donne naissance à cette filière d'inutiles, dits fils de famille, qui, en perspective d'un patrimoine, se croient dispensés de tout effort personnel et cultivent l'oisiveté et tous les vices qui en découlent avec la plus parfaite quiétude.

Donc, puisque l'enfant est considéré comme débiteur, je voudrais que le prêt, à raison duquel il est engagé, lui fût donné non fictivement mais effectivement. Car faute de représentant, de mandataire, l'enfant est mille fois frustré. Il est victime de l'inertie de la loi.

On m'accusera, je ne l'ignore pas, d'introduire la défiance dans la famille, le papier timbré, au besoin, peut-être ! Mais je veux que la confiance soit motivée. Ceux qui n'ont pas souffert en parlent à leur aise. En vérité, notre morale est plus que suspecte !

Comment ! on trouve qu'il est indispensable et conforme à la loyauté la plus élémentaire qu'un associé règle sa part d'association, qu'un tuteur rende des comptes de sa tutelle ; cependant, dans ces deux cas, il n'est question que d'intérêts pécuniaires, d'argent, en un mot, tandis que l'enfant aventure sa santé, sa vie, sa conscience, son intelligence, enfin tout ce qui fera de lui un être vigoureux, chétif ou maladif, instruit ou ignorant, honnête ou coquin ; et l'on trouve insolite que je demande une garantie ! Certes, oui, je la demande, et, si j'en avais la possibilité, je l'exigerais.

La garantie, me répondra-t-on, elle est dans l'amour des parents pour leurs enfants ; c'est dans leur tendresse qu'il faut la chercher. Ah ! voilà le mot magique prononcé : l'amour ! Il provoque l'attendrissement et fait taire toute critique. On met en avant la voix du sang, le cri des entrailles. Au théâre, ces grands mots font grand effet. Cependant, il faut reconnaître qu'ils ont un peu vieilli.

A Dieu ne plaise que je conteste la vivacité et la profondeur de l'amour paternel et maternel. C'est un sentiment suggéré par la nature et qui n'a rien d'artificiel. Mais il n'est pas prépondérant chez tous les individus. L'amour, à tous les degrés, est très indépendant, si indépendant même qu'il est fréquent de voir dans la même famille un enfant haï à côté d'un enfant adoré, et cela sans motif. Puis, il existe des âmes qui sont envahies par des instincts violents, des appétits grossiers. Pour elles, la paternité, la maternité ne sont que des fonctions organiques amenant la satisfaction des sens, et rien de plus.

C'est donc à tort que la loi se fonde sur l'amour pour se dispenser de toute surveillance. D'ailleurs, qu'on y prenne garde, en famille, en religion, comme en politique, dès que l'amour est érigé en système et est considéré comme un principe directeur, il n'y a de place que pour le caprice, il n'y a plus de place pour la justice.

Au nom de l'amour de Dieu pour ses créatures, 25.000 israélites se massacrèrent mutuellement dans le désert.

Quant à l'amour des princes pour leurs peuples, il a fallu une fière dose d'imagination pour l'inventer. Il nous donne, comme preuve, la Saint-Barthélemy sous Charles IX, les dragonnades sous Louis XIV, le pacte de famine sous Louis XV, les cours prévôtales sous Louis XVIII et enfin le coup d'Etat sous Napoléon III.

En ce qui concerne l'amour conjugal, les journaux pullulent de femmes égorgées, assommées, étranglées, jetées par la fenêtre, etc.. Quant à l'amour des parents, il a fréquemment d'étranges façons de se signaler. Il n'est pas de semaine où la *Gazette des Tribunaux* ne publie des jugements rendus contre des pères et des mères dénaturés, sans compter ceux dont les sévices ne sont connus que des voisins trop peureux et trop pusillanimes pour oser les porter à la connaissance de la loi. Ce ne sont qu'enfants enfermés, privés d'air, de jour, de nourriture, accablés de coups et dont le corps est couvert d'ecchymoses. Ce ne sont que les forfaits absolument éclatants qui arrivent à nous, le reste nous échappe. Et ce reste est odieux, si odieux, que la statistique des enfants suicidés monte chaque année à un chiffre qui nous plonge dans les plus amères réflexions.

Pour qu'à un âge aussi tendre, à une époque de la vie où l'on est si léger, si insouciant, où les impressions sont si mobiles, on en arrive à un dénouement aussi tragique, il faut vraiment que les motifs de désespoir soient bien horribles.

N'est-il pas bien naïf, du reste, de s'imaginer que la paternité a la vertu *inévitable* de transformer complètement un individu, de faire disparaître ses défauts, ses passions, ses vices ? L'ivrognerie, la paresse, le jeu, le goût du plaisir, la prodigalité, la débauche sont autant de destructeurs de l'instinct paternel. Et, à défaut de ces infirmités morales, la misère suffirait à elle seule. Elle est le plus actif dissolvant des rapports de la famille. Les privations continues dégénèrent en souffrances aiguës, elles irritent et rendent injustes.

Dans ces intérieurs délabrés, sordides, une naissance équivaut à une catastrophe. Cette fête de la vie, loin de donner lieu à des transports de joie, n'est accueillie qu'avec des imprécations. On était misérable à trois, à quatre, que sera-ce à cinq, à six ! C'est la faim, c'est le froid, c'est le dénuement dans toute sa hideur.

Ne pensez vous pas que, dans de semblables conditions, l'enfant étant considéré comme une aggravation de peines et de maux, il ne soit en butte à des reproches immérités, et que, pour une moindre faute, il ne soit brutalisé et corrigé outre mesure ? Ce père qui exerce souvent un état dur, grossier, qui manie, à cet effet, des instruments lourds et pesants, saura-t-il se rendre compte de la portée de ses coups ? Et dans ces scènes privées, qui sont souvent si terribles, qui donc interviendra entre cet homme en fureur et ce petit être sans défense ? Les voisins ? mais ils sont persuadés que l'amour paternel atténuera ce que la colère a d'excessif. Puis, enfin, le père n'a-t-il pas le droit de reprendre et de corriger son enfant ? Ajoutez à ces considérations la crainte de s'attirer des désagréments, et vous aurez la raison de cette indifférence, de cette insouciance avec laquelle, dans certains quartiers surtout, des gens entendent journellement des pleurs, des cris, des bruits de coups réitérés, sans plus s'en émouvoir. Ils ne comprennent pas ce qu'il y a de disproportionné entre cet emportement, cette violence et le motif puéril qui l'a provoquée.

Il est même des voisins qui prêtent l'oreille, considérant ces iniquités intimes comme un spectacle dont ils ne veulent manquer aucune des péripéties. Sans doute, quand les sévices prennent les proportions d'un crime, la rumeur publique aidant, la justice se décide à paraître. Mais, hélas ! le plus souvent, quand il n'est plus temps !

Du reste, quand elle arrive à point, que fait-elle ? Elle condamne les parents délinquants à l'amende, à la prison même ; puis, à l'expiration de leur peine, elle les réintègre dans leurs droits. De telle sorte que l'enfant retombe au pouvoir de ses persécuteurs dont la rage contre lui s'est encore accrue.

Des esprits sains, bien pensants, ont fait en vain ressortir le côté absurde et dangereux de cette législation. La routine et le préjugé ont pris le dessus et ont triomphé de la justesse de leurs observations.

Or, que se produit-il? L'enfant, suivant la robusticité de sa constitution, meurt ou résiste; le plus souvent il se produit un terme moyen, l'enfant ne meurt pas, mais il s'étiole, se rachitise. Sous l'empire d'épouvantes continuelles, son cerveau s'atrophie et s'idiotise. Je pourrais citer plus d'un exemple. J'ai moi-même été témoin de résultats de cette nature.

Dans tous les cas, si l'enfant a le sang assez généreux pour endurer un pareil régime sans dépérir, il ne faut pas inférer que son caractère n'en soit pas atteint. Il devient défiant, vindicatif, haineux; il se plaît aux méchants tours, s'applique à supporter les corrections les plus rudes avec cynisme, effronterie, fanfaronnade. C'est le candidat de la prison et du bagne.

Que faire, s'écrie-t-on? Faut-il donc toucher au Code, ébranler toutes les bases de la société en les remettant en question?

Qu'on se rassure, il n'y a rien d'ébranlé que les cerveaux faibles, et j'avoue qu'ils sont en grand nombre.

Quoi, le Code est-il donc sacré? A-t-il été fait par des infaillibles? La France, en effet, a de quoi se souvenir de l'infaillibilité de Napoléon!

Non, les codifications ne sont pas éternelles; élaborées dans le temps, elles portent, bon gré, mal gré, l'empreinte de l'actualité qui limite leur durée. Et, comme les hommes ne sentent et ne pensent pas toujours de la même façon, c'est donc un droit et un devoir pour nous que de soumettre à un libre examen ces monuments de l'intelligence humaine qui donnent chacun le diapason de la conscience d'une époque.

Sans doute, toute législation a une portée impérissable, celle qui s'assied sur des vérités relevant du bon sens et sans cesse justifiées par l'expérience. L'autre partie destructible réflète les passions, les préjugés, les ignorances d'un siècle.

Ne craignez-vous pas, m'objectera-t-on, qu'en attaquant la puissance paternelle qui, jusqu'à présent, est restée au-dessus de toute discussion, vous n'affaiblissiez le principe d'autorité déjà si mal affermi en France ?

Non, parce qu'aujourd'hui aucun pouvoir, quel que soit son titre, ne doit échapper au contrôle.

Longtemps le pouvoir n'a semblé respectable et imposant qu'autant qu'il lui était donné d'aller jusqu'à l'arbitraire.

C'était amoindrir l'autorité, lui faire perdre de son prestige que de la contenir dans les bornes de la justice. Une puissance responsable, rendant des comptes, paraît encore, à certains esprits arriérés, découronnée et avilie.

La déclaration des droits de l'homme, malgré les nombreuses transgressions dont elle a été l'objet, a effectué son trajet. Elle s'est détaillée en formes incisives qui ont pénétré dans les cœurs et dans les consciences et que rien ne saurait effacer : la *dignité individuelle*, le *respect de la personne humaine*, la *solidarité*, l'*autonomie*.

Le temps est passé où l'on formait les individus en brisant leur caractère et leur volonté sous un joug de fer. C'est qu'alors il fallait des sujets, des créatures. A présent, il nous faut des citoyens. D'ailleurs, tout pouvoir, qui ne se légitime ni par la raison, ni par l'équité, finit toujours par provoquer, à la longue, dans la famille, comme dans l'état, l'irritation, la rébellion, la révolution.

Ce sont les persécutions paternelles dont Mirabeau a été victime qui en ont fait l'apôtre et le tribun le plus ardent de 89. Cette nature exubérante, incarcérée successivement dans tous les forts de la France, grâce aux *tendres soins* du *tendre* auteur de ses jours, cuva dans le silence des prisons toutes les haines et toutes les rages contre la tyrannie, quelque forme qu'elle pût prendre.

Cette liberté comprimée, refoulée, forma en lui une sorte d'abcès qui vint, à un instant donné, crever sur la société française, avec tout le fracas d'une indignation explosive et d'une éloquence déchaînée.

Plus tard, Chateaubriand, en faisant le tableau de sa famille, nous donne aussi une fidèle image de l'inflexible autorité paternelle.

Après avoir fait le procès de la puissance paternelle telle qu'elle est constituée dans le Code, il nous reste à en intenter un à la société elle-même qui, elle aussi, exerce ses pouvoirs sur l'enfant.

La famille n'est pas seule responsable.

Il arrive un moment où l'enfant quitte, en partie, la direction de ses parents pour passer sous le joug de l'étranger, c'est-à-dire du maître, du patron. Le fait est général dans le prolétariat.

Or, qu'est-ce que le patron ? Un individu qui est bien plus disposé, sauf de rares exceptions, à faire de l'industrie, c'est-à-dire sa fortune, qu'à faire de la philanthropie. De là une exploitation prématurée ou à outrance des forces naissantes.

Qui oblige les familles, dira-t-on, à envoyer de trop bonne heure leurs enfants à l'atelier ? Hélas ! la misère qui ne supporte pas de réplique. Il faut vivre et s'en procurer les moyens. Toute la tendresse paternelle et maternelle combinées ne peuvent obvier à l'insuffisance du salaire, et dans l'intérieur prolétaire, quand la famille prend un certain accroissement, la consommation excède la production. Ainsi la prolificité, dans la classe ouvrière, rompt l'équilibre de la recette et de la dépense, de l'actif et du passif. Alors, si les forces enfantines ne s'exercent pas le plus tôt possible, et ne créent pas de nouvelles ressources, le dénuement, la détresse viennent s'asseoir au foyer.

Aussi, quand on a jeté un cri d'alarme, en signalant l'affaiblissement de la population, aurait-on pu trouver facilement les motifs explicatifs à cet état de choses.

Beaucoup de gens, et je ne peux les blâmer, jugent qu'il est préférable de ne pas naître que de naître pour être la proie du malheur. Mais, comme l'Economie, malgré d'honorables travaux, n'a rien résolu du problème social et ne l'a pas même élucidé, puisqu'elle en est encore réduite à flotter entre la loi Malthus et l'émigration, on ne peut raisonnablement accuser les parents, dont les charges dépassent les moyens, d'envoyer le plus tôt possible leurs enfants à l'atelier. Cela, d'ailleurs, peut ne pas être un mal, car le désœuvrement, l'oisiveté, pour les enfants, comme pour les adultes, sont pernicieux et corrupteurs. Seulement, ce travail auquel on les soumet ne devrait pas nuire à leur développement, mais bien au contraire y aider. Il faut aussi que la culture morale n'ait pas à en souffrir.

En somme la société a tout intérêt à n'user des forces individuelles que lorsque celles-ci ont acquis toute leur plénitude. Les escompter à l'avance, les faire fonctionner avant terme, c'est récolter un déficit. En voulant faire l'ouvrier de onze ans, on tue, ou tout au moins on atrophie l'ouvrier et le soldat de vingt ans.

L'exploitation de l'enfant a donc trois facteurs : l'arbitraire paternel, la misère, la rapacité industrielle.

Entre ces trois rouages se trouvent broyés, plus d'une fois, la vigueur, l'intelligence, le moral de l'enfant.

On peut s'étonner, à juste titre, que le premier soin d'une civilisation ne soit pas d'assurer les meilleures conditions possibles au développement des jeunes générations. Qui a donc fait la civilisation ? Qui a donc produit ces merveilles de la philosophie, de la science, des lettres, des arts, de l'industrie ? N'est-ce pas l'humanité dont les plus brillants phénomènes de production s'arrêteraient net le jour où la majorité de l'espèce dégénérerait ?

Epuiser l'enfant est aussi absurde que manger son blé en herbe, rien de plus évident au point de vue seul de l'intérêt des sociétés ; et au point de vue solidaire et fraternel, c'est absolument élémentaire, à moins de tirer à honneur d'être classé parmi les sauvages.

Cependant, cet acte de sauvagerie, notre siècle l'a accompli à sa grande honte. Un intérêt matériel mal compris, une concurrence poussée à outrance ont compromis l'avenir de notre espèce.

En 1841, de bons esprits et de grands cœurs appelèrent l'attention du législateur sur un état de choses si déplorable.

On s'étonnera certainement qu'il ait fallu édicter une loi de protestation contre le travail des enfants dans les manufactures pour enrayer les abus dont ceux-ci étaient victimes. On se demandera comment, dans des centres industriels, les patrons, les chefs n'avaient pas eux-mêmes pris l'initiative pour constituer une organisation conforme aux sentiments de l'humanité et du progrès.

Une loi fut donc promulguée, mais incomplète et défectueuse. Cependant, tout insuffisante qu'elle était, elle eût rendu de réels services, si elle eût été appliquée. Elle tomba en désuétude avant que d'être mise en

vigueur. Il est humiliant de l'avouer, elle n'avait pas
pénétré dans les consciences, elle était au-dessus des
mœurs !

Et cela est si vrai, qu'on l'avait organisée de telle
sorte qu'elle ne pût recevoir d'exécution. Les inspecteurs n'étaient pas rétribués, ce qui était un grand
tort : car des individus qui donnent toute leur vie à
une mission doivent y trouver des moyens d'existence.
De plus, ces inspecteurs étaient en nombre insuffisant
et dérisoire et, le plus souvent, ils s'entendaient avec
les patrons.

La loi fut donc comme non avenue. Il fallut trente-
quatre ans pour qu'on la ressuscitât, qu'on la perfec-
tionnât et qu'on la prît sérieusement en souci.

Pendant ces trente-quatre ans, l'industrie prit de
plus en plus d'extension et le nombre des victimes
d'un travail hâtif et prématuré s'augmenta tous les
jours sans qu'on y prît garde.

Pourtant, vers 1865 et 1867, on commença à s'inquiéter de la petite taille et de l'air chétif des jeunes
gens qui se présentaient au tirage dans les villes
manufacturières. En 1867, sur 325,000 individus
inscrits, on en comptait 109,600 de réformés. Sur ce
chiffre, 18,000 n'atteignaient pas la taille de 1^m,60, et
33,000 étaient de faible constitution et même rachi-
tiques. Ils se ressentaient de l'abandon de la loi
de 1841.

Des statistiques ont établi que, dans les départements agricoles, pour 100,000 individus valides, il s'en
trouvait 4,209 de réformés, tandis que, même proportion gardée pour les départements industriels, le chiffre des réformés s'élevait à 10,000, 11,000 et même
14,000. On s'est enquis, et l'on a été à même de constater, que le travail dans les manufactures était pour
une large part dans cette détérioration de l'espèce. Ce

qu'il était facile de prévoir, du reste, sans être doué d'une grande perspicacité.

De 1865 à 1869, des faits révoltants continuant à se produire, le conseil général, grâce aux propositions réitérées de son président, M. Dumas, de l'Institut, vota un crédit pour allouer des émoluments à deux inspecteurs. L'intention était bonne. En fait, c'était une moquerie.

Le gouvernement impérial donnait comme motif de cette lésinerie la crainte d'ajouter aux dépenses.

L'Empire osant parler d'économie !

On me dira que je raconte une vieille histoire et que la loi de 1874 a mis fin à tous ces abus. Ce serait une grande erreur que de le croire. Il n'y a, pour s'en persuader, qu'à étudier l'enfantement pénible de cette loi et à en examiner toutes les phases, à tenir compte des résistances qu'elle a rencontrées et qu'elle rencontre encore dans son application. Alors on aura une idée juste de la valeur des résultats acquis aujourd'hui.

On a mis trois ans à voter cette loi qui a été l'objet de trois interminables délibérations remplies toutes de discours inutiles et d'amendements oiseux.

Il semble, n'est-ce pas, que, pour l'honneur de cette assemblée, tous devaient tomber d'accord sur cette question d'humanité élémentaire. Le contraire advint.

Enfin, ces débats, beaucoup trop prolongés, ont servi à mettre en lumière des faits que le public ignorait, bien qu'on ait eu garde de tout dire et pour cause. De grands industriels étant membres de l'Assemblée, il y avait des intérêts à ménager. Leur position devenait délicate et difficile. N'étaient-ils pas, en grande partie, responsables du triste sort des enfants employés dans leurs ateliers ou dans leurs usines ?

Un certain filateur, bien connu et siégeant à la

Chambre, n'employait-il pas lui-même, pour le dévi-
dage des cocons, des petites filles de huit à dix ans
dès *trois heures du matin ?* On eut bien soin de dissimuler toutes ces misères. On célébra, au contraire, les
sentiments généreux, la sollicitude attentive des industriels pour l'enfance. On vanta le cœur des parents,
le cœur des patrons, le cœur des ouvriers, le cœur des
députés. Jamais on n'avait vu pareille réunion de
cœurs tendres ; c'était à faire pleurer les murailles.
Tout naturellement, on se demandait pourquoi, si
chacun avait si bien fait son devoir, on avait perdu
un temps toujours si précieux — *irreparabile tempus* —
à nommer une commission, à élaborer une loi, à la
discuter, puisque tout était pour le mieux dans la plus
paternelle des industries possibles.

Par une de ces interversions dignes des émules de
Loyola, l'Assemblée n'avait plus qu'une peur, celle
de céder aux entraînements d'une sensibilité irréflé-
chie et exagérée. Alors on mit en avant les *nécessités*
industrielles.

J'aimerais assez qu'on n'employât ce mot que dans
son sens propre.

Les lois de l'univers sont nécessaires et conséquemment des nécessités, parce qu'elles sont au-dessus des
volontés, qu'elles sont inaccessibles à toute modification, à toute fluctuation, à tout changement, et que
c'est de cette immutabilité que dépendent l'ordre et
l'harmonie de l'univers. Nous appelons encore nécessaires et nécessités toutes les choses auxquelles nous
ne pouvons nous soustraire et que nous devons fatalement subir.

En dehors de cette acception véritable, le mot nécessité, employé incongrûment, déguise toujours quelque infamie ou quelque iniquité.

Il y a eu des nécessités religieuses, et l'on égorgeait

un innocent pour expier le crime d'un coupable ; on allumait des bûchers pour obtenir l'unité de la foi. Il y a eu aussi les nécessités politiques et dynastiques, avec leurs coups d'État, c'est-à-dire les massacres, les fusillades, les déportations, l'exil. Il y a aussi les nécessités physiologiques, avec l'abominable enrôlement de la prostitution. Enfin, au faîte et comme couronnement, on place les *nécessités industrielles*.

Mais, avant d'aller plus loin, voyons donc un peu quels sont l'objet et le but de l'industrie. Les voici : augmenter le bien-être et le confort des peuples, épargner leurs forces en leur substituant celles des machines ; centupler la production, et par ce moyen, répondre et satisfaire à un plus grand nombre de besoins ; créer la richesse et répandre partout l'aisance, la prospérité, le bonheur.

Mais, qu'apprenons-nous ? Les rôles sont intervertis, les termes sont renversés. Cette industrie, de servante des nations et des peuples qu'elle doit être, devient leur dominatrice et leur despote. Loin de les aider, de les alléger, elle les dévore en herbe ; elle appauvrit leur sang, abrège leur vie ; en un mot, ce n'est plus l'industrie qui est faite pour l'humanité, c'est l'humanité qui est faite pour l'industrie.

Allons donc ! Mais c'est là une théorie de fou ! Et, prenons garde qu'à ces fameuses *nécessités* industrielles on ne nous oppose, un jour, les nécessités révolutionnaires.

Je ne fais, ici, cette revue rétrospective que pour montrer combien, pendant ces débats, les prétextes fallacieux de puissance paternelle, d'intérêts économiques, déguisaient l'égoïsme particulier et s'opposaient au triomphe du projet de loi. La conscience l'emporta, la loi fut votée. Naturellement, elle allait avoir maille à partir avec les mauvais vouloirs qui, immédiatement, se manifestèrent. Et, il faut le dire à regret, l'administration ne sut pas s'armer contre eux pour l'exécution de la loi nouvelle, malgré l'expérience qu'on avait faite de l'inefficacité de la loi de 1841.

Ceux qui se plaisaient à croire que la loi de 1874 allait tout changer eurent une amère déception. Le rapport des inspecteurs leur enleva beaucoup de leurs illusions. Ils reconnurent d'abord que le personnel de l'inspection était insuffisant et que, d'autre part, les milieux étaient récalcitrants, chaque intérêt particulier s'ingéniant à restreindre l'action de la loi à son profit. C'est qu'il ne suffit pas qu'une loi soit sévère : il faut encore que le public lui serve d'auxiliaire et qu'il signale toutes les infractions dont cette loi est l'objet; car elle se trouve paralysée quand le public reste dans son indifférence et dans son égoïsme. Une fois que les inspecteurs ont le dos tourné, tout recommence.

Le public a donc le droit et le devoir de protester toutes les fois que la loi est escamotée ; et il peut toujours s'indigner : car si l'on s'indignait devant chaque injustice commise, on en diminuerait le nombre.

Ainsi donc deux obstacles s'opposèrent à la loi : l'indifférence du public et le petit nombre des inspecteurs qui n'atteignaient que le chiffre de 15. Il y eut donc, dès l'abord, impossibilité pour eux de signaler toutes les contraventions qui se produisaient. C'est ainsi que les rapports ont appris que des enfants, à Paris, travaillaient encore de *treize* à *quatorze* heures par jour dans des fabriques de fermoirs de porte-monnaie, bien qu'âgés de douze ans. Et notamment dans des fabriques de boulons et de vis, des enfants de huit à dix ans travaillaient, en temps de presse, de six heures du matin à dix heures et demie du soir.

Dans les diverses parties de l'industrie, on faisait même travailler les enfants le dimanche. On apprit, non sans un grand ébahissement, que les patrons transgressaient la loi *faute de la connaître*. Cependant cette loi a été promulguée en 1874 et il arrive qu'en 1876 on dit ne pas la connaître.

On apprit aussi qu'il y avait des locaux de forces mécaniques. Ces établissements sont divisés en plusieurs compartiments où sont des machines mises en mouvement par un moteur commun. On raccole des enfants, pris au hasard, et on les enferme jusqu'à ce qu'ils aient fait la tâche voulue, tâche dure et pénible. De plus, ils sont là sans surveillance. On voit d'ici le danger et la démoralisation.

Nous disions, il n'y a qu'un instant, que, pour qu'une loi reçoive son application, il faut que la nécessité de cette loi s'impose à la majorité des esprits, sans quoi le plus grand nombre s'efforce de la tourner à son profit.

Après la promulgation de cette loi, on pouvait devoir compter sur le concours des parents intéressés à ce qu'on ne surmenât pas leurs enfants. Le contraire se produisit, et l'antagonisme des parents est venu se joindre à l'antagonisme des patrons et le corroborer. Nous ne parlons pas seulement du département de la Seine, mais bien aussi de certaines régions du Midi. Dans le Tarn, principalement, l'opposition prit un caractère de violence.

Là, la population est hâve, misérable, flétrie en germe par les privations continuelles de génération en génération et par un labeur prématuré. Donc, l'interdiction du travail des jeunes enfants, dans les manufactures, fut considérée par les familles comme une mesure arbitraire et vexatoire accroissant encore leur misère. Les habitants exaspérés allèrent jusqu'à menacer d'inspecteur qui veillait à l'exécution de la loi (rapport de M. Estelle en 1876); et, passant des menaces aux voies de fait, ils en arrivèrent à lui jeter des pierres.

En somme, ces résistances ont toutes pour racine le respect traditionnel de la puissance paternelle. Parents et patrons, les premiers pour défendre leur autorité, les seconds pour défendre leurs intérêts, se liguent volontiers pour entraver l'exercice de la loi de 1874.

Ajoutez à ces dispositions récalcitrantes le nombre toujours insuffisant des inspecteurs, le plus ou moins d'activité apporté à leurs fonctions, leur crainte de se faire des ennemis, et vous aurez la raison des infimes résultats obtenus pendant les dix-huit mois qui viennent de s'écouler. La loi n'a été applicable qu'un an après sa promulgation, suivant l'article 31.

Maintenant, il est temps de nous résumer.

J'ai démontré, pièces en mains, que l'enfant, même l'enfant légitime, n'avait qu'une apparence de droit ; qu'il était livré au double arbitraire de la famille et de la société, et qu'il n'était pas plus garanti d'un côté que de l'autre. J'ajoute que la société, en ce cas, est encore plus coupable que la famille, parce qu'en sa qualité de personnage collectif, elle est une abstraction, une entité dépouillée de toute passion, et qu'en conséquence, à l'avantage de tous et en vue d'un certain idéal de bien et de moralité, sa mission est justement de suppléer aux défections individuelles, de redresser les déviations particulières, de réparer le mal autant que faire se peut, et surtout, et avant tout, de le prévenir.

Or, l'enfant ne peut être responsable, parce que c'est un être inachevé, que sa volonté est incomplète, qu'elle est plus instinctive que rationnelle. Il a donc besoin d'une saine direction, et, si cette direction lui

manque dans la famille, la société doit la lui
fournir.

La société n'a pas compris cela ; elle s'est forgé,
comme à plaisir, un obstacle infranchissable dans
l'autorité paternelle. Elle pratique, à son égard, le
large *laissez-faire* et le plus vaste *laissez-passer* ; elle
tient à la respecter quand même et lorsque celle-ci ne
se respecte même pas. C'est en vain que les faits lui
crèvent les yeux ; c'est en vain qu'elle est témoin des
sévices les plus graves : elle s'abstient.

Mais ce qui dénonce l'insincérité des agissements de
la susdite société, c'est que, toujours dans la crainte,
soi-disant, de porter atteinte à la liberté des familles,
quand il s'agit de sauvegarder l'enfant et de le préserver d'une chute imminente, cette crainte disparaît tout
aussitôt dès qu'il n'est plus question que de le frapper,
de le punir et de le flétrir.

Alors l'Etat se substitue violemment à la famille,
sans qu'elle ait droit de réclamer. Il est un cas où cette
conduite de l'Etat est la plus abusive et la plus révoltante : c'est quand il ose imprimer au front d'une mineure les stigmates définitifs de la plus basse abjection.

Quoi ! une enfant de seize ans, une adolescente
qui ne jouit pas de ses droits, qui, logiquement, ne
peut être entièrement responsable, une fillette qui a
été pervertie par la corruption de la famille, de l'atelier, de la rue, souvent de toutes les trois à la fois ;
quoi ! cette malheureuse se voit incorporée de vive
force dans l'immonde cohorte !

On la condamne à quoi ? — à continuer la honte, à
réitérer, par métier, par profession, le délit qu'elle n'a
pu commettre que dans un instant de délire et d'éga-
rement passagers !

Et c'est ainsi que 18 à 20,000 mineures peuplent ces

monstrueux établissements qu'on a l'effronterie de qualifier *d'utilité publique*.

De là une police des mœurs, un bureau des mœurs. Mais, je ne l'ignore pas, la société a des appétits ; et pour les satisfaire, il lui faut des proies. Elle ne recule donc devant aucun de ces procédés sauvages.

Je trouve seulement que nous avons un rude aplomb de nous prétendre en civilisation.

On me fera remarquer qu'il est plus aisé de critiquer les lois que de les faire meilleures.

Je réponds à cela que, dès que les défectuosités d'une loi sont reconnues, on doit ne pas hésiter, soit à l'abroger s'il y a lieu, soit à y apporter les modifications nécessaires.

Dès l'instant que la famille manque à son devoir, et que, pour l'enfant, les mauvais traitements remplacent les soins et la tendresse, que les mauvais exemples tiennent lieu d'enseignements moraux et que ces faits sont publiquement connus, la société, la loi, l'État, comme vous voudrez, doit arracher aussitôt l'enfant de ce funeste milieu. On ne le soustraira jamais trop tôt au spectacle de tant d'insanités. Mais comme la société ne pourrait suffire à tant de charges, et que ce serait d'ailleurs encourager les mauvais parents que de les délivrer de leurs enfants, l'État, d'accord avec les patrons, grâce aux renseignements de la police, prélèverait chaque semaine ou chaque mois sur la paye une somme proportionnelle au gain des parents pour subvenir à l'entretien des enfants.

En outre, la société promulguerait tout aussitôt l'instruction gratuite et obligatoire. Elle multiplierait les écoles professionnelles, où l'enfant peut, tout à la fois, éclairer son esprit et acquérir les connaissances techniques d'un métier, sans se démoraliser au contact de gens dont le langage et les mœurs sont souvent dissolus.

Dix ans de ce régime apporteraient déjà une amélioration sensible à l'ensemble social. Dans ces conditions de salubrité physique et morale, la jeune génération se préparerait favorablement.

Ici, je prévois une objection, et je vais au-devant. On me dira : « Mais tous les désordres, tous les scandales ne proviennent pas seulement du défaut d'instruction, de surveillance. Les fils choyés, chéris, instruits, des classes supérieures, donnent-ils donc toujours de si satisfaisants résultats ? Ne fournissent-ils pas, eux aussi, un assez joli contingent aux malpropretés sociales ? Ne rencontre-t-on pas, à l'occasion, dans leurs dossiers, des caisses soulevées, des escroqueries de tout genre, des attentats aux mœurs de toute nature, voire même contre nature ? Délits enfin, qui les traînent, bel et bien, en police correctionnelle ou en cour d'assises. Vous voyez donc bien que là n'est pas la source du mal. La source de nos maux est dans l'abaissement des consciences. Il n'y a plus de principes, il n'y a plus de croyances. »

C'est vrai, répondrai-je. Et puisqu'il est question de conscience, c'est par la conscience que je vais finir.

La conscience disparaît successivement ; d'où vient ce phénomène ?

Nous avons fait remarquer que, d'une part, la paternité est soit tyrannique, soit indifférente, soit idolâtre, mais rarement rationnelle. Quant à la société, elle l'est encore moins.

L'enfant a cependant besoin d'être élevé, mais surtout bien élevé. On doit non seulement fortifier son corps, mais encore former sa conscience. La conscience n'arrive pas toute faite : on la fait ou on la défait suivant l'éducation.

Comment s'y prend-on pour former cette conscience ?

Examinons les trois degrés de l'instruction primaire, secondaire, supérieure, et nous verrons que la même détestable méthode est en vigueur pour chacun d'eux.

Nous sommes dans une époque de pleine lumière, et nous agissons comme en pleines ténèbres. Par routine, préjugé, respect humain, toutes sortes de motifs peu estimables, nous transmettons servilement l'erreur à l'enfant. Nous la lui enseignons pendant douze longues années, pour la battre en brèche pendant douze autres longues années. Nous meublons sa jeune intelligence, sa jeune mémoire, de la légende, de la féerie, du fantastique, du merveilleux, du miraculeux enfin, c'est-à-dire de l'invraisemblable, de l'impossible, du mensonge, de tout ce que rejettent et condamnent la science, la raison, l'expérience. Et l'on choisit, pour faire cette première semence, l'instant où le terrain est neuf, tout rempli de sève et d'énergies végétatives qui sont prêtes à accélérer le développement de tout germe !

Ce premier plant d'erreurs rapporte l'erreur.

Plus tard, on risque une seconde couche de vérités, et l'on ne récolte que la confusion.

Oui, Messieurs, oui, Mesdames, nous sommes en pleine confusion. C'est là la caractéristique de notre temps. Rien de plus concevable. Tout notre présent est rempli de notre passé ; notre âge mûr, notre vieillesse sont constamment assaillis par les réminiscences de notre enfance et de notre première jeunesse.

Que peut donc être notre conscience, milieu de luttes, de guerres, de batailles ? Elle nous présente le spectacle de la plus lamentable anarchie. Alors, il arrive un instant où, par lassitude, le conflit cesse, la conscience s'apaise ; elle retombe dans le calme, mais le calme plat. Elle se produit alors sous un aspect nouveau : elle devient officielle. Imaginez quelque chose de distendu, d'élastique, qui emmagasine tout indifféremment. C'est un bazar, c'est une boutique, c'est un bric-à-brac, où les choses les plus disparates se rencontrent. La conscience n'est plus le tribunal sévère et loyal, mais un juge taré qui donne gain de cause au plus offrant.

Alors nous entrons dans cette interminable série de non-sens, de contresens, de contradictions, de rétrocessions, qu'on décore du mot de concession, de conciliation, et dont le vrai nom est défection.

Ces faits sont plus frappants chez les hommes publics, parce qu'ils sont plus que les autres en évidence ; mais ils sont le signe d'un état général.

Oui, la conscience s'abaisse ; oui, elle s'amoindrit, parce que nous sommes une génération bâtarde. Pourquoi est-elle bâtarde ? Parce qu'on a greffé en elle l'esprit moderne sur l'esprit du moyen âge, et qu'on a voulu concilier des inconciliables. Il s'ensuit que la conscience est tirée par deux forces contraires, deux forces qui marchent en sens inverse et produisent la stagnation, ou, tout au plus, une oscillation. Dès que nous avons mis le pied en avant, nous le reportons en arrière. Ceci pourra se prolonger ainsi indéfiniment. Il nous faut pourtant sortir de là.

Nous en sortirons en élevant l'enfant autrement que nous n'avons été élevés nous-mêmes. Nous lui devons une éducation à base rationnelle et scientifique.

Comment ! s'écrie-t-on, est-ce que c'est suffisant ? Est-ce que la science répond à tous les besoins de l'âme ? Est-ce qu'elle instruit l'homme sur ses destinées ultérieures ? Quand elle essaye de l'édifier, elle le désole, le décourage et lui montre le néant ! Il va donc chercher ailleurs des solutions plus favorables.

Il est certain que la science ne peut donner que ce qu'elle a. Non, elle n'a pas encore dégagé toutes les inconnues du grand problème de l'Univers. Il est même probable qu'il en est qu'elle ne dégagera jamais. Mais c'est elle, souvenons-nous-en, qui nous a débarrassés de l'erreur. Elle a droit à notre reconnaissance.

D'ailleurs, quelles sont ces fameuses solutions qu'on va chercher dans les doctrines ? Hélas ! elles ne sont que les conclusions, les conséquences erronées de prémisses radicalement fausses. Ceux qui s'en contentent ne sont vraiment pas difficiles.

Oui, l'enfant a droit à la vérité : elle doit être sa suprême pâture morale. Nous ne devons lui affirmer que ce dont nous sommes sûrs : agir autrement est déloyal. Alors, grâce à cette éducation, l'amélioration ne sera plus seulement dans les choses, mais dans les hommes, dans les femmes, et, conséquemment, dans la société tout entière.

Il faut, pour arriver à ce résultat, que chacun se persuade qu'à n'importe quel âge l'être humain ne peut être à la disposition du bon plaisir et de l'arbitraire ; que l'enfant, corps et esprit, ne saurait être un objet de possession, de propriété et d'exploitation ; que le rôle des parents consiste à aider à son éclosion physique et à édifier sa conscience sur des principes moraux, certains, indiscutables, ratifiés par l'expérience, la science et la raison ; à cultiver, en un mot, sa volonté, la diriger dans le sens de la vérité et de la justice.

C'est en revisant le Code et en substituant à la puissance paternelle la protection, qu'on parviendra à modifier l'état des esprits. Tous comprendront que dans l'enfant est l'individu de l'avenir. Comme il est incapable, au début de la vie, d'affirmer ses droits et de les défendre, il revient à la famille et à la société de les reconnaître. C'est donc à quoi nous devons travailler avec toutes les forces de notre intelligence et toutes les générosités de notre cœur.

NOTA. — Aujourd'hui la loi sur l'organisation de l'enseignement primaire laïque est définitivement adoptée par le Parlement. Bien qu'incomplète, elle marque un progrès. Mais, cependant, nous doutons qu'elle ait l'action qu'on en attend. Le laïcisme, étant proclamé d'urgence, devrait comprendre tous les degrés de l'instruction. Or, il arrive qu'elle s'arrête au premier. C'est une grave inconséquence, car, plus l'intelligence s'élève à de hautes études, plus elle est tenue à se dégager des superstitions et des préjugés engendrés par l'ignorance. C'est le contraire qui va exister. L'instruction secondaire et l'instruction supérieure restent soumises aux rites religieux.

APPENDICE

AUX DROITS DE L'ENFANT

~~~~~~~~~~

TRAVAIL DES ENFANTS

DANS LES FABRIQUES ET USINES

~~~~~~~~~~

Dix ans se sont écoulés depuis le jour où la conférence qu'on vient de lire a été prononcée.

D'après les rapports annuels publiés par la commission supérieure du travail des enfants, garçons et filles, employés dans l'industrie, le public est à même de juger dans quelle proportion les progrès de l'observation de la loi de 1874 se sont accomplis.

Nous laisserons de côté les rapports des premières années, qui, tous, signalent l'impopularité dont ladite loi fut l'objet chez les patrons. Nous ne nous arrêterons qu'aux rapports de 1883, 1884 et 1885. Nous sommes à même de constater, dans chacun d'eux, le nombre toujours croissant des établissements visités, grâce à l'augmentation du personnel de l'inspection. C'est ainsi qu'en 1885, le chiffre de ces établissements est monté à 60,800, tandis qu'en 1884, il n'était que de 48,817. Par contre, le chiffre des garçons et filles mineurs employés dans l'industrie a diminué.

Plusieurs causes expliquent cette diminution : la crise commerciale, d'abord, que nous traversons ; ensuite, le travail de demi-temps qui gêne les fabricants et les industriels ; et les parents, de leur côté, qui préfèrent placer leurs enfants comme porteurs de dépêches à l'administration des postes et télégraphes, ou comme grooms dans les hôtels, les cercles et les grands magasins de nouveautés. De cette façon, ils obtiennent pour leurs enfants un gain immédiat.

Si cette tendance se généralise, dit le rapport, il y aura danger sérieux pour l'industrie.

Il n'est aucun de ces rapports qui, chaque année, ne déplore, en commençant, qu'un grand nombre d'établissements, par privilège spécial, échappent à la surveillance et soient dispensés de l'inspection. Ces immunités sont autant d'empiètements sur la loi de 1874, qui, dans le principe, devait s'appliquer à tous les établissements où les enfants sont employés à un travail industriel. Une seule exception était faite en faveur du travail exécuté en famille.

Parmi ces établissements exempts du contrôle, on compte ceux qui sont gérés par l'Etat, tels que l'imprimerie nationale, les ateliers d'équipement militaire, les fabriques d'armes et de munitions dépendant des ministères de la guerre et de la marine, les manufactures de tabacs.

On ne peut comprendre les causes qui doivent soustraire ces établissements à l'inspection à laquelle les autres sont soumis. L'Etat n'est pas un être à part : il représente l'intérêt collectif, c'est vrai ; mais cet intérêt général est représenté par des hommes, c'est-à-dire des intérêts particuliers, en d'autres termes, égoïstes.

Or, les hommes ne sont pas tous humanitaires au même degré, il s'en faut de beaucoup ; ils appellent volontiers sentimentalisme et utopies les idées de solidarité, et se soucient fort peu d'un règlement qu'ils peuvent enfreindre impunément. C'est donc à l'Etat à donner l'exemple.

La commission supérieure, consultée par le gouvernement à ce sujet, s'est toujours prononcée en ce sens, en insistant sur la nécessité d'exercer la surveillance partout, et sans exception aucune.

Les ministres, tout en reconnaissant la justesse de ces observations, et tout en déclarant que des instructions formelles seraient données aux directeurs de ces établissements pour assurer la complète application de la mesure législative, faisaient, en même temps, valoir les inconvénients qui, selon eux, devaient résulter de l'inspection, surtout en ce qui concerne les fabriques d'armes et de munitions. L'introduction de personnes étrangères, prétendaient-ils, pouvait compromettre la *sécurité nationale*.

Cet argument n'est pas sérieux.

Ceux qui composent l'inspection ne sont-ils pas des Français, et ne les choisit-on pas parfaitement honorables ? S'il en était autrement, il serait aussi sage de se défier des employés.

Refuser l'inspection dans ce cas, c'est vouloir perpétuer les abus.

Indépendamment des établissements de l'Etat, il y a les établissements religieux : ouvroirs, ateliers de charité, écoles dites professionnelles. Ces œuvres, prétendues religieuses et de bienfaisance, fondées soi-disant dans l'intérêt des pauvres, sont, comme le disent très bien les rapports, de véritables ateliers d'entreprise de travaux à bas prix, où les enfants sont nécessairement surmenés.

Pour mieux m'en assurer et m'en convaincre, j'ai voulu, moi-même, pénétrer dans plusieurs de ces ouvroirs de couture sous le prétexte de faire faire quelques travaux. Quelle ne fut pas ma surprise lorsque je vis toutes les petites filles, qui y sont occupées, atteintes d'ophtalmie ! Ayant demandé à une des religieuses la cause de ce mal général, elle me répondit naïvement, sans avoir l'air de se douter de l'énormité de sa réponse, que ces enfants exécutaient des travaux très fins, tels que piqûres. marquage, etc., etc., et que, fatalement, cela provoquait l'inflammation des yeux ; mais du reste, ajouta-t-elle, cela n'a aucune gravité.

Je repris sévèrement la sœur : car c'était pitié de voir ces petites créatures munies, pour la plupart, d'abat jour, ne supportant pas la lumière sans éprouver une véritable souffrance.

Comme bien l'on pense, mes observations n'eurent aucune portée. L'inspection n'étant pas admise, que pouvait ma voix isolée ?

En 1880, cependant, pour des abus analogues, et peut-être pires, l'inspecteur de Marseille, renseigné sans doute par la rumeur publique, dressa un procès-verbal contre le père Arnaud, directeur de l'orphelinat Saint-Pierre. L'abbé Arnaud, comme on peut s'y attendre, fut acquitté, grâce à notre magistrature réactionnaire et cléricale. dont nous avons de nombreuses occasions d'apprécier *l'impartialité* et la *droiture*. Ce jugement *équitable* fut prononcé en première instance à Marseille le 8 juillet 1880, et en appel à Aix, le 11 novembre de la même année. En 1881, cette dispense de l'inspection amenant des abus de plus en plus caractérisés, les ministres de la justice et du commerce déposaient un projet de loi ainsi conçu : « Article unique : La loi du 19 mai et du 3 juin 1874 est applicable aux maisons de bienfaisance ou d'éducation, aux orphelinats, ouvroirs, ateliers de charité ou autres établissements quelconques employant des enfants ou des filles mineures à un travail industriel à quelque titre que ce soit et alors même que ce travail serait organisé en vue de l'affectation gratuite ou charitable des produits ou de l'éducation des enfants. »

Ce projet, déposé le 16 mai 1881, voté par la Chambre des députés le 28 mai suivant, n'a *jamais été déposé* au Sénat. La commission a eu beau protester, se débattre, ses vœux ont été stériles.

Des abus du même genre se rencontrent également dans d'autres établissements, tels que quartiers de correction, colonies pénitentiaires privées.

L'affaire de Porquerolles est l'exemple le plus effrayant des excès criminels auxquels peuvent se porter la cupidité, la sauvagerie humaines, lorsqu'elles sont délivrées de tout contrôle.

On devrait, d'urgence, mettre à profit cette cruelle leçon : car il n'est que temps de faire cesser un si déplorable état de choses, qu'autorise la loi sanctionnée par une jurisprudence trop incontestable jusqu'à présent, et que j'ai qualifié plus haut.

Ces privilèges anormaux, injustement consacrés en haut lieu, soulèvent le mécontentement des industriels soumis à toutes les prescriptions de la loi et auxquels ces établissements font une concurrence d'autant plus redoutable que la main-d'œuvre s'y exécute pour un salaire dérisoire.

Il existe aussi de petits ateliers, groupés autour d'une force motrice, appartenant à un seul propriétaire. Ces ateliers, qu'ont signalés certains inspecteurs et en particulier celui de la Xᵉ circonscription de Rouen, sont loués à des ouvriers qui emploient, chacun dans leur industrie, leurs propres enfants. On se trouve ici en présence d'un travail exécuté dans la famille et en

faveur duquel la loi de 1874 a établi une exception, et
où il est difficile à l'inspecteur de parvenir. — Toujours
le culte de la puissance paternelle.

Pourtant, bien des travaux exécutés de cette façon
sont insalubres et devraient être interdits aux enfants.
Nous citerons notamment le travail à sec de la corne,
de la nacre et de l'ivoire. Pour changer cette situation,
il faudrait que la loi de 1874 fût modifiée.

Voici donc des milliers d'enfants, car l'ensemble de
ces établissements n'en comporte pas moins, voici donc,
dis-je, des milliers d'enfants qui sont totalement privés
de protection et livrés à l'arbitraire de la brutalité et
de l'intérêt.

Il est clair que les effets de l'inspection sont des plus
restreints, puisque, d'une part, un nombre considérable
d'établissements sont dispensés de l'inspection, et que,
de l'autre, ceux qui y sont soumis strictement ne se
font aucun scrupule de n'en pas tenir compte et d'enfreindre les prescriptions toutes les fois qu'ils le jugent
à leur convenance.

Il faudrait, du reste, avoir une forte dose d'illusion
pour s'imaginer qu'une organisation aussi défectueuse
de l'inspection — vu l'insuffisance numérique de ses
membres — puisse garantir une surveillance constante.
Qui peut supposer qu'une visite annuelle, faite dans un
atelier ou une usine, soit de nature à intimider un
industriel, parfaitement persuadé qu'après le départ
de l'inspecteur il en a pour un an de tranquillité ?

Les infractions sont donc fréquentes. Infraction sur
l'instruction, bien que ce soit peut-être sur ce point que
la loi est le mieux observée : la plupart de ceux qui s'y
dérobent s'excusent en invoquant le manque d'écoles
relativement au grand nombre des enfants en âge d'être
éduqués. Infraction sur la durée du travail, en ce qui
regarde surtout les enfants de 10 à 12 ans, et pour ceux

de 12 à 15 non munis de certificats et auxquels il n'est permis que six heures de travail par jour.

Ces infractions nombreuses ont été constatées. C'est ainsi que dans la 8ᵉ circonscription de Lille, l'inspecteur a rencontré 77 enfants de moins de 12 ans travaillant plus de six heures par jour.

Dans les verreries et les amidonneries, les mêmes faits se produisent à Amiens, à Rouen. L'inspecteur de cette dernière ville déclare que, malgré les avertissements, voire même les procès-verbaux, il a vu *souvent* des enfants de dix ans occupés de *quatre heures et demie du matin à cinq heures du soir.*

Des observations du même genre sont faites pour les 11ᵉ, 13ᵉ, 16ᵉ, 20ᵉ, 21ᵉ circonscriptions de Rouen. Infraction fréquente aussi pour le travail de nuit. Nous ajouterons à ces fraudes les exceptions permanentes et les tolérances momentanées, qui sont autant de dérogations à la loi.

C'est ainsi que l'interdiction du travail de nuit peut être levée par l'inspecteur ou la commission locale à la suite de chômage résultant d'une interruption accidentelle ou de force majeure.

D'autre part, les usines à feu continu, c'est-à-dire les verreries, les sucreries, les papeteries et les usines métallurgiques, peuvent employer des enfants le dimanche et la nuit à des travaux indispensables. Pour les travaux de nuit, il faut que les enfants aient plus de douze ans.

« Des règlements d'administration publique, nous disent les rapports, ont déterminé les conditions dans lesquelles ces travaux doivent être effectués. » Et la plupart des industries s'y soumettent sans difficulté, hormis les verreries à bouteilles, où les inspecteurs rencontrent encore des résistances que nous avons signalées dans les rapports précédents.

Un certain nombre de verriers continuent à alléguer que l'obligation d'arrêter le travail des enfants le dimanche de 8 heures du matin à 6 heures du soir est incompatible avec leur système de fabrication. « En présence de ces protestations répétées, la question a été de nouveau remise à l'étude.

« Nous ferons, en ce qui nous concerne, ajoute le rapporteur, tous nos efforts pour que la solution à intervenir concilie les devoirs de protection des enfants et les intérêts d'une industrie importante. » (Rapport de la commission supérieure.)

Le rapport ajoute qu'en dehors de cette situation particulière à une branche de l'industrie verrière, les inspecteurs n'ont eu à relever qu'un nombre très restreint de contraventions dans les usines à feu continu se rapportant au travail de nuit et du dimanche.

Peut-être cette constatation favorable n'est-elle due qu'aux visites trop espacées des inspecteurs !

A côté des exceptions permanentes, dont jouissent les usines à feu continu pour le travail de nuit et du dimanche, il existe encore des tolérances temporaires pour certaines industries, telles que les fabriques de conserves de poissons des côtes de Bretagne, où, aussitôt débarqué, le poisson doit être immédiatement soumis aux diverses opérations de la salaison, sous peine d'être avarié.

On tolère également chez les pâtissiers et autres industries alimentaires du même genre l'emploi des enfants la nuit et le dimanche, pourvu, dit le rapport, que cette tolérance ne dégénère pas en abus.

Nous savons très bien que, dans les cas précités, les moyens de vérification manquent le plus souvent, vu le personnel clairsemé de l'inspection. De façon que si l'on ne compte pas plus de contraventions, c'est faute de pouvoir les connaître.

Pour les travaux souterrains, les effets de l'inspection sont à peu près nuls. Les inspecteurs rencontrant les plus grandes difficultés dans les mauvaises volontés, il leur devient impossible de constater les contraventions. Il leur faudrait, pour y parvenir, le concours des garde-mines, et ceux-ci se montrent très peu disposés à seconder l'inspection.

A Nantes, deuxième circonscription, l'inspecteur, dans une tournée, avait demandé le concours d'un garde-mine ; celui-ci en référa à ses chefs, qui lui commandèrent de s'abstenir. De semblables faits se passent de commentaires.

Sont nombreuses encore les infractions en ce qui concerne le livret, le registre et l'affichage imposés par le législateur comme nécessaires à la sécurité de l'enfant et à l'exécution de la loi, dont chaque fabrique, usine ou industrie quelconque doit avoir le texte.

Mais c'est surtout sur la partie de la loi intitulée : *Travaux dangereux, Salubrité et sécurité des ateliers*, que les contraventions les plus graves ont été relevées, et que le plus grand nombre des procès-verbaux a été dressé.

Comme l'année précédente, dit le rapport de 1885, on a dû sévir contre de nombreux cas de surcharges. A plusieurs reprises, l'inspecteur divisionnaire avait exprimé le regret de se trouver impuissant pour réprimer les surcharges, lorsqu'elles n'étaient pas le fait du patron.

Il y a donc, à ce point de vue, intérêt à signaler une décision importante rendue par le tribunal correctionnel.

A la suite d'un de ces procès-verbaux, un industriel, auteur de la surcharge, a été condamné à 50 francs d'amende, bien qu'il ne fût pas le patron de l'enfant surchargé. Divers cas de surcharges ont été également réprimés dans les autres circonscriptions. Dans la dixième circonscription — Rouen —, dans la douzième circonscription — Nantes —, dans la treizième circonscription — Angers —, dans la dix-septième circonscription — Nîmes —, les industriels et commerçants ont été invités à se conformer à la loi.

Enfin l'inspecteur de la dix-huitième circonscription, — Marseille —, demande que dans les départements des Bouches-du-Rhône et des Alpes-Maritimes les agents de police soient chargés de dresser des procès-verbaux pour les nombreux cas de surcharge qui se produisent.

Comme travaux excédant les forces des enfants, les inspecteurs ont dû également sévir dans divers établissements où les enfants étaient employés comme force motrice.

La salubrité des ateliers, leur sécurité et les établissements dangereux sont autant de points où la loi a singulièrement à reprendre, malgré les soins des inspecteurs.

C'est ainsi que, malgré certaines améliorations apportées à l'outillage, malgré divers perfectionnements de nature à assurer la sécurité des ouvriers, le nombre des accidents arrivés à des enfants est encore considérable.

Il y a eu, en 1885, 182 accidents d'enfants au-dessous de seize ans, dont plusieurs suivis de mort. Ce chiffre est un peu inférieur à celui de l'année 1884, qui s'est élevé à 197. (Rapport de 1885.)

Il est malheureusement certain qu'il ne représente pas la totalité des accidents arrivés à des enfants dans cette dite année 1885. Les industriels s'efforcent autant que possible de cacher les catastrophes qui se produisent dans leurs établissements.

D'autre part, plusieurs inspecteurs, comme dans les années précédentes, se plaignent que les préfets, et surtout les parquets, négligent de les informer des accidents portés à leur connaissance. Des instructions formelles ont cependant été adressées à ce sujet à plusieurs reprises (Rapport de 1885.)

Il est véritablement honteux que les interprètes de la loi soient les premiers à ne pas l'appliquer. A juger l'ensemble des résultats obtenus, nous sommes contraints d'avouer que, malgré la vigilance et le zèle dont peuvent faire preuve la plupart des inspecteurs dans l'exercice de leurs fonctions, le principal obstacle à l'application de la loi de 1874, c'est l'opinion publique qui n'est pas suffisamment pénétrée de la nécessité de la protection. Elle a tendance à la considérer comme arbitraire, vexatoire, surtout pour les parents, dont elle diminue, suivant eux, la *légitime* autorité consacrée par le code.

C'est donc le code qu'il faut atteindre afin que la législation soit d'accord avec la nouvelle mesure.

C'est ce que je n'ai jamais cessé de dire et que je ne cesserai de répéter, jusqu'à ce que ce vœu soit réalisé.

NOTES ADDITIONNELLES

~~~~~~~~~~

(Notes sur le progrès du mouvement féministe, à ajouter à la préface).

La loi du divorce, bien qu'elle ne satisfasse pas à tous nos *desiderata*, n'en est pas moins, telle qu'elle est formulée, un avantage acquis au bénéfice de la femme. L'adultère du mari y étant reconnu, pour elle c'est un motif suffisant de réclamer le divorce à son profit. L'égalité des deux sexes se trouve ainsi établi, dans le mariage, sur un point essentiel.

Le retentissement universel qu'a eu, en 1889, le Congrès français et international du Droit des Femmes, est la démonstration la plus éclatante de l'extension toujours croissante qu'a prise, depuis quelques années, l'idée de l'égalité des deux sexes. Toutes les résolutions les plus importantes, en ce sens, ont été votées à l'unanimité par cette assemblée.

Mais il faut bien le reconnaître, c'est à l'étranger que le mouvement féministe a abouti aux plus sérieux résultats. L'Amérique, l'Angleterre, même le Danemarck se sont occupés de la question et l'ont fait avancer. En Amérique, l'État du Wyoming a conféré le droit politique aux femmes, et il ne s'en trouve que mieux. Les autres États les font électeurs dans les municipalités et en matière d'instruction publique. L'Angleterre a suivi le même exemple, et à chaque session parlementaire, le bill en faveur du vote politique des femmes revient en discussion et gagne des voix. Dans un avenir très prochain, Anglais et Anglaises seront donc complètement égaux devant la loi.

La France reste seule en arrière, et ce n'est pas à son avantage.

~~~~~~~~~~

(Notes sur ma réception à la L.·. des Libres-Penseurs du Pecq.)

Ma réception dans la Franc.·. Maç.·. a donné lieu à un incident. La L.·. les Libres-Penseurs du Pecq relève de la grande Loge symbolique — rite écossais — laquelle, dans sa constitution, a proclamé l'autonomie des LL.·. de son obédience ; donc, la L.·. des Libres-Penseurs du Pecq, en prenant l'initiative de recevoir une femme, n'outrepassait pas son droit. Cependant, par une de ces contradictions fréquentes en humanité, la G.·. L.·. S.·. se scandalisa de cet acte d'indépendance, et mit ladite L.·. en sommeil.

Mais, depuis, le F.·. Georges Martin, ancien président du Conseil municipal, ancien sénateur, a groupé un nombre considérable de FF.·. prépondérants dans l'Ordre Maç.·., tous comprenant la nécessité de combattre le cléricalisme, implacable ennemi du progrès, en s'appropriant une de ses plus grandes forces, la femme, dont l'élimination dans les LL.·. paralyse la marche de la Franc-Maçonnerie.

La question est mise à l'étude, les adhésions atteignent un haut chiffre, et nous avons tout lieu de croire que, prochainement, les temples s'ouvriront pour recevoir cette moitié de l'humanité, sans le concours de laquelle l'autre ne peut rien de durable.

PROPOSITION DE LOI

AYANT POUR BUT DE

CONFÉRER L'ÉLECTORAT AUX FEMMES

POUR L'ÉLECTION AUX TRIBUNAUX DE COMMERCE

PRÉSENTÉE A LA CHAMBRE DES DÉPUTÉS

PAR MM. Ernest LEFÈVRE (Seine), YVES-GUYOT, MONTAUT (Seine-et-Marne), LEFEBVRE (Seine-et-Marne), BOYSSET (Saône-et-Loire), Gustave RIVET, MAURICE FAURE, DELATTRE, MARMONIER, LYONNAIS, Louis MILLION, René LAFFON (Yonne), CLÉMENCEAU, Jules CROS, WICKERSHEIMER, HERVIEU, DETHOU (Yonne), Gaston MARQUISET, Georges ROCHE, Gustave HUBBARD, CHARONNAT, PÉRILLIER, BEAUQUIER, BARBE, DE MORTILLET, MICHELIN, CAMÉLINAT, BRIALOU, CALVINHAC, THÉRON, LESAGE, PAPON, FERROUL, BARRIÈRE, LAVILLE, LASSERRE, RANSON, PROAL, HORTEUR, CHAVOIX, De DOUVILLE-MAILLEFEU, VIGER, LEVREY, GRIMAUD, TRYSTAM, DELLESTABLE, Emile BROUSSE, DUTAILLY, LAFONT (Seine), MICHOU, RORET, BALTET, JACQUEMART, DUGUYOT, Henri de LACRETELLE, Martin NADAUD, JAVAL, CHEVALIER, MONIS, JAMAIS, MÉNARD-DORIAN, Tony RÉVILLON, LEYDET, BOURGEOIS (Jura), PICHON, Camille DREYFUS, BOISSY-D'ANGLAS, DESMONS, CHANTAGREL, DE LA BATUT, GADAUD,

HANOTAUX, AUDIFFRED, LÉGLISE, BOURGAREL,
LESGUILLIER, MESUREUR, CAMESCASSE, BAIHAUT,
DOUMER, PELLETAN, BERNARD (Doubs), GAILLARD
(Vaucluse), PRADON, GIGUET, DUCOUDRAY.
DURAND-SAVOYAT, JUMEL, GUYOT, MERCIER,
AUJAME, BARRET, CARRÉ, GOBRON, GASCONI,
SABATIER, PRUDON, MATHÉ (Félix), GAULIER,
CALÈS, RIVIÈRE, BOURNEVILLE, THIESSÉ, GUYOT,
(Marne), RICHARD, Félix PYAT, Fernand FAURE,
PAJOT, Benjamin RASPAIL, Camille RASPAIL,
MILLERAND, GAUSSORGUES, MICHEL, LASBAYSSES,
DÉANDREIS, BRELAY, LABROUSSE, DUCROZ, GAIL-
LARD (Isère), CECCALDI, Anatole de LA FORGE,
THÉRON, BRUNIER, CHEPIÉ, BRUGNOT, VITRY,
Daniel LAMAZIÈRE, LEPORCHÉ, LAGRANGE, JAC-
QUIER, LABORDÈRE, BARODET, FRÉBAULT, Eugène
FARCY, Pierre ALYPE, CORNUDET, ACHARD,
VACHER, Clovis HUGUES, LAPORTE, Paul de
JOUVENCEL, Germain CASSE, GERVILLE-RÉACHE,
RABIER, PONSTANDE, COLFAVRU, REMOIVILLE,
Antonin DUBOST, GERMAIN, Louis JOURDAN,
IMBERT, BRUGEILLES, GUILLAUMOU, HÉRISSON,
Frédéric PASSY, députés.

EXPOSÉ DES MOTIFS

MESSIEURS,

A. — *Historique*.

Nous venons vous proposer une réforme qui n'est
que la réalisation d'un vœu déjà ancien, émis par la
Chambre des Députés, puisqu'elle a été l'objet d'un
vote favorable dans cette Assemblée, à la séance du
3 décembre 1883; voici dans quelles circonstances.

La présentation de la loi nouvelle sur l'élection des juges consulaires, qui nous régit actuellement et qui étend à tous les commerçants ce qui n'était le fait que de quelques-uns (loi du 8 décembre 1883), remontait à 1876 : et le projet avait dû subir, pour différentes raisons, le retard considérable de sept années d'élaboration (1876-1883).

La 16° commission des pétitions de 1883 (3° législature), saisie d'une pétition de Mme Maria Deraismes, présidente de la *Société pour l'Amélioration du sort de la Femme et la revendication de ses Droits*, demandant l'extension aux femmes de ce droit de suffrage, l'avait transmise un peu tardivement à la commission spéciale chargée de rédiger la nouvelle loi depuis si longtemps attendue.

Aussi cette modification risquait de faire ajourner une réforme qui était généralement demandée.

L'honorable M. Georges Roche ne put donc que faire prendre en considération par la Chambre et renvoyer à la commission spéciale l'amendement ainsi conçu : « Les membres des tribunaux de commerce seront élus par les commerçants *et commerçantes*, etc. » A la séance suivante, le rapporteur, M. Boysset, déclara que, pour des raisons de simple procédure d'opportunité, la commission ne pouvait s'associer à cette proposition en présence des élections qui allaient justement avoir lieu, et qu'il ne convenait pas de laisser s'accomplir sous l'ancien régime condamné à peu près par tous.

M. Boysset disait, en effet, à ce propos, parlant des partisans de l'électorat des femmes :

« Nous ne critiquons pas le moins du monde leurs conceptions et leurs désirs ; nous ne nous préoccupons que des circonstances et des nécessités qui nous pressent... Que M. Roche présente ensuite une proposition

en ce sens ; notre loi n'en aura pas moins son immé-
diate application ; notre collègue trouvera certainement
dans la Chambre un écho de ses tendances libérales
et généreuses en faveur de l'électorat des femmes : une
modification pourra intervenir ultérieurement. La
lacune qu'il signale sera comblée, et la loi aura reçu
le perfectionnement qui lui semble juste et nécessaire. »

Dans ces conditions, l'amendement fut retiré.

C'est cette lacune, Messieurs, que nous venons vous
demander aujourd'hui de combler, après un délai qui
peut paraître bien long, mais qui, en présence d'autres
réformes également ajournées, s'explique sans trop de
peine. Ce retard n'est qu'une raison de plus pour procéder à un examen rapide de la proposition qui, nous
le répétons, a déjà pour elle le précédent d'une adhésion de la Chambre, donnée spontanément et sans
débat, dans la séance du 3 décembre 1883, et une
raison pour la faire aboutir promptement, si elle est
justifiée, comme nous espérons maintenant le montrer
en peu de mots.

B. — *Considérations générales.*

Il ne s'agit pas en effet, ici, de débattre la question
de la capacité politique de la femme et de lui attribuer
le droit de suffrage au nom du principe abstrait de
l'égalité devant la loi, thèse qui est discutée dans divers
pays, mais qui soulève des questions de plus d'un
ordre auxquelles une assemblée constituante a peut-
être seule le pouvoir de toucher.

Ici, la corrélation des droits que nous demandons
avec les devoirs ou les charges déjà imposées est frappante, indiscutable. Si la femme peut être commer-

çante, pourquoi n'a-t-elle pas, avec les devoirs des commerçants, les prérogatives qui en facilitent l'accomplissement ; avec la responsabilité d'une fonction, les attributs qui la justifient, l'atténuent ou la rendent supportable ? Pourquoi, si elle est soumise à cette menace permanente de la faillite, n'a-t-elle rien à voir à la composition des tribunaux chargés de la déclarer et de la liquider ?

Voilà comment la question se pose.

Et il n'est pas difficile d'en montrer l'importance dans un pays où la femme occupe un rôle si considérable dans les opérations commerciales : circonstance qui n'est pas étrangère au renom qui accompagne partout l'industrie française et particulièrement l'industrie parisienne.

Les qualités d'activité, d'économie, de nos femmes françaises ont là un terrain merveilleusement approprié où se déployer. Et ce n'est pas au moment où la fondation d'écoles professionnelles pour les jeunes filles est à l'ordre du jour, à côté de leurs autres écoles florissantes, qu'on pourrait discuter l'importance du rôle que remplit la femme, pas plus qu'on ne pourrait critiquer la façon dont elle le remplit, en présence de notre loi de 1881 sur *les Caisses d'épargne postales* qui lui a exceptionnellement permis de placer librement les économies du ménage, malgré les principes généraux du Code, comme récompense pour ainsi dire de son influence conservatrice dans la famille que rien ne pourrait remplacer.

Les exemples de maisons commerciales de premier ordre fondées ou administrées par des femmes sont trop près de nous, avec la valeur historique que leur donne le témoignage de reconnaissance de milliers d'employés, pour que nous ayons besoin d'insister.

Mais si la réforme que nous préconisons paraît ains

très naturelle et très légitime en principe ; si le fondement du droit des femmes commerçantes à participer
à l'élection des tribunaux consulaires est ainsi bien
établi, on peut se demander si elles ont beaucoup
d'intérêt à l'exercer, et secondement d'après quelles
bases ou d'après quelles distinctions qui ménagent
l'organisation domestique elles le feront.

C. — *Réfutations des objections*.

Tels sont les deux points qui nous restent à examiner :

1° Comment l'incapacité électorale constitue-t-elle
un désavantage ?

2° Comment ce désavantage peut-il être supprimé
sans trouble pour les principes sociaux actuellement
admis ?

1° Pour le premier point qui est l'intérêt des femmes
commerçantes à l'électorat, il nous suffira de laisser
parler ici M. Le Bastard, le rapporteur du projet de
loi au Sénat (séance du 22 novembre 1883). Les raisons
qu'il donnait pour l'extension du suffrage à tous les
patentés masculins s'appliquent avec une telle force à
l'extension que nous proposons aujourd'hui, qu'il suffit
de les reproduire.

« Les juges de tous, du moment qu'ils sont élus,
doivent être élus par tous : autrement, il peut en
résulter une inégalité fâcheuse entre ceux dont ils ont
à juger les procès. Leur impartialité peut être soup-
çonnée, lorsqu'ils ont à prononcer entre un plaideur
qui les aura élus, et qui, à brève échéance, sera appelé
peut-être à prendre part à leur réélection, et un autre
plaideur vis-à-vis duquel ils n'auront pas la même
situation. Sans doute la réputation d'intégrité des

membres de nos tribunaux de commerce est bien
établie, et nous nous empressons de leur rendre à cet
égard un hommage mérité ; mais des exceptions peuvent se produire, et en admettant même qu'il ne s'en
produise jamais, la situation que nous venons de
décrire mettra forcément en question l'impartialité du
juge qu'il importe de maintenir au-dessus de tout
soupçon... »

Et M. Le Bastard continuait en attaquant au fond la
distinction des commerçants *notables* ou non notables
sur laquelle reposait l'ancien régime électoral (1) :

« L'inconvénient le plus grave de la législation
actuelle est de diviser les commerçants en deux
classes : les notables et ceux qui ne le sont pas. Non
seulement ces derniers sont privés d'un droit légitime
et ont devant les tribunaux une situation inégale,
ils sont de plus exposés à subir, par suite de la posi-
tion qui leur est faite, des préjudices matériels dans
l'exercice de leur profession. La qualification officielle
de notable n'est pas à l'encontre de leurs concurrents
le gage d'une supériorité simplement honorifique ; elle
leur procure dans les affaires une prééminence lucrative qu'ils savent assurer en donnant la publicité
nécessaire au titre dont ils se sont investis. La substi-
tution d'une commission aux préfets pour la désignation
des électeurs et la suppression du mot *notable* n'ont
pas atténué l'injustice de cette situation. La notabilité
subsiste en fait, puisque les électeurs doivent être choisis
(en vertu de la loi de 1871) parmi *les recommandables*
pour la probité, l'esprit d'ordre et d'économie ; la
qualification nouvelle donnée aux privilégiés aggrave,

---

(1) Les notables étaient choisis par le préfet et depuis 1871 par
une Commission.

au contraire, l'état d'infériorité dans lequel on place
les autres commerçants ; nous ne saurions trop insister
contre cette violation du principe de l'égalité entre tous
les citoyens, proclamé par la Révolution française. »

Est-il besoin de faire remarquer que les femmes non
électrices sont justement, par rapport aux hommes
électeurs, leurs concurrents cependant, dans la même
situation que les non-notables d'autrefois par rapport à
ceux qui l'étaient ? Et par conséquent peut-on parler
de concurrence loyale, telle que le commerce le
comporte, dans des conditions inégales ? Et les femmes
qui, à d'autres égards, ont déjà, croyons-nous, d'autres
éléments d'infériorité, ne sont-elles pas doublement
fondées à se plaindre ?

2° En ce qui concerne l'application du projet de loi,
ou la détermination des personnes entre les mains de
qui le suffrage sera remis, la seule difficulté qui puisse
se présenter à l'esprit a trait à la femme mariée ; elle est
réglée déjà, à notre avis, par le Code civil. C'est dire à
l'avance qu'on ne propose en rien, ici, de toucher aux
bases de la famille.

Des deux classes de personnes dont il puisse être
question en effet : (*a*) la femme *seule*, comprenant fille
et veuve, et (*b*) la femme mariée, la première ne
rencontre absolument aucun obstacle au plein exercice
de son droit.

(*a*) La célibataire ou la veuve exerce le commerce en
France en toute liberté, sans aucune tutelle, sans
aucune immixtion des pouvoirs publics ; elle est
vraiment l'égale de l'homme, sauf le suffrage. Celui-ci
ne peut pas se prévaloir d'une charge ou d'une pénalité quelconque qui n'incomberait pas à la femme ;
car ce qui était vrai avant 1867 et la loi abolitive de la
contrainte par corps, alors que l'un des deux sexes
seul était soumis à ce mode de coërcition, a cessé de

l'être. Et l'égalité étant faite sur ce point, il est de plus en plus pressant de l'accomplir sur les autres, de peur qu'on ne dise que l'homme veut bien réaliser l'égalité à son profit, mais jamais à son détriment, quand il gagne en exemptions, mais non quand il perd en privilèges...

(b) Passons à la femme mariée.

Ici, deux cas peuvent se présenter, déjà prévus, comme nous le disions, par la loi civile ou commerciale :

Ou le mari et la femme font le même commerce ;

Ou la femme a un commerce séparé, selon les termes de l'article 5 du Code de commerce.

C'est seulement à la seconde que nous proposons de donner le suffrage, et voici pourquoi.

Dans le premier cas, par suite de la confusion des intérêts des deux époux qui, du reste, sont adonnés à la même profession, le mari représente l'association industrielle comme l'association conjugale, il peut la garantir par son vote ; il est naturel, et il suffit qu'il vote seul. C'est au nom du mari, du reste, qu'est la patente dans ce cas, de sorte que la difficulté se règle d'elle-même (1).

---

(1) Les articles 5 du Code de commerce et 220 du Code civil disent : « La femme n'est pas réputée marchande publique si elle ne fait que détailler les marchandises du commerce de son mari ; elle n'est réputée telle que lorsqu'elle fait un commerce séparé. » Pour tout prévoir, on pourrait, en sortant un peu des termes de nos codes, imaginer une société en nom collectif contractée formellement entre le mari et la femme qui tous deux se livreraient aux mêmes opérations, mais sans aucun rapport de patron à commis. La légalité de pareils contrats est controversée en doctrine et en jurisprudence. Mais, quand on l'admettrait, cette distinction n'offrirait aucune complication pour ce qui nous concerne, et les deux faces de l'hypothèse arrivent à se confondre

Quant à la femme mariée qui a un commerce séparé, toutes les raisons existent pour qu'elle ait le suffrage consulaire et aucune objection tirée de la puissance maritale n'y peut faire obstacle, puisqu'elle n'a pu d'abord devenir commerçante qu'avec l'autorisation de son mari (art. 4, Code de commerce) et qu'elle est censée, par cela même, autorisée à faire tout ce que comporte cette profession (1).

Conclusions

Telle est l'économie très simple du projet de loi que nous soumettons à votre approbation.

Vous penserez sans doute, comme vos devanciers de 1883, que « l'électorat dérivant ici d'une situation déterminée », selon l'expression du rapporteur de 1883, n'engage par conséquent en rien la grave question de la capacité politique de la femme, puisqu'il ne touche qu'à des intérêts pécuniaires et privés.

Vous approuverez ces paroles de l'auteur de l'amendement à cette époque (séance du 5 décembre), paroles qui n'ont pas cessé d'être vraies :

---

au point de vue de l'intérêt du suffrage, et ne demandent même pas un mot de plus pour la rédaction de la loi à cause de la patente qui devrait toujours être inscrite au nom du mari.

(1) Nous n'oublions pas que certains auteurs admettent ici l'autorisation de justice comme pouvant suppléer l'autorisation du mari ; la jurisprudence, au contraire, s'en tient à la formule de l'article 4. Mais, quand cette opinion triompherait, ceux qui ne croient pas la puissance maritale compromise par cette intervention possible des tribunaux, permettant à la femme les actes pécuniaires les plus graves et des relations constantes avec le public, n'auraient sans doute pas plus de scrupule quand il se joindrait à la qualité de commerçante le pouvoir de faire un choix électoral.

« Comment, les obligations étant les mêmes, les droits ne sont-ils pas les mêmes, quand précisément ces droits ne reposent que sur la situation qui soumet la femme aux mêmes obligations que l'homme ? »

En conséquence, c'est avec confiance que nous vous proposons d'adopter la proposition de loi suivante :

PROPOSITION DE LOI

ARTICLE UNIQUE

L'article premier de la loi du 8 décembre 1883 serait ainsi rédigé :

Au lieu de : « Les membres des tribunaux de commerce seront élus par les citoyens français, commerçants patentés, etc. » ;

Dire : « Les membres des tribunaux de commerce seront élus par les commerçants *et commerçantes* patentés, etc, » (Le reste comme dans le texte.) (1)

_____

(1) Cette loi a été votée par le Sénat et la Chambre des députés, en janvier 1894, quelques jours avant la mort de Maria Deraismes.

CHAMBRE DES DÉPUTÉS

(Session de 1889).

RAPPORT

Fait au nom de la Commission (1) chargée d'examiner la proposition de loi de M. ERNEST LEFÈVRE et plusieurs de ses collègues, relative aux droits civils des femmes, par M. COLFAVRU, député.

~~~~~~~~~~~~~~~

MESSIEURS,

La proposition [de nos honorables collègues a un double objet: 1° reconnaître aux femmes la capacité et le droit d'être témoins, au même titre que les hommes, dans tous les actes publics, authentiques et privés; 2° Abroger les dispositions légales qui excluent les

---

(1) Cette Commission est composée de MM. Dubois, *président*; Lombard, *secrétaire*; Georges Roche, Ernest Lefèvre, Arnault-Durand (Ille-et-Vilaine), de La Batut, Beauquier, Michelin, Colfavru, Rémoiville.

(Voir les n°s 1848-2310.)

femmes des conseils de famille, et refusent de les admettre à l'exercice de la tutelle.

En ce qui touche l'admission des femmes au droit d'être témoins dans les actes publics, authentiques et privés, votre Commission vous propose de sanctionner la proposition de nos collègues. Sans admettre l'assimilation faite par les auteurs de la proposition entre le témoignage dans les actes publics, authentiques et privés, et le témoignage en justice, nous avons pensé que le témoin appelé dans les actes publics pour leur donner la sanction légale nécessaire, exerçait dans une certaine mesure une part de l'autorité publique, et qu'il n'y avait aucune raison pour priver les femmes de l'exercice de ce droit.

C'est d'ailleurs une réforme dont nous avons pris l'initiative dans le passé.

En effet, aux termes du décret des 20-25 septembre 1792, titre III, article premier, les majeurs de l'un et de l'autre sexe pouvaient être témoins dans les actes de l'état civil. Nous n'avons donc qu'à revenir à cette juste et rationnelle législation, maladroitement modifiée par le régime rétrograde du 18 Brumaire et de la Constitution de l'an VIII.

En ce qui touche le témoignage des femmes dans les actes authentiques et notamment dans les actes testamentaires, plusieurs de nos collègues ont fait des réserves ; mais la majorité de votre Commission a refusé de donner son assentiment à ces réserves, considérant comme suffisante l'interdiction faite au mari et à la femme d'être ensemble et concurremment témoins dans les actes.

Il est temps de revenir aux saines traditions législatives de la fin du dernier siècle, et de mettre un terme à cette humiliation signalée avec tant de raison par nos honorables collègues, à savoir, que la nation par nous émancipée, il y a vingt ans à peine, de son antique servitude, l'Italie, a proclamé et formulé depuis dix ans ces principes de justice et de raison, en introduisant dans sa législation ce texte de loi :

« Sont abrogées toutes dispositions légales qui excluent les femmes du droit de servir de témoins dans tous les actes publics et privés. »

Il nous a semblé, Messieurs, que nous ne nous diminuerions pas à suivre cet exemple de sagesse et de réparation.

Toutefois, il a paru à votre Commission qu'il y aurait inconvénient à admettre comme témoins dans le même acte le mari et l'épouse, et que l'un d'eux seulement devra être admis en témoignage.

En ce qui concerne la tutelle, les femmes sont frappées d'incapacités qui ne se justifient pas davantage et qu'il importe de faire cesser.

L'article 402 du Code civil s'exprime ainsi :

« Lorsqu'il n'a pas été choisi au mineur un tuteur par le dernier mourant de ses père et mère, la tutelle appartient de plein droit à son aïeul *paternel ;* à défaut de celui-ci, à son aïeul maternel, et ainsi de suite, en remontant, de manière que l'ascendant paternel *soit toujours préféré* à l'ascendant maternel du même degré. »

Pourquoi, disent avec raison les auteurs de la proposition, pourquoi cette préférence systématique de l'aïeul paternel à l'aïeul maternel, sans discussion, sans examen ; et pourquoi cette suprématie — même quand il s'agit de deux hommes, — de l'ascendant paternel sur l'ascendant maternel du même degré ? Et, en effet, on ne trouve à cette étrange disposition de la loi aucune justification qui se tienne debout devant la critique la moins exigeante.

Cette suprématie, ce privilège accordé au *nom du*

chef de la famille dans la surveillance et dans l'administration de la personne et des biens du mineur
orphelin, ne résulte que de la conception sociale et
politique de l'ancien régime ; et, manifestement, elle
est en contradiction avec les principes rationnels qui,
depuis la Constitution de 1791, servent de base à notre
organisation démocratique.

Ce sont là des distinctions arbitraires qui doivent
disparaître, et votre Commission vous propose de remplacer l'article 402 par la disposition suivante :

« Lorsqu'il n'a pas été choisi au mineur de tuteur
par le dernier mourant de ses père et mère, le tuteur
est choisi par le conseil de famille parmi les ascendants
ou ascendantes du degré le plus rapproché, sans distinction ni préférence entre la ligne paternelle et la ligne
maternelle. »

L'article 403 du Code civil procède du même illogisme
que l'article 402 ; c'est toujours la même présomption
arbitraire de l'incapacité fatale de la femme, allant
jusqu'à préférer l'ascendant du père à l'ascendant de
la mère, lors même que le premier n'aurait pour
protéger le mineur aucune des qualités qui signaleraient
le second à la préférence de la famille dans l'intérêt du
pupille.

Aussi propose-t-on de remplacer l'article 403 par
cette rédaction :

« A défaut d'ascendants et d'ascendantes du premier
degré, la tutelle passera de plein droit au survivant
des ascendants et ascendantes du degré supérieur. Si
la concurrence se trouve établie entre plusieurs
bisaïeuls, le conseil de famille sera appelé à faire un
choix, lequel aura lieu sans distinction ni préférence
entre la ligne paternelle et la ligne maternelle. »

Si ces deux modifications à la loi actuelle étaient
admises, l'article 404 n'aurait plus de raison d'être, et

de là l'observation très juste des auteurs de la proposition qu'il n'y aurait qu'à en demander simplement l'abrogation.

Enfin, nos collègues demandent que le droit à l'exercice de la tutelle et à faire partie des conseils de famille soit égal pour tous, hommes et femmes ; en conséquence, ils suppriment de l'article 442 du Code civil, paragraphe 3, ces mots : « les femmes, autres que la mère et les ascendantes. »

C'est la déclaration de l'accession des femmes à la tutelle et aux conseils de famille, sur le pied d'égalité avec les hommes. Mais nos collègues ont sagement compris qu'en appelant toutes les femmes, sans distinction, à l'exercice soit de la tutelle, soit de la subrogée tutelle, soit de la curatelle, il fallait sauvegarder la responsabilité de l'époux, du chef de l'association conjugale, au cas où la femme choisie pour l'une ou l'autre de ces fonctions serait en puissance de mari ; et c'est dans cet ordre d'idées que votre Commission vous propose les dispositions ci-après :

« Art. 404. — Les femmes mariées, autres que la mère survivante, ne pourront être tutrices, subrogées tutrices ou curatrices sans l'autorisation de leur mari. »

« Art. 442. — Ne peuvent être tuteurs, ni membres du conseil de famille : 1° les mineurs, excepté le père et la mère : 2° les interdits ; 3° tous ceux qui ont avec le mineur un procès dans lequel l'état de ce mineur, sa fortune ou une partie notable de ses biens sont compromis. »

Tels sont, Messieurs, les motifs de haute raison qui ont inspiré les auteurs de la proposition, et dont s'est inspirée à son tour votre Commission.

Elle a considéré que c'était là un premier pas dans la voie de l'émancipation rationnelle et juridique de nos compagnes, que le mariage devrait exalter dans le droit, au lieu de les humilier dans une injustifiable déchéance.

Cette libérale expérience de l'égalité du mari et de la femme dans l'exercice de leurs droits civils personnels, n'est plus à faire : depuis plus de quarante ans, la République des États-Unis a entrepris et réalisé avec un éclatant succès cette réforme ; et, pour ne citer que l'état de New-York, voici les remarquables dispositions des bills successifs, mis en vigueur à partir du 7 avril 1848 (Kent., T° 2, p. 115 note).

« Désormais toute femme mariée aura la propriété particulière et distincte de ses biens, comme si elle était femme libre ; elle ne sera point assujettie au payement des dettes de son mari, ou soumise à sa volonté discrétionnaire.

« Toute femme mariée peut hériter ou recevoir par donation ou autrement de toute personne autre que son mari ; et elle possède sa propriété et peut en disposer comme si elle n'était pas mariée.

« En conséquence, les femmes mariées, qui ne possédaient que par le moyen de fidéi-commis, peuvent se faire remettre la propriété par des fidéi-commissaires et en disposer librement.

« La femme mariée peut acheter, vendre, céder, transporter sa propriété personnelle ou mobilière ; elle peut entreprendre et conduire personnellement tout commerce, toute industrie, sous sa seule responsabilité, et pour son propre compte ; les bénéfices, revenus, qu'elle tire de ses transactions ou opérations constituent sa propriété exclusive et séparée, et elle en use et dispose en son propre nom.

« Elle ne peut disposer de sa propriété immobilière qu'avec le consentement écrit de son mari ; en cas de refus de ce dernier, elle peut se pourvoir devant la cour de Comté qui l'autorisera après vérification de certains faits.

« Elle peut seule engager un procès, ou défendre à des poursuites concernant sa propriété personnelle ; elle peut, en son propre nom, introduire une instance en dommages-intérêts, contre toute personne ou toute collectivité, pour réparation du préjudice causé à sa personne ou à son caractère ; et les indemnités qu'elle peut recueillir par jugement sont sa propriété.

« Au décès de l'un des deux époux, s'il n'y a pas d'enfant mineur, le survivant a l'usufruit viager du tiers de la propriété immobilière du défunt ; si le décédé laisse un ou plusieurs enfants mineurs, sans avoir fait aucune disposition testamentaire, l'époux survivant jouit de toute la propriété du défunt, jusqu'à la majorité des enfants, et, après cette époque, sa jouissance est réduite au tiers, comme il vient d'être dit.. »

C'est là une conception juridique du mariage et de la famille qui mérite assurément d'appeler l'attention du législateur de la République française et de le déterminer à substituer ces libérales dispositions à des prescriptions vraiment excessives qui ne sauraient convenir à notre démocratie si justement éprise des principes de droit, de justice, d'égalité.

Voici le texte que vous propose votre Commission :

PROPOSITION DE LOI

ARTICLE PREMIER

Sont abrogées toutes les dispositions légales qui excluent les femmes du droit de servir de témoins dans les actes publics, authentiques ou privés.

Toutefois, les deux époux ne pourront être témoins en même temps dans les actes.

En conséquence, l'art. 37 du Code civil est modifié comme suit :

« Art. 37. — Les témoins produits aux actes de l'état civil devront être âgés de vingt et un ans au moins, parents ou autres ; ils seront choisis sans distinction de sexe par les personnes intéressées ; néanmoins le mari et la femme ne pourront être ensemble reçus comme témoins dans le même acte. »

ART. 2

Les articles 402, 403, 404, 442 du Code civil sont remplacés par les dispositions suivantes :

« Art. 402. — Lorsqu'il n'aura pas été choisi au mineur de tuteur par le dernier mourant de ses père et mère, le tuteur est choisi par le Conseil de famille parmi les ascendants ou ascendantes du degré le plus rapproché, sans distinction ni préférence entre la ligne paternelle et la ligne maternelle.

« Art. 403. — A défaut d'ascendants et d'ascendantes du premier degré, la tutelle passera de plein droit au survivant des ascendants et ascendantes du degré supérieur. Si la concurrence se trouve établie entre plusieurs bisaïeuls, le Conseil de famille sera appelé à faire un choix, lequel aura lieu sans distinction ni préférence entre la ligne paternelle et la ligne maternelle.

« Art. 404. — Les femmes mariées, autres que la mère survivante, ne pourront être tutrices, subrogées tutrices, ni curatrices, sans l'autorisation de leur mari qui sera de plein droit co-tuteur dans les conditions de l'article 396 du Code civil. La même disposition sera appliquée au mari dans tous les cas où sa femme aura été appelée avec son autorisation à exercer les fonctions de subrogé tuteur ou de curateur.

« Art. 442. — Ne peuvent être tuteurs ni membres des Conseils de famille : 1° les mineurs, excepté le père et la mère ; 2° les interdits ; 3° tous ceux qui ont avec le mineur un procès dans lequel l'état de ce mineur, sa fortune ou une partie notable de ses biens sont compromis. »

FIN

TABLE DES MATIÈRES

SAINT-AMAND-MONT-ROND. — IMPRIMERIE DANIEL-CHAMBON

www.ingramcontent.com/pod-product-compliance
Lightning Source LLC
Chambersburg PA
CBHW050317030726
47505CB00003B/745